PUHUA BOOKS

我
们
一
起
解
决
问
题

弗布克流程设计与工作标准丛书

物业管理
流程设计与工作标准

流程设计·执行程序·工作标准·考核指标·执行规范

孙宗虎　编著

人民邮电出版社
北　京

图书在版编目（ＣＩＰ）数据

物业管理流程设计与工作标准：流程设计·执行程序·工作标准·考核指标·执行规范 / 孙宗虎编著. —— 北京：人民邮电出版社，2020.7
（弗布克流程设计与工作标准丛书）
ISBN 978-7-115-54057-7

Ⅰ. ①物… Ⅱ. ①孙… Ⅲ. ①物业管理 Ⅳ. ①F293.347

中国版本图书馆CIP数据核字(2020)第083034号

内 容 提 要

这是一本关于物业管理人员如何干好工作的图书，本书始于流程，细说过程，关注全程，附带规程，成于章程，体现了很强的操作性和实务性。

本书在介绍流程与流程管理的基础上，详细介绍了物业客户服务、物业安全服务、物业保洁绿化服务、物业停车服务、业主纠纷调解、物业费收取、物业设备管理、工程维保服务、物业租赁代理服务、物业招投标管理、物业采购管理、物业服务质量管理、物业财务管理等 14 大物业管理事项。

本书适用于物业管理人员、高等院校物业管理专业师生、培训和管理咨询人员。

◆ 编　　著　孙宗虎
　　责任编辑　黄海娜
　　责任印制　彭志环
◆ 人民邮电出版社出版发行　　　　北京市丰台区成寿寺路 11 号
　邮编 100164　　电子邮件 315@ptpress.com.cn
　网址 https://www.ptpress.com.cn
　北京虎彩文化传播有限公司印刷
◆ 开本：787×1092　1/16
　印张：17.5　　　　　　　　　　　2020 年 7 月第 1 版
　字数：300 千字　　　　　　　　　2025 年 5 月北京第 10 次印刷

定　价：79.80 元
读者服务热线：(010) 81055656　印装质量热线：(010) 81055316
反盗版热线：(010) 81055315

"弗布克流程设计与工作标准丛书"序

"弗布克流程设计与工作标准丛书"自 2007 年上市以来受到了广大读者的认可，其间，结合广大读者提出的许多宝贵意见和管理发展现状，我们对这套书进行了改版，在此我们向通过邮件、电话给我们提出意见、指出错误的热心读者深表谢意！

为了满足广大读者细化内容、增强标准的实用性、添加考核指标、提供执行规范、更新业务流程的诉求，我们对本丛书中的 15 本图书进行了再次修订。

在借鉴前两版的基础上，我们对本丛书进行了全新的设计，务求根据读者的新诉求、管理的新变化、业务的新形态、技术的新发展，以流程化、标准化、绩效化和规范化为中心，直面企业的管理和业务两大类工作，提供工作流程，设计范本，细化包括执行程序、工作标准、考核指标、执行规范在内的整体工作解决方案，以实现向工作要效率、向管理要效能、向结果要价值的目标。

本丛书通过流程、程序、标准、指标和规范，将完成一项工作的所有过程要素"逐一细化，一网打尽"，从而让管理者、业务执行者能够更系统、更规范、更有效地完成工作任务，实现工作目标，倍增工作价值。

工作流程：让执行有导图可看，有路径可鉴。

工作程序：让执行有步骤可依，有重点可抓。

工作标准：让执行有依据可参，有尺度可量。

工作指标：让执行有结果可考，有效益可算。

工作规范：让执行有制度可循，有方案可用。

本丛书的写作始于流程，细说过程，关注全程，附带规程，成于章程。通过流程、过程、全程、规程，最终形成关于各项工作的章程。

始于流程：对每一项工作都绘制了工作流程图，将工作显性化、程序化、阶段化。

细说过程：对每个程序步骤都给出了重点提示，将工作关键化、细节化、重点化。

关注全程：对工作的进展和目标达成全程关注，将工作阶段化、进程化、成果化。

附带规程：对每项工作都附带了相关制度规范，将工作制度化、规范化、方案化。

成于章程：通过对工作的 360 度解析，最终形成一系列关于工作规则的规范性文书。

在修订图书的过程中，我们也考虑了技术变化对工作的影响，并将新技术对工作方式、工作方法、工作流程的改变，尽力体现在相关的流程、程序、标准、指标和规范的设计中。

　　本丛书试图通过完美的设计，并兼顾技术发展对工作的影响，为读者提供贴合工作实际的管理内容，以达成"人与事的完美结合"，实现从"如何做"向"如何有效地做"的转变，最终为读者提供一套关于"干工作、干好工作、追求卓越工作"的有效解决方案。

　　我们希望本丛书能够为您的管理工作减少一些流程设计方面的麻烦，为您提供流程设计方面的帮助，并为您和您的企业在工作规范化方面提供完备的章程。

　　您的意见对我们下次改版非常重要！再次期待您的宝贵建议！

2020 年 6 月

物业管理 流程设计与工作标准

《物业管理流程设计与工作标准：流程设计·执行程序·工作标准·考核指标·执行规范》是"弗布克流程设计与工作标准丛书"中的一本，这本书围绕物业管理工作的流程设计，辅以相应的工作标准，将物业管理 14 大事项的执行工作落实到具体的流程上，既解决了"由谁做""做什么"的问题，也解决了"如何有效地做、按照什么标准做"的问题，本书提供了一套关于物业工作人员如何干工作、干好工作、追求卓越工作的有效解决方案。

为符合当前企业发展的大趋势及精细化管理的需求，本书在之前版本的基础上做了大量修订，具体如下所述。

一、重构了流程体系，使逻辑关系更清晰

首先，从整体内容结构上，本书重新梳理了流程的顺序，从"服务"与"管理"两大维度，将物业管理的工作划分为物业客户服务、物业安全服务、物业保洁绿化服务、物业停车服务、业主纠纷调解、物业费收取、物业设备管理、工程维保服务、物业租赁代理服务、物业招投标管理、物业采购管理、物业服务质量管理、物业财务管理等 14 大物业管理工作事项，理顺了物业管理的工作内容，使原有的流程更加符合当今企业的实际情况。

其次，根据梳理后的物业管理流程体系，结合当今企业更加务实地推行流程管理的需要，本书又增补了一些新的流程和工作标准，进一步细化了物业管理的具体工作事项，使物业管理流程更加全面、详细，便于企业将流程管理应用到物业管理的每一个具体事项上。

最后，为方便企业推行流程管理或应用本书推行流程再造，本书每一章都新设了一节内容，即在进行流程设计之前，都先对流程设计的目的或流程在企业中发挥的作用进行了说明，并给出了本章流程之间的内在逻辑关系，为企业选用本书流程时提供决策依据。

二、细化了管理过程，使内容更翔实

（1）对于某一个具体的流程，本书按企业运行实际重新梳理或更新流程的步骤，进一步细化、补充流程中节点事项的工作标准，使物业管理流程、工作标准更符合物业管理的实际工作需要，方便企业相应部门的员工"拿来即用"。

（2）本书还针对物业管理流程中关键事项的落实与执行设计了相应的考核指标与操作说明，为流程中关键事项的执行效果提供考核依据，从而确保流程与工作标准能够得到高效执行，最终为企业推行流程管理提供有力的保障。

三、根据管理现状编写，使企业能据实而作

本书提供的是一本"参照式"流程设计范本，随着企业管理水平的不断提高，企业的流程与工作标准也在不断地发生变化，因此，读者在应用本书时可参考以下建议。

（1）对于本书中提供的物业管理流程与工作标准，读者可根据所在企业的实际情况加以适当修改或重新设计，使之更加适用于本企业的情况。

（2）读者可参照本书中的流程，将所在企业每个部门内每个岗位的工作流程适当压缩，力求达到流程再造的目的，以求提高企业的运营效率。

（3）读者要在实践中不断改进已经形成的工作流程，真正做到因需而变，高效管理、高效工作，最终达成"赢在执行"的目标。

最后，衷心希望本书能给企业在物业管理方面推行流程管理提供业务运用层面的借鉴和实务性的解决方案。

再次感谢数以万计的读者对本书的支持与厚爱，没有你们这些"意见领袖"，就不会有对本书的这些改进和修补！

目录 Contents

第 2 章　物业客户服务

目录

目录

物业管理 流程设计与工作标准

目录

第 9 章　　工程维保服务

物业管理 流程设计与工作标准

第 10 章　物业租赁代理服务

第 11 章　物业招投标管理

目录

第 15 章　物业服务人员管理

目录

管理的核心目标是用制度管人，按流程做事。不论是制度设计，还是流程设计，都是每一个企业要开展的工作，而且是每年都要循环开展的工作。

企业在进行流程设计之前，应先对流程的概念有一个清晰的认识，并在此基础上掌握流程图绘制的方法，选好绘制工具，然后着手设计。同时，企业要根据自身的运营情况，及时对流程进行修改、调整和再造。

1.1　流程

1.1.1　流程的定义

关于流程，不同的人有不同的看法。有人认为，流程就是程序，其实，"流程"和"程序"是两个互相关联但绝不等同的概念。"程序"体现出一件工作中若干作业项目哪个在前、哪个在后，即先做什么、后做什么。而在"流程"中，除了体现出先做什么、后做什么之外，还体现出每一项具体任务是由谁来做，即甲项工作由谁负责，乙项工作由谁负责等，从而反映出他们之间的工作关系。

只有通过流程，才能把一件工作的若干作业项目或工作环节，以及责任人之间的相互工作关系清晰地表示出来。

一般情况下，企业流程有以下五大特征：

（1）流程是为达成某一结果所必需的一系列活动；

（2）流程活动是可以被准确重复的过程；

（3）流程活动集合了所需的人员、设备、物料等；

（4）流程活动的投入、产出、品质和成本可以被衡量；

（5）流程活动的目标是为服务对象创造更多的价值。

我们不妨给流程下一个定义："流程就是为特定的服务对象或特定的市场提供特定的产品或服务所精心设计的一系列活动。"

流程包括六大要素，即输入的资源、活动、活动的相互作用（结构）、输出的结果、服务对象和价值。流程的基本模式如图 1-1 所示。

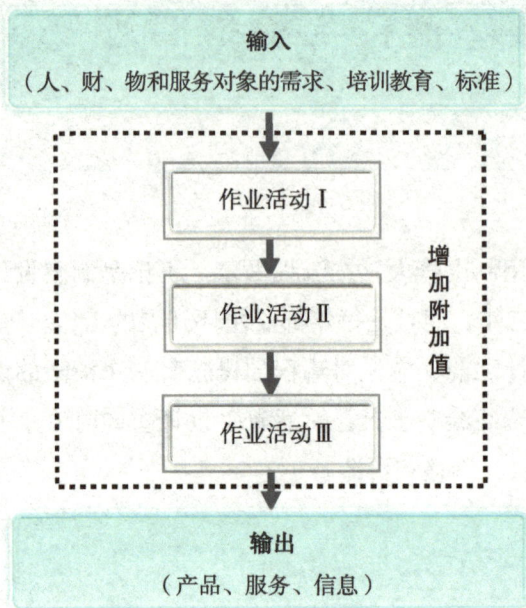

图 1-1　流程的基本模式

1.1.2　流程的分类

企业流程可分为决策流程、管理流程和业务流程三大类，具体内容如表 1-1 所示。

表 1-1　企业流程的分类

序号	类别	定义	特点 / 构成
1	决策流程	◎能确保企业达到战略目标的流程 ◎确定企业的发展方向和战略目标，整合、发展和分配企业资源的过程	◎股东、董事、监事会等组建流程 ◎战略、重大问题及投资流程 ◎企业决策流程的构成如图 1-2 所示
2	管理流程	◎企业开展各种管理活动的相关流程 ◎通过管理活动对企业业务的开展进行监督、控制、协调、服务，间接为企业创造价值	◎上级组织对下级组织的管控流程 ◎资源配置流程（人、财、物以及信息） ◎企业管理流程的构成如图 1-3 所示
3	业务流程	◎直接参与企业经营运作的相关流程 ◎安排完成某项工作的先后顺序，对每一步工作的标准、作业方式等内容做出明确规定，主要解决"如何完成工作"这一问题	◎涉及企业"产、供、销"环节 ◎包括核心流程和支持流程 ◎企业业务流程的构成如图 1-4 所示
备注	从企业经营活动角度来说，企业流程又可分为战略流程、经营流程和支持流程		

市场声音
客户声音
股东声音
员工声音

战略发展规划 → 年度计划

沟通 ← 评估

风险管理　企业统筹管理　领导发展

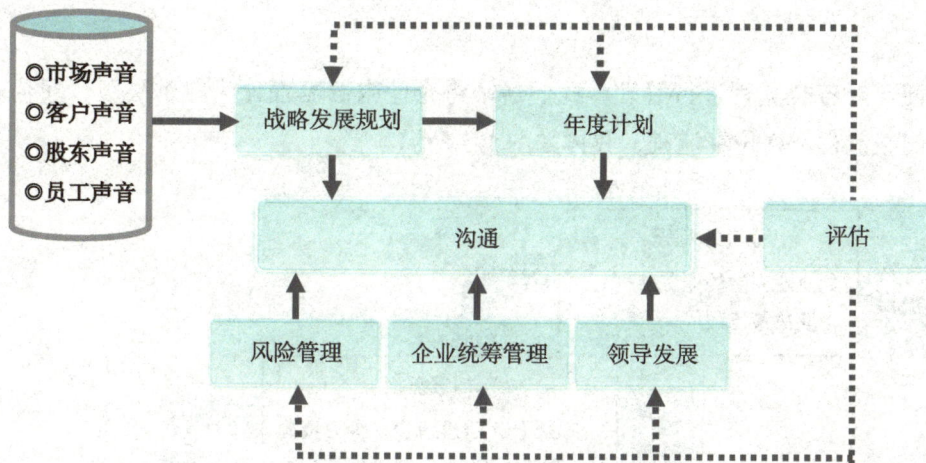

图 1-2　企业决策流程的构成

1. 内部控制流程　　　　　　2. 财务管理流程

3. 人力资源管理流程　　　　4. 质量管理流程

5. 行政后勤管理流程　　　　6. 信息技术管理流程

图 1-3　企业管理流程的构成

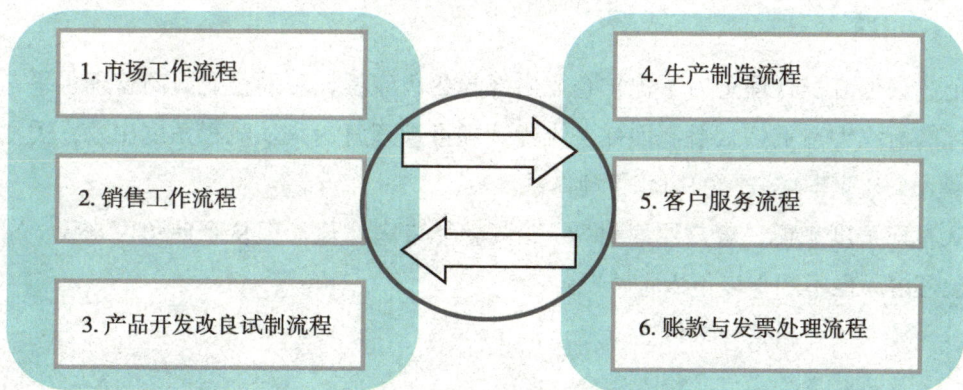

1. 市场工作流程　　　　　　4. 生产制造流程

2. 销售工作流程　　　　　　5. 客户服务流程

3. 产品开发改良试制流程　　6. 账款与发票处理流程

图 1-4　企业业务流程的构成

1.1.3　流程的层级

为便于对各类流程进行管理，我们通常将企业内部流程分为三个层级，即企业级流程、部门级流程和岗位级流程，具体如图 1-5 所示。

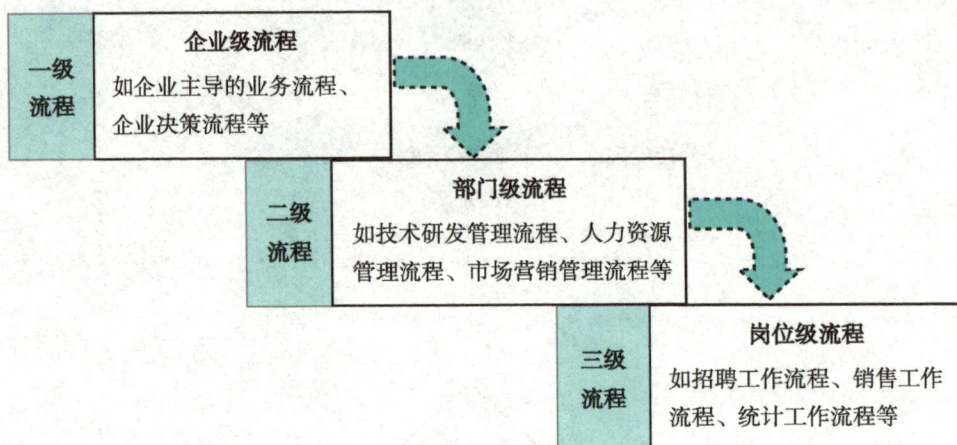

图 1-5　企业内部流程的层级

企业内部各级流程之间的关系是环环相扣的，上一级别流程中的某个节点在下一级别可能就会演化成另一个流程。

例如，在二级流程的人力资源管理流程中，招聘工作只是其中的一个节点，而它又会演化成三级流程中的招聘工作流程。

1.2　流程管理

1.2.1　流程管理的含义分析

企业进行流程管理是为了优化企业内部的各级流程，帮助企业提高管理水平，并通过优化的流程创造更多效益。因此，流程管理可被理解为是从流程角度出发，关注流程能否"为企业实现增值"的一套管理体系。

从客户角度来说，客户愿意付费／购买就能带来增值。但从企业角度来说，"增值"可以被理解为但不限于以下六种情况：

（1）效益提升，投资回报率上升；

（2）工作效率提高，业绩提升；

（3）工作质量、产品／服务质量提升；

（4）各种浪费减少，经营成本降低；

（5）沟通顺畅，办公氛围和谐、向上；

（6）品牌价值提升，知名度提升。

企业流程管理主要是对企业内部进行革新，解决职能重叠、中间层次多、流程堵塞等问题，使每个流程从头至尾责任界定清晰，职能不重叠、业务不重复，达到缩短流程周期、节约运作成本的目的。

1.2.2　流程管理的目标分析

流程管理是按业务流程标准，在职能管理系统授权下进行的一种横向例行管理，是一种以目标和服务对象为导向的责任人推动式管理。

流程管理的目标分析说明如表 1-2 所示。

表 1-2　流程管理的目标分析说明

项次	分析项	具体描述
1	流程管理的最终目的	◎提升客户满意度，提高企业的市场竞争能力 ◎提升企业绩效
2	流程管理的宗旨	◎通过精细化管理提高管控程度 ◎通过流程优化提高工作效率 ◎通过流程管理提高资源的合理配置程度 ◎快速实现管理复制
3	流程管理的总体目标	管理者依据企业的发展状况制定流程改善的总体目标
4	总体目标分解	在总体目标的指导下，制定每类业务或单位流程的改善目标
5	流程管理的工作标准与要求	◎保证业务流程面向客户，管理流程面向企业目标 ◎流程中的活动都是增值的活动 ◎员工的每一项活动都是实现企业目标的一部分 ◎流程持续改进
6	流程管理在企业发展各阶段的具体目的	企业需要根据自身发展阶段和遇到的具体问题对流程管理有所侧重 ◎梳理：工作顺畅，信息畅通 ◎显化：建立工作准则，便于查阅、了解流程，便于沟通并发现问题，便于复制流程以及对流程进行管理 ◎监控：找到监测点，监控流程绩效 ◎监督：便于上级对工作进行监督 ◎优化：不断改善工作，提升工作效率

1.2.3　流程管理工作的三个层级

总体来说，企业流程管理工作包括三个层级，即流程规范、流程优化和流程再造。各个层级的主要内容及适用情况如表 1-3 所示。

表 1-3 流程管理工作三个层级的主要内容及适用情况

层级划分	主要内容	关键输出	适用时机 / 阶段
第一层级 流程规范	整理企业流程，界定流程各环节的工作内容及相互之间的关系，形成业务的无缝衔接	流程清单 流程体系框架图 各流程图	适合所有企业的正常运营时期
第二层级 流程优化	流程的持续优化过程，持续审视企业的流程，不断完善和强化企业的流程体系	流程诊断表 流程清单（新） 流程体系框架图（新） 各流程图（新）	适合企业任何时期
第三层级 流程再造	重新审视企业的流程和再设计	流程再造分析报告 流程清单（新） 流程体系框架图（新） 各流程图（新）	适合企业变革时期，以适应企业变革阶段治理结构的变化、战略改变、商业模式变化，以及出现的新技术、新工艺、新产品、新市场等情况

需要注意的是，在流程建设管理工作中，企业应遵循"点面结合"的原则，在加强流程管理体系整体建设（面）的同时持续改进具体流程内容（点）。

1.3 流程管理工作的开展

1.3.1 项目启动

为确保流程能够满足企业战略发展的要求，企业需要从全局视角开展流程管理工作，构建企业流程体系框架，找到关键流程，设计出符合企业实际和发展需求的流程与流程体系。

企业可组建流程建设项目小组，启动流程建设项目的工作指引，具体如表 1-4 所示。

表 1-4 启动流程建设项目的工作指引

步骤	步骤细分	具体说明	责任主体	输出
启动流程建设项目	成立项目小组	具体参见表 1-5	流程管理部门	◎项目小组成员名单及职责说明 ◎项目工作计划
	选择规划工具或方法	包括基于岗位职责的建设方法（从下到上）、基于业务模型的建设方法（从下到上）和借助第三方（咨询公司）的流程建设方法等	流程管理部门	◎规划项目操作指引 ◎会议记录 / 纪要
	制订工作计划	明确项目里程碑，确定各项具体工作清单与步骤及其责任主体，可使用甘特图	流程规划项目组	

步骤	步骤细分	具体说明	责任主体	输出
启动流程 建设项目	发布项目 操作指引	包括项目简介、工作计划、成员名单及职责、建设步骤方法、各步骤的详细操作说明、流程图模板、案例、已有流程清单、项目组激励方案等	流程管理 部门	◎规划项目操作指引 ◎会议记录/纪要
	召开项目 启动会	会议重点是项目整体介绍、背景及理念、角色与职责定位、总体计划、项目最终成果及意义等	流程管理 部门	
备注	本阶段常用的工具或方法有甘特图、项目管理法等			

流程建设工作需要得到企业领导层的重视与支持，项目小组的组建及成员构成如表1-5所示。

表 1-5 流程建设项目小组的组建及成员构成

角色定位	成员构成	主要职责
企业流程管理 委员会	由企业高层领导组成，如总经理、各主管副总等，成员人数控制在 3~5 人	◎提供资源支持 ◎任命建设项目经理 ◎审核建设项目计划 ◎参与关键问题决策 ◎参与关键环节的建设及决策
流程建设 项目经理	可由流程管理部门经理担任，也可考虑增设项目副总，由相关部门经理担任	◎编制项目计划 ◎监督项目成员完成目标 ◎评估项目成员工作表现
项目助理	可由流程管理部门人员担任	协助项目经理管理项目日常工作，如整理文档等
成员 （各部门 负责人）	项目成员应具有丰富的工作经验，多为各部门负责人，由其参与部门流程建设工作；也可指派部门人员参与项目小组的工作。各业务部门的流程应统一建设	◎根据项目计划，组织本部门完成相应的流程建设工作 ◎参与本部门流程图和企业全景流程图的绘制，宣贯和应用流程建设成果
成员（流程管 理部门的人员）	流程管理部门的工作人员均应参与到项目中来	负责流程建设方法、工具的开发及各部门的相关培训与指导工作

1.3.2 识别流程

在识别流程阶段，企业需要做的是识别本企业有哪些流程，编制流程清单，界定流程之间的界限及为流程命名，帮助企业从流程的视角弄清企业管理现状，为后续的流程建设、每个流程的具体描述提供良好的基础。

由于各部门流程识别、流程清单的梳理对之后的工作至关重要，因此这项工作一般应由各部门领导牵头组织，先整理出部门业务流程主线，明确本部门的关键环节和核心业务，进而确定主要业务流程及流程之间的关系。识别流程阶段的工作指引如表 1-6 所示。

表 1-6　识别流程阶段的工作指引

步骤	步骤细分	具体说明	责任主体	输出
识别流程	流程建设培训	流程管理部门对各部门进行流程建设方面的培训，培训的重点是如何使用各种表格等，具体内容包括项目简介、涉及的概念、目的和产出、职责划分、建设步骤、表格编制、工作计划、答疑等	流程管理部门	◎培训课程 ◎培训计划 ◎部门流程清单 ◎企业流程清单（参见表 1-7）
	各部门流程识别	进行部门内岗位分析、业务线分析；将职责分解，细化到岗位、业务活动，并按活动的先后顺序排列，提炼出流程；界定流程的上下接口、输入输出及责任主体；汇总部门内流程，编制部门流程清单	各部门，包括岗位代表人员、部门负责人	
	编制企业流程清单	流程管理部门汇总各部门流程清单，与各部门充分沟通，删除重复流程，查漏补缺，形成企业流程清单	流程管理部门	
备注	本阶段常用的工具及方法有战略地图、业务单元分析法、部门职能分析法、岗位工作分析法等			

1.3.3　构建流程清单

流程建设项目小组在本阶段的主要任务是与各部门进行沟通、讨论，对企业流程进行分类和分级，构建企业流程框架，输出企业流程清单，具体如表 1-7 所示。

表 1-7　企业流程清单

序号	一级流程	二级流程	三级流程	归口管理部门	流程状态
备注	流程状态的填写说明：1——流程已有且有效；2——流程已有，待梳理；3——无文件，待设计梳理				

1.3.4　评估流程重要程度

本阶段的工作任务是评估企业流程的重要程度，识别出关键流程、核心流程等，将其作为流程设计、运行管理、优化再造工作的重点，以提高企业流程建设工作的效率和效益。

企业的所有活动都是为了提高客户的满意度，实现价值，企业流程重要程度的衡量标准是流程的增值性。一般情况下，直接与客户产生业务关系的流程（如售后服务流程）、与企业核心竞争力相关的流程（如产品质量管理流程）等为企业的重要流程。

表1-8为某公司流程建设项目的流程重要程度评估分析表，供读者参考。

表1-8　某公司流程建设项目的流程重要程度评估分析表

流程名称	与客户相关度（30%）	与整体绩效相关度（30%）	与战略相关度（25%）	流程横向跨度（15%）	评估得分	重要程度等级
××××流程	60	60	60	60	60	
用表说明	1. 以"××××流程"的评估为基准，其他各流程与之对比 2. 各评估项单项总分为100分，各单项评分乘以权重后的"和"为总分 3. 重要程度评估根据最终评分结果，采取强制百分比法，排名前5%的为A级流程，排名前5%～20%（包含）的为B级流程，排名前20%～30%（包含）的为C级流程，排名前30%～50%（包含）的为D级流程，其他为E级流程 4. 评级结果为A、B、C级的流程要重点管理

1.3.5　完善体系框架

完成流程重要程度评估分析后，企业需要在流程清单的基础上进一步完善流程体系框架，标注流程的重要程度等级，具体如表1-9所示。

表1-9　企业流程的重要程度等级

一级流程	二级流程	三级流程	归口管理部门	流程状态
××××流程（B级）	××××流程（B级）	××××流程（A级）		
		××××流程（B级）		
	××××流程（C级）	××××流程（C级）		
		××××流程（D级）		

1.3.6　进行流程设计

企业在进行流程设计时，可遵循以下七个步骤。

第1步：界定流程范围

流程设计的第1步是界定流程范围，即确定信息的输入和输出。

在这一环节，企业需要回答以下几个问题。

- 有哪些流程业务活动？
- 流程从何处开始、何处终止？
- 流程的输入和输出是什么？
- 输出的成果交给谁（客户）？
- 客户有何要求？

在此，我们以设计"外部招聘管理流程"为例，来说明流程范围界定，具体内容如表 1-10 所示。

表 1-10　外部招聘管理流程范围界定

流程名称	外部招聘管理流程	流程编号	
流程责任部门 / 责任人	人力资源部 / 招聘主管	流程对应客户	各用人部门
本流程业务活动	人力资源部招聘、面试、录用管理工作		
流程开始	招聘需求	流程结束	录用决策、签订劳动合同
流程输入	已批准的招聘计划、临时招聘需求	流程输出	面试评估报告、劳动合同
流程客户要求（目标）	1. 期限内完成招聘任务 2. 人岗匹配		

第 2 步：确定流程活动的主要步骤

流程设计人员在界定完流程范围后，接下来需要进行调查分析，确定本流程活动的主要步骤，操作方法如图 1-6 所示。

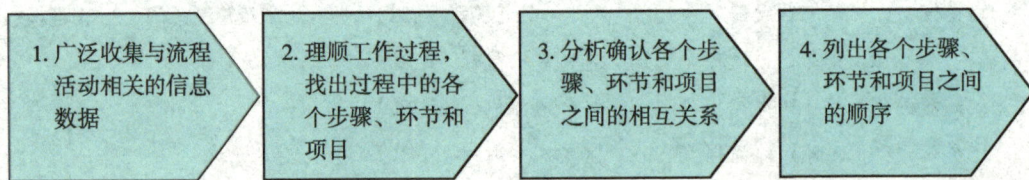

图 1-6　确定流程活动的主要步骤

我们以设计"外部招聘管理流程"为例，其主要步骤（参见表 1-11）包括招聘需求汇总、招聘岗位分析与条件确定、发布招聘信息、简历收取与筛选、面试与评估、做出录用决策、签订劳动合同及试用期管理等。

第 3 步：步骤详细说明

本阶段应针对已确定的流程活动的主要步骤进行分析和描述，需要完成的工作如下：

- 分析每一个步骤的输入、输出（成果）；

- 明确后续步骤的客户要求；
- 确定每一步骤工作 / 活动的检查、考核、评估指标；
- 确定每一步骤涉及的部门 / 人员，明确其责任、权限和资源需求；
- 确定本流程的层次及与上下层级之间的关系。

我们仍以设计"外部招聘管理流程"为例，本阶段流程活动的主要步骤及具体描述如表 1-11 所示。

表 1-11 外部招聘管理流程活动的主要步骤及具体描述

流程名称	外部招聘管理流程		流程编号	
流程责任部门 / 责任人	人力资源部 / 招聘主管		流程对应客户	各用人部门
本流程业务活动	人力资源部招聘、面试、录用管理工作			
流程开始	招聘需求		流程结束	录用决策、签订劳动合同
流程输入	已批准的招聘计划、临时招聘需求		流程输出	面试评估报告、劳动合同
流程客户要求（目标）	1. 期限内完成招聘任务 2. 人岗匹配			
流程步骤	步骤描述		重要输入	重要输出
招聘需求汇总	人力资源部在经过批准的年度招聘计划指导下，按时进行计划内的人员招聘工作		招聘计划	—
	计划外招聘需由部门提出招聘申请并拟定上岗要求和资格条件，报总经理或相关副总经理审核		岗位说明书	招聘岗位清单
招聘岗位分析与条件确定	人力资源部根据当时的市场薪资行情和企业薪资架构体系，初步拟定待招聘的职位等级及基本薪资范围		—	—
招聘岗位分析与条件确定	根据待招聘职位的高低，呈交相应的决策层核准，之后正式启动招聘工作 ◎部门经理及以上管理职位由总裁核准 ◎部门主管及主管以下职位由分管人力资源副总经理核准		—	—
发布招聘信息	通过内外部多种渠道发布招聘信息，同时收集人才资料，可经由下列方式进行 ◎刊登内部职位空缺公告 ◎刊登报纸广告 ◎接洽人才中介机构 ◎请高校推荐 ◎参加人才交流会等		岗位说明书	招聘广告

第 1 章　流程与流程管理

简历收取与筛选	人力资源部收到应聘者的各项资料后，先进行初步审核，审阅其学历、经验是否符合企业要求，再将审核通过的应聘者的资料转交用人部门进一步审核，通过书面资料审核淘汰一部分不符合岗位要求的应聘者	应聘简历	面试人员清单
面试与评估	由人力资源部主导，对通过审核的应聘者进行笔试及面试，从人员的基本素质方面进行评估，筛选出符合要求的应聘者	面试清单	面试记录面试评估表
	在人力资源部的协助下，由相关业务部门的人员对应聘者进行专业技能考核	—	面试评估表
	◎主管级别及以下职位由副总经理进行最终面试 ◎部门经理及以上管理职位由总经理进行最终面试	—	面试评估表
做出录用决策	根据企业高层领导及用人部门的意见，人力资源部告知被录用者其最终职位和薪资金额	—	—
	将其他优秀但未被录用的应聘者的资料存入人才库	—	人才库
	通过面试的应聘者必须参加体检，体检未通过者不予录用	—	体检报告
签订劳动合同	人力资源部发出录用通知单，与被录用者签订劳动合同，并根据招聘/录用管理制度为被录用者办理相关的入职手续	—	劳动合同
试用期管理	执行试用期管理流程	—	—
考核评估方法	招聘任务是否按期完成、招聘人数完成率、招聘计划出错次数、招聘广告出错次数等		

第 4 步：选择流程形式

根据流程的分类、层级、复杂程度，以及流程活动的内部关联性等因素，企业流程主要有四种展现形式，即箭头式流程图、业务流程图、矩阵式流程图和泳道式流程图。

☆ 箭头式流程图

箭头式流程图的特点是直观、一目了然，适用于企业员工都熟悉流程中各项作业概况的情况或流程中各项作业任务较简单的情况。箭头式流程图的示例如图 1-7 所示。

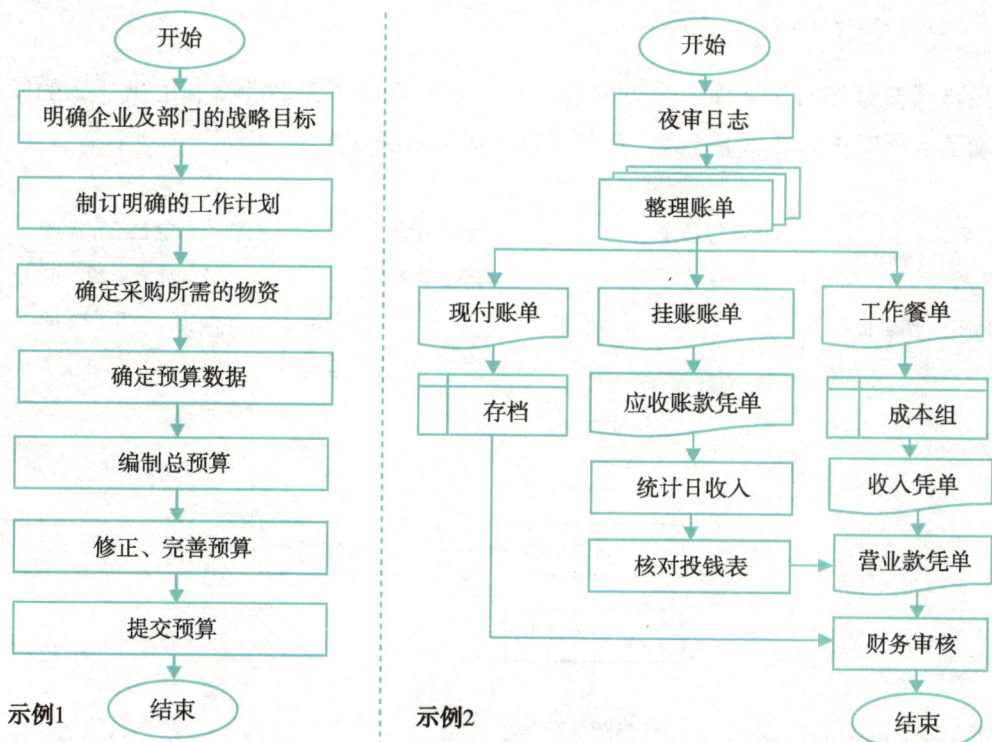

图1-7 箭头式流程图的示例

企业在设计箭头式流程图时，需要注意以下两个问题。

- 在图中明确执行主体，如果是单一的执行主体，可将执行主体省略。
- 用简洁的语言对流程图中的主要活动进行解释说明，以进一步明确活动要求和指令。

☆ **业务流程图**

在业务流程图中，需要明确流程的上下执行主体、活动内容、要求及指令，并将要求和指令用统一的语言表达出来。流程活动的承担者之间必须是平等、互助、尊重、关怀的关系。业务流程图的示例如图1-8所示。

时间顺序	部门（岗位）1	部门（岗位）2	……	要求及说明

图1-8 业务流程图的示例

☆ **矩阵式流程图**

矩阵式流程图有纵、横两个方向的坐标，它既解决了先做什么、后做什么的问题，又明确了各项工作的具体责任人。矩阵式流程图的示例如图 1-9 所示。

单位名称	质量管理部		流程名称	制程质量检验工作流程
层级	3		任务概要	制程质量检验
主体	质量管理部经理	质检专员	生产部	生产车间
节点	A	B	C	D

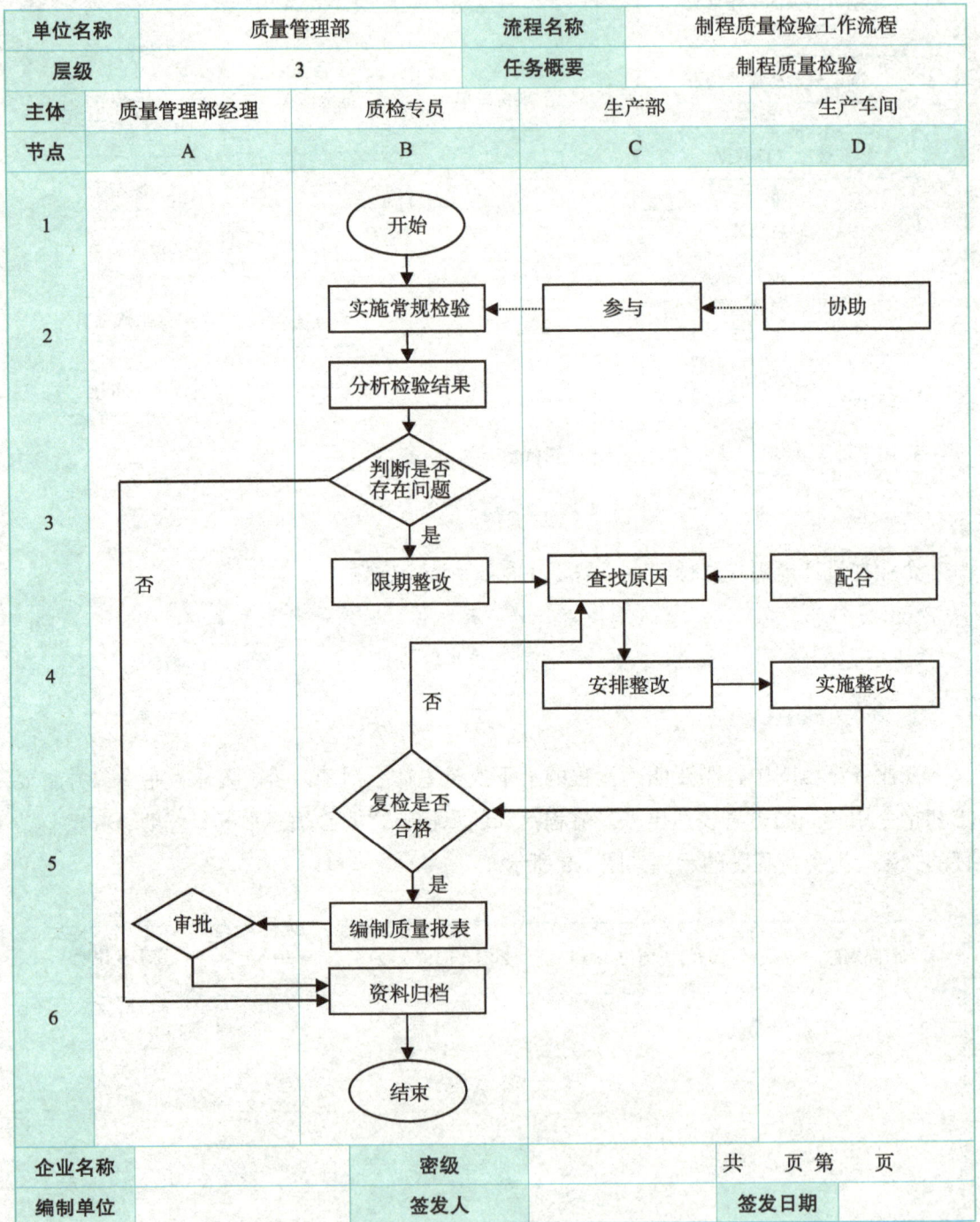

企业名称		密级		共　　页第　　页
编制单位		签发人		签发日期

图 1-9　矩阵式流程图的示例

☆ **泳道式流程图**

与矩阵式流程图相似，泳道式流程图也是通过纵、横双向坐标来设计流程，纵向为分项工作任务，横向是承担任务的部门、岗位（即执行主体）。

这种流程图样式与其他流程图类似，但在业务流程的执行主体上，主要通过泳道（纵向条）区分执行主体。泳道式流程图的示例如图1-10所示。

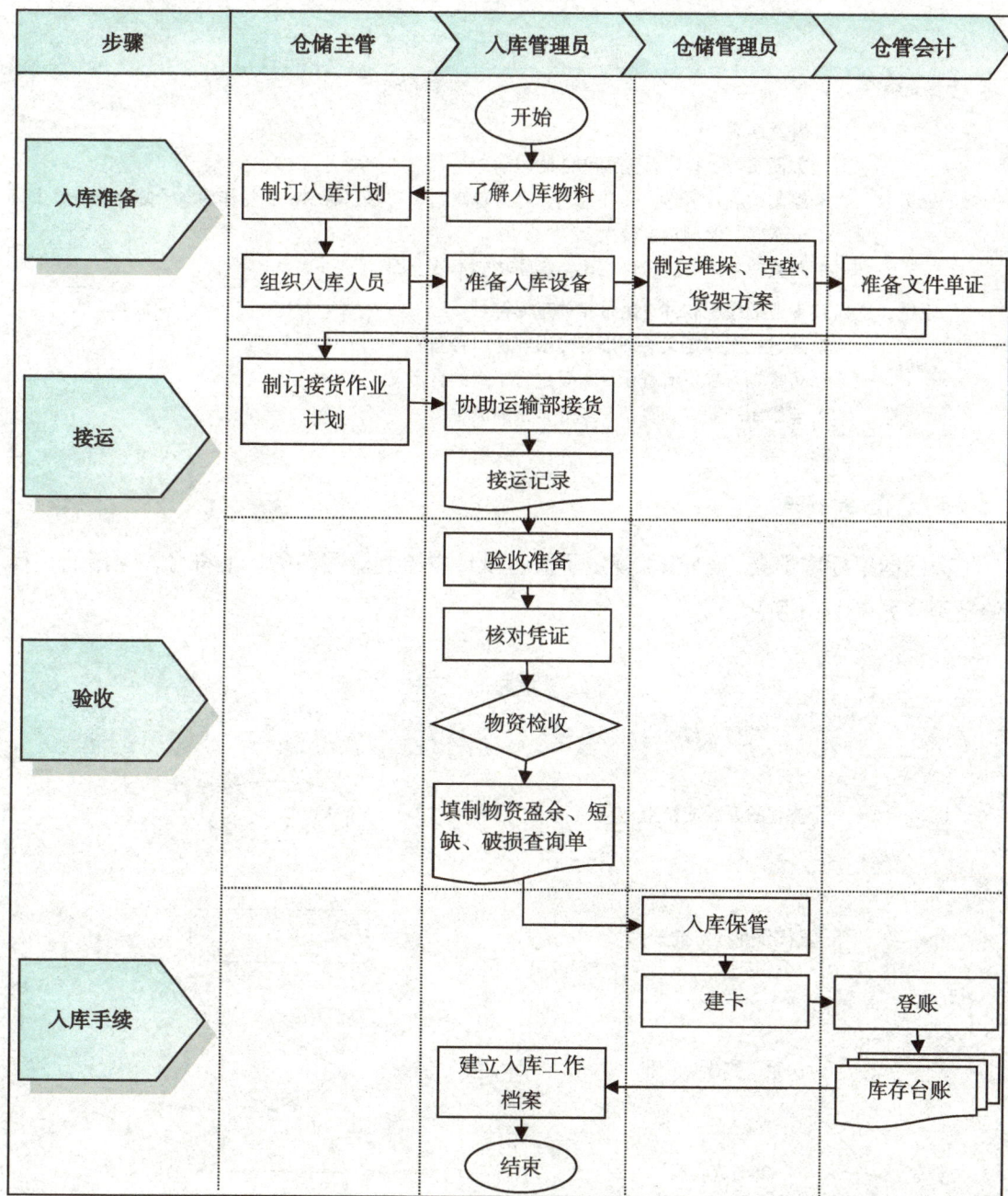

步骤	仓储主管	入库管理员	仓储管理员	仓管会计
入库准备	制订入库计划	开始 → 了解入库物料		
	组织入库人员	准备入库设备	制定堆垛、苫垫、货架方案	准备文件单证
接运	制订接货作业计划	协助运输部接货		
		接运记录		
验收		验收准备		
		核对凭证		
		物资检收		
		填制物资盈余、短缺、破损查询单		
入库手续			入库保管	
			建卡	登账
		建立入库工作档案		库存台账
		结束		

图 1-10　泳道式流程图的示例

第 5 步：绘制流程草图

流程图的绘制是指流程设计人员将流程设计或流程再造的成果以书面形式呈现出来。

☆ 绘制工具的选择

绘制流程图常用的工具有 Word、Visio 等，这两个工具各有各的特点（见表 1-12），流程图设计人员可根据本企业流程设计的要求、个人的使用习惯等自由选择。

表 1-12　常用的流程图绘制工具

工具名称	工具介绍
Word	1. 普及率高 2. 方便发排、打印及流程文件的印制 3. 绘制的图片清晰，文件量小，容易复制到移动存储器中，容易作为电子邮件进行收发 4. 较费时，绘制难度较大 5. 与其他专用绘图软件相比，绘图功能不够全面
Visio	1. 专业的绘图软件，附带相关建模符号 2. 通过拖曳预定义的图形符号很容易组合图表 3. 可根据本单位流程设计需要进行组织的自定义 4. 能绘制一些组织复杂、业务繁杂的流程图

☆ 流程绘制符号

美国国家标准学会（ANSI）规定了流程设计中绘制流程图的标准符号，常用的流程绘制符号如表 1-13 所示。

表 1-13　常用的流程绘制符号

序号	符号名称	符号
1	流程的开始或结束	⬭
2	具体作业任务或工作	▭
3	决策、判断、审批	◇
4	单向流程线	→

序号	符号名称	符号
5	双向流程线	
6	两项工作跨越、不相交	
7	两项工作连接	
8	作业过程中涉及的文档信息	
9	作业过程中涉及的多文档信息	
10	与本流程关联的其他流程	
11	信息来源	
12	信息储存与输出	

实际上，流程绘制的标准符号远不止表 1-13 所列的这些。但是，流程图的绘制越简洁、明了，操作起来就越方便，企业也更容易接受和落实；符号越多，流程图就越复杂，越难以落实到位。所以，一般情况下，企业使用 1~4 项流程绘制的标准符号就基本可以满足绘制流程图的需要了。

☆ **绘制草图**

不同的流程展现形式体现了不同层次的流程。例如，一二级流程适合用矩阵式流程图和泳道式流程图呈现，而三级流程中的部分业务流程适合用箭头式流程图和业务流程图呈现。

值得一提的是，流程设计人员在绘制流程图的过程中，需要确定该流程与上下游流程之间的接口，以及与规范流程运行要求相关联的制度之间的关系，并根据实际情况尽量将其在流程图中反映出来，如流程图中可根据流程节点给出相应的制度、表单等。

第 6 步：流程意见反馈

流程图绘制完成后，需要通过意见征询、试运行等方式获得相关意见和建议，发现不足和纰漏，以便对其做出进一步修改和完善，直至最终定稿。

针对初步绘制的流程图，流程设计人员可通过以下三种方式征求各方的意见，具体如图 1-11 所示。

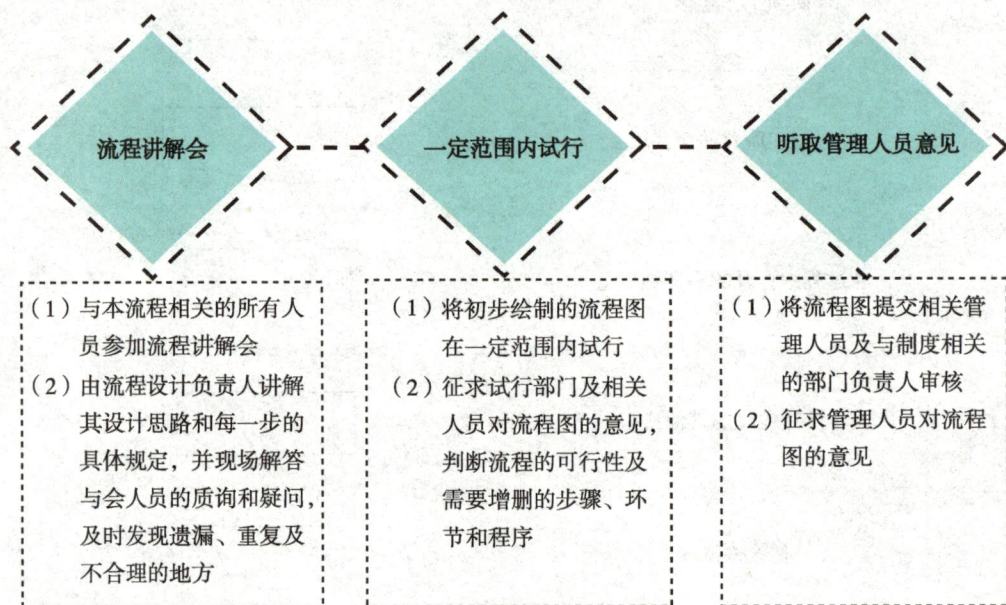

流程讲解会	一定范围内试行	听取管理人员意见
（1）与本流程相关的所有人员参加流程讲解会 （2）由流程设计负责人讲解其设计思路和每一步的具体规定，并现场解答与会人员的质询和疑问，及时发现遗漏、重复及不合理的地方	（1）将初步绘制的流程图在一定范围内试行 （2）征求试行部门及相关人员对流程图的意见，判断流程的可行性及需要增删的步骤、环节和程序	（1）将流程图提交相关管理人员及与制度相关的部门负责人审核 （2）征求管理人员对流程图的意见

图 1-11　流程图草案意见征询方式

第 7 步：流程调整修正

通过上述方式进行意见征询后，流程设计人员应综合分析意见征询结果，汇总各种修改意见，对流程图进行修改和完善，提交权限主管领导审核后再呈交总经理批准，或在董事会审议通过后公示执行。

☆ **流程定稿要求**

老员工能够按流程图做事，新员工能够根据流程图知道怎样做事。

☆ **流程试运行与检查**

流程设计人员要监控流程试运行过程，检查并汇总试运行过程中出现的问题，做好检查记录，为问题分析和流程改善做准备。流程实施与检查内容说明如表 1-14 所示。

表 1-14　流程实施与检查内容说明

项次	检查项目	具体检查内容
1	检查流程是否稳定	◎在实施过程中是否出现例外活动 ◎在实施过程中是否出现步骤、时间、权责方面的冲突 ◎是否出现上一部分的步骤成果（输入）不能充分影响下一步骤的活动 ◎是否出现资源（特别是人力资源）与任务不匹配的情况
2	检查程序是否合理	◎适宜性：程序适应内外部环境变化的能力 ◎充分性：程序各过程的展开程度 ◎有效性：达到的结果与所使用的资源之间的关系，确保程序的经济性

☆ 流程简化

流程简化的目标是用最少的资源执行流程，减少资源浪费。流程简化的方法包括取消环节、合并环节、环节调序、简单化环节、自动化环节以及一体化环节等。

流程简化工作的一般操作方法如下：

● 对评估流程进行再评估，确认和削减增加资源耗费的活动；

● 评估各种测量方法，判断其能否提供有用和可控的信息；

● 缩短时间，测试输出数量／质量是否相应减少；

● 依据上述变动调整程序简化计划；

● 将程序置于自动运行状态，通过周期性检查发现问题。

1.3.7　发布、实施与检查

1. 流程的确定与发布

流程设计人员将经过实践检验的流程图提交企业领导审核签字后，以适当的方式向全体员工公示，并自公示之日起生效，便于员工遵照执行。

一般情况下，常用的流程公示方式有四种，企业可根据实际情况选择运用，具体做法如表 1-15 所示。

表 1-15　流程公示的四种方式及操作说明

序号	公示方式	操作说明
1	全文公告公示	在企业公共区域将流程图及相关说明全文公告，并将公告现场以拍照、录像等方式记录备案
2	集中学习	召开员工会议或组织员工进行集中学习、培训，并让员工签到确认参与了学习或培训

序号	公示方式	操作说明
3	员工阅读并签字确认	将流程及相关说明做成电子或纸质文件交由员工阅读并签字确认。确认方式包括在流程文件的尾页签名、另行制作表格登记、制作单页的"声明"或"保证"
4	作为劳动合同附件	将流程文件作为劳动合同的附件，在劳动合同专项条款中约定"劳动者已经详细阅读，并自愿遵守本企业的各项规定"等内容

企业的经营管理人员或人力资源管理人员，对流程公示工作要细心谨慎，注意以下两大事项。

事项1：务必让当事人知晓

务必将相关通知、决定等送到当事人手中，而不是"通告一贴，高高挂起"，要确保能够达到公示与告知的目的。

事项2：注意留存公示的证据

不同的公示方式有不同的证据留存方式。例如，让员工在"签阅确认函"上签字确认，可签"已经阅读、明了，并且承诺遵守"等。

2. 优化流程实施的环境

设计了流程并不意味着企业的运行效率和经济效益必然会有大幅度的提高，更重要的工作是抓好流程管理的落实。

在管理和实施流程的过程中，企业不能忽视对流程实施环境的管理，应该注意以下几点。

● 建立合适的企业文化

企业流程设计或再造一般均以流程为中心、以追求客户满意度的最大化为目标，这就要求企业从传统的职能管理向过程管理转变。

企业在实施流程管理时，需要改变过去的传统观念和习惯做法，建立一种能够适应这种转变的以"积极向上、追求变革、崇尚效率"为特征的企业文化，以使每个流程中的各项活动都能实现最大化增值的目标，为企业经济效益的提高做贡献。

● 提高企业领导对流程管理的认识

提高企业领导，特别是企业高层领导对流程管理的认识是企业发展中的重要问题，是企业提高运营效率和经济效益的重要措施，是企业战胜竞争对手的主要手段，是企业发展战略的重要因素。

只有企业的董事长、总经理、总监等高层领导重视流程管理，才能推动企业的流程再造，实施才能见到效果。

● 加强培训，使企业上下共同提高对流程的认识

在实施流程管理的过程中，企业高、中层管理人员是推动流程管理的骨干，广大员工则是推动流程管理的重要力量。

通过培训，使企业的管理团队与员工提高对流程设计或再造的认识，共同认识到流程的意义，认识到流程再造对企业生存和发展的作用，只有这样推动与实施流程再造，才能达到良好的效果。

此外，通过培训，可以提高员工的自觉性，使员工自觉遵守新的流程。

3. 实现流程的有效落实

企业的流程图绘制完毕、装订成册后，应发给企业各部门，以便员工遵照执行。流程图实际上是企业的一项规章制度，它可以帮助企业建立正常的工作规则和工作秩序。

以下是流程有效落实的四种思路，具体如图 1-12 所示。

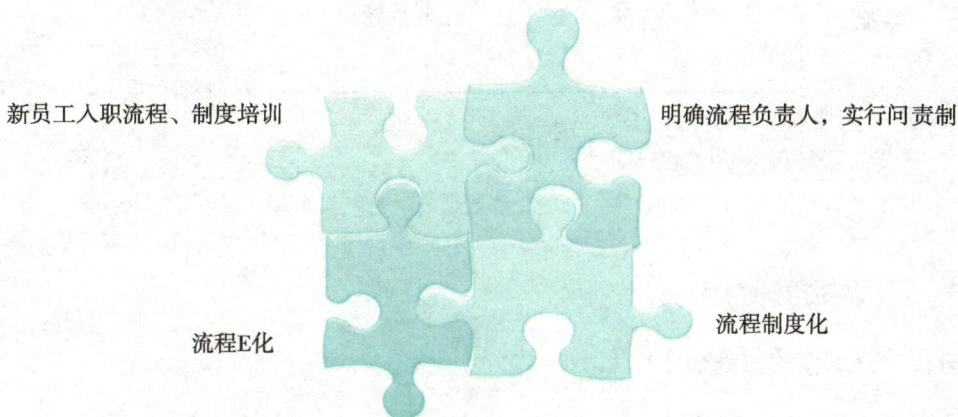

新员工入职流程、制度培训　　　　　　　　明确流程负责人，实行问责制

流程E化　　　　　　　　流程制度化

注：流程 E 化是指应用现有的 IT 技术，实现企业各项管理和业务流程的电子化。

图 1-12　流程有效落实的四种思路

4. 开展有针对性的流程检查

流程检查的目的是提高企业的效益，保证流程目标的最终实现。

● 控制流程检查的成本投入。流程检查成本投入需要与该流程的产出价值相匹配，否则既浪费资源，又不能创造价值。企业在流程检查工作中要有成本意识，强化"投资回报"的概念。

● 把握好流程检查的度。在设计流程检查方案时，需要确定流程检查的精细度、频次及抽样方法，控制检查成本。流程检查工作要抓住关键流程，抓住流程的关键环节，结合实际情况和流程的运转时间确定流程检查的频次和抽样方式。

5. 流程检查重点的选取

流程检查需要与流程实际执行情况相匹配，合理设置流程关键控制点。

● 对于流程成熟度高（流程绩效表现合理且稳定）、人员能力较强的流程，企业可降低检查投入，也可取消相关的关键控制点。

● 对于流程成熟度较低（流程绩效波动较大）的流程，企业需要加强对该流程的检查力度或新增关键控制点，以稳定流程绩效。

流程检查重点选取的矩阵分析如图 1-13 所示。

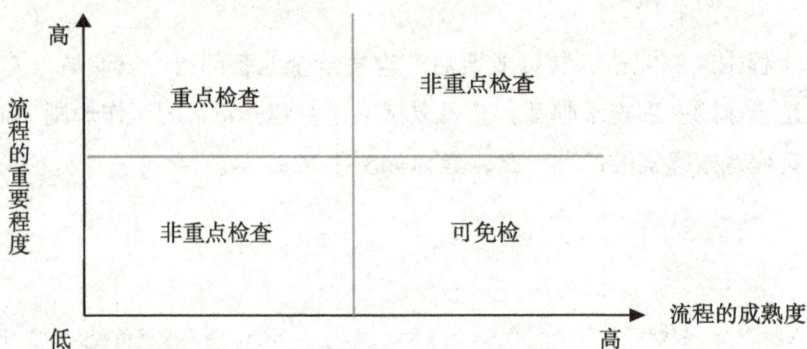

注：流程的重要程度评估请参照本章 1.3.4 所述。

图 1-13　流程检查重点选取的矩阵分析

6. 流程检查工作的实施程序

流程检查工作的实施程序如图 1-14 所示。

7. 流程绩效评估与改进

从本质上看，流程绩效评估是为企业战略与经营服务的，企业需要对某些关键的流程进行绩效评估，将流程绩效作为企业绩效管理的一个重要维度。

● **确定流程的绩效目标**

企业战略目标被分解为部门绩效目标与岗位绩效目标，并被包含在关键流程中，即流程被赋予绩效目标。因此，流程的绩效评估需围绕目标展开，实行目标导向的流程绩效评估。

● **流程绩效评估维度**

企业流程绩效评估的维度及指标如表 1-16 所示。

```
                    ┌──────────┐
                    │   开始    │
                    └────┬─────┘
                         │
         ┌───────────────▼───────────────┐      ┐
         │        明确流程检查的目的        │      │
         └───────────────┬───────────────┘      │
                         │                      │
         ┌───────────────▼───────────────┐      │
         │        明确流程的关键节点         │      │
         └───────────────┬───────────────┘      │
                         │                      │  流
         ┌───────────────▼───────────────┐      │  程
         │      分析、筛选流程检查重点        │      │  检
         │  （分析流程现状及容易出错的关键节点） │      │  查
         └───────────────┬───────────────┘      │  规
                         │                      │  划
         ┌───────────────▼───────────────┐      │
         │    确定流程中各检查点的检查方法与标准  │      │
         │  （查阅资料与记录、现场观察、访谈）    │      │
         └───────────────┬───────────────┘      ┘
                         │
         ┌───────────────▼───────────────┐      ┐
         │     编制检查工作计划，制作检查表    │      │
         └───────────────┬───────────────┘      │
                         │                      │  流
         ┌───────────────▼───────────────┐      │  程
         │    与被检查部门沟通，确认目标与计划  │      │  检
         └───────────────┬───────────────┘      │  查
                         │                      │  实
         ┌───────────────▼───────────────┐      │  施
         │     按计划进行流程检查并详细记录    │      │
         └───────────────┬───────────────┘      ┘
                         │
         ┌───────────────▼───────────────┐      ┐
         │  汇总并分析检查结果，编制流程检查报告 │      │
         └───────────────┬───────────────┘      │
                         │                      │
         ┌───────────────▼───────────────┐      │  流
         │    与被检查部门沟通，分析原因      │      │  程
         └───────────────┬───────────────┘      │  实
                         │                      │  施
      否        ╱◇◇◇◇◇◇◇◇◇◇◇◇◇◇◇╲            │  问
 ┌─────────────◇   流程设计是否有问题   ◇            │  题
 │             ╲◇◇◇◇◇◇◇◇◇◇◇◇◇◇◇╱            │  的
 │                      │ 是                   │  改
┌▼──────────┐ ┌─────────▼─────────────┐        │  进
│ 流程优化与再造│ │  制定流程实施问题的改进措施  │        │  与
└───┬───────┘ └─────────┬─────────────┘        │  跟
    │         ┌─────────▼─────────────┐        │  进
    │         │    执行、跟进、评估改进措施  │        │
    │         └─────────┬─────────────┘        │
    │              ┌────▼─────┐                │
    └─────────────►│   结束    │                ┘
                   └──────────┘
```

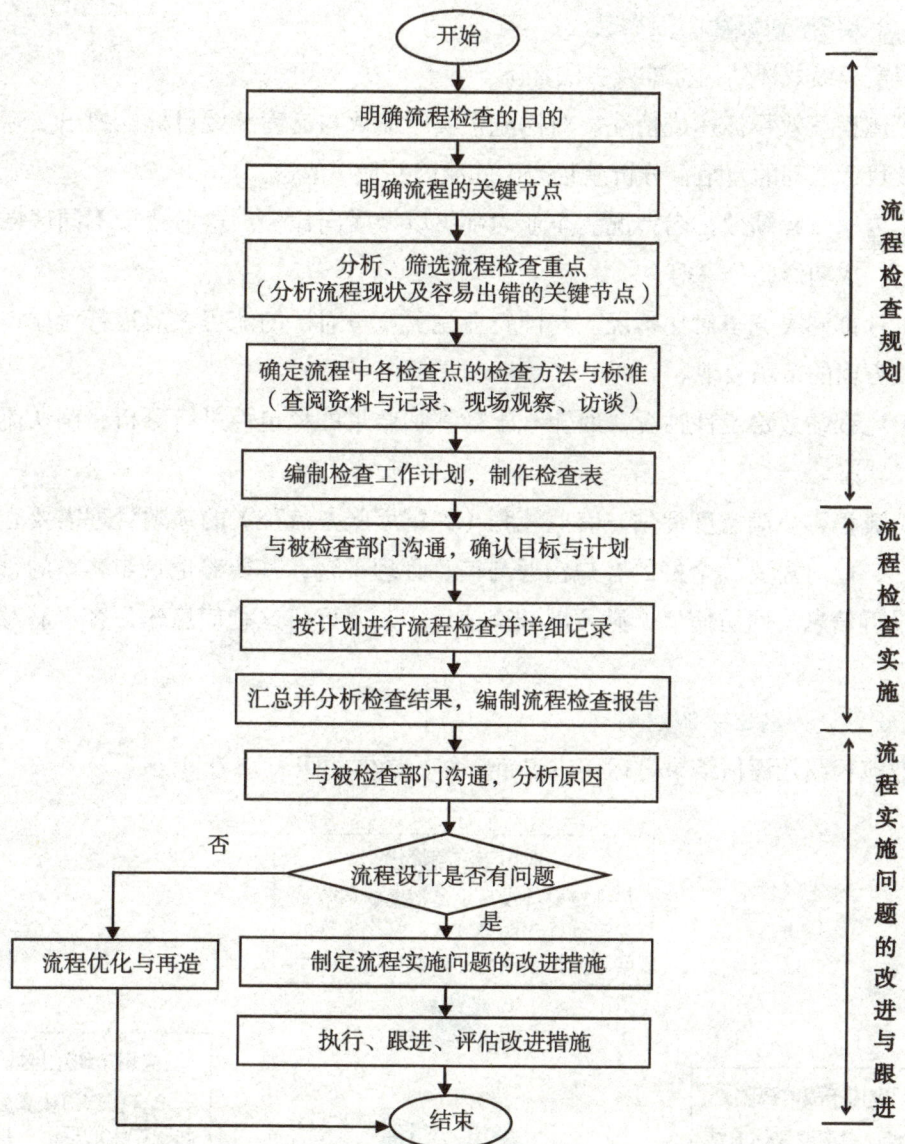

图 1-14　流程检查工作的实施程序

表 1-16　流程绩效评估的维度及指标

评估维度	详细说明	指标举例
效果	◎流程的产出 ◎流程的产出满足客户（包括内部客户和外部客户）需求和期望的程度	产量、产值、计划目标完成率、外部客户满意度、内部客户满意度等
效率	通过效果评估，确认资源节约与浪费的情况	处理时间、投入产出比、增值时间比、质量成本等
弹性	流程应具备调整能力，以便满足客户当前的特殊要求和未来的要求	处理客户特殊要求的时间、被拒绝的特殊要求所占的比例、特殊要求递交上级处理的比例等

● 流程实施绩效评估的标准及方法

流程实施绩效评估的标准及方法如下。

（1）流程绩效目标达成情况。对比流程实际绩效与流程绩效目标，找出实际绩效与流程绩效目标之间的差距，分析差距产生的原因并加以改进。

（2）内部流程绩效排名情况。企业内部可以做横向比较，这适用于不同区域的业务流程竞争、成功经验分享等。

（3）外部同类竞争对比情况。与同行业主要竞争对手的流程绩效进行对比，以了解企业在该方面的市场表现。

（4）流程绩效稳定性情况。对流程绩效评估结果的稳定性进行分析，确认流程是否处于受控状态。

（5）流程客户满意度评估。有些流程（如售后服务流程）的绩效管理需要客户与市场的评估，此时需要一个好的客户沟通与信息管理平台，其能够记录与客户的日常沟通信息、投诉信息、回访信息、满意度调查信息等，并可将这些信息作为客户满意度评估的依据。

● 流程绩效评估结果的运用

企业流程绩效评估结果可运用于五个方面，具体如图1-15所示。

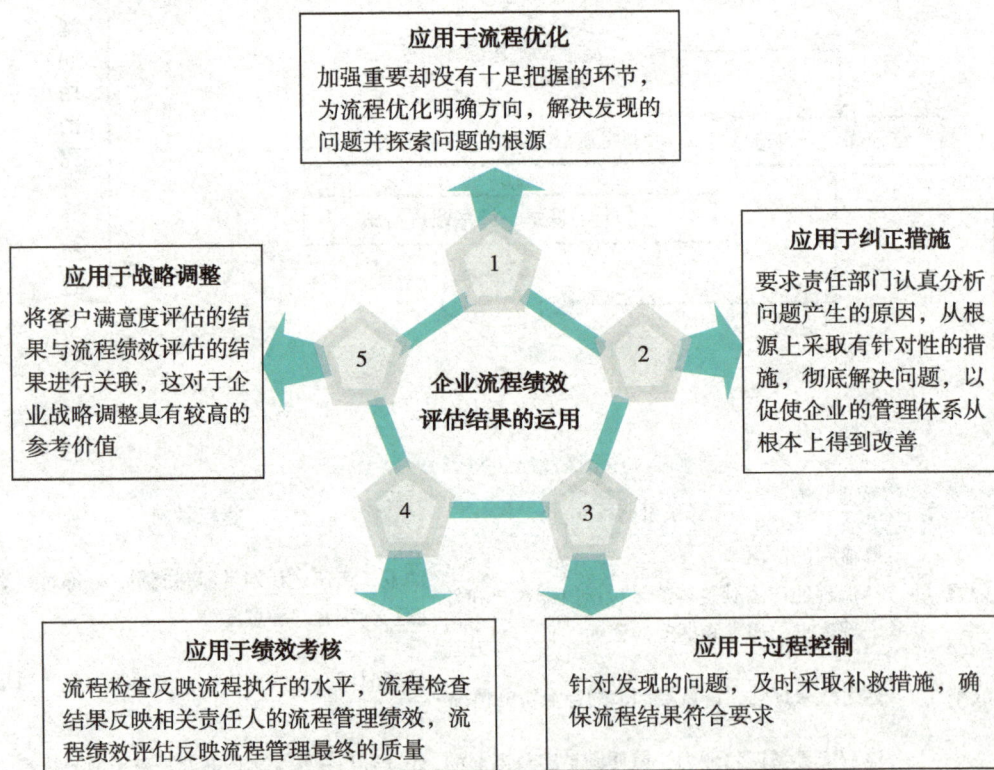

应用于流程优化
加强重要却没有十足把握的环节，为流程优化明确方向，解决发现的问题并探索问题的根源

应用于纠正措施
要求责任部门认真分析问题产生的原因，从根源上采取有针对性的措施，彻底解决问题，以促使企业的管理体系从根本上得到改善

应用于战略调整
将客户满意度评估的结果与流程绩效评估的结果进行关联，这对于企业战略调整具有较高的参考价值

企业流程绩效评估结果的运用

应用于绩效考核
流程检查反映流程执行的水平，流程检查结果反映相关责任人的流程管理绩效，流程绩效评估反映流程管理最终的质量

应用于过程控制
针对发现的问题，及时采取补救措施，确保流程结果符合要求

图 1-15　企业流程绩效评估结果的运用

1.4 流程执行章程设计

1.4.1 配套制度设计

制度是规范员工行为的标尺之一，是企业进行规范化、制度化管理的基础。只有不断推进规范化、制度化管理，企业才能逐步发展壮大。

1. 制度设计步骤

企业在设计流程配套制度时，要明确需要解决的问题及要达到的目的，为制度准确定位，开展内外部调研，明确制度规范化的程度，统一制度格式，等等。制度设计的步骤如图 1-16 所示。

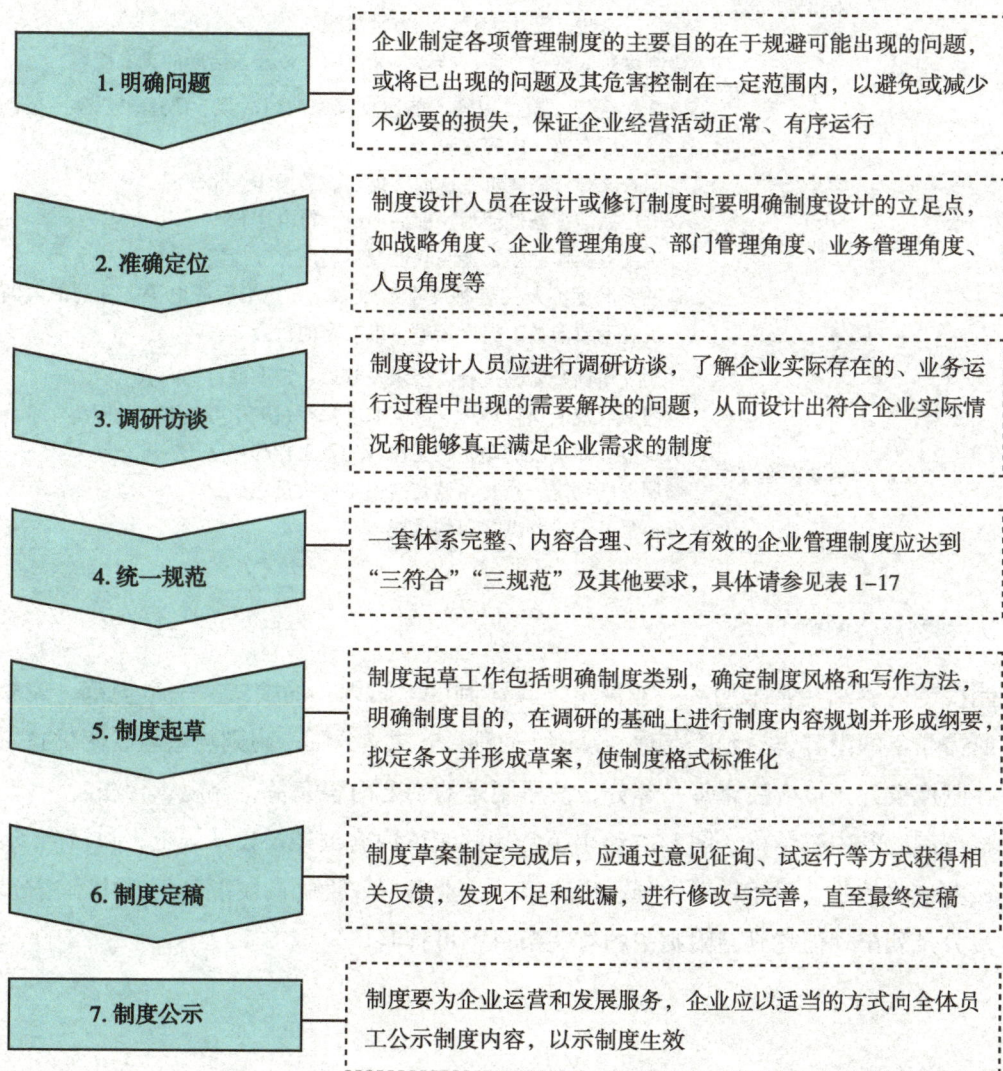

步骤	说明
1. 明确问题	企业制定各项管理制度的主要目的在于规避可能出现的问题，或将已出现的问题及其危害控制在一定范围内，以避免或减少不必要的损失，保证企业经营活动正常、有序运行
2. 准确定位	制度设计人员在设计或修订制度时要明确制度设计的立足点，如战略角度、企业管理角度、部门管理角度、业务管理角度、人员角度等
3. 调研访谈	制度设计人员应进行调研访谈，了解企业实际存在的、业务运行过程中出现的需要解决的问题，从而设计出符合企业实际情况和能够真正满足企业需求的制度
4. 统一规范	一套体系完整、内容合理、行之有效的企业管理制度应达到"三符合""三规范"及其他要求，具体请参见表 1-17
5. 制度起草	制度起草工作包括明确制度类别，确定制度风格和写作方法，明确制度目的，在调研的基础上进行制度内容规划并形成纲要，拟定条文并形成草案，使制度格式标准化
6. 制度定稿	制度草案制定完成后，应通过意见征询、试运行等方式获得相关反馈，发现不足和纰漏，进行修改与完善，直至最终定稿
7. 制度公示	制度要为企业运营和发展服务，企业应以适当的方式向全体员工公示制度内容，以示制度生效

图 1-16　制度设计的步骤

2. 制度设计规范及要求

要想设计一套体系完整、内容合理、行之有效的企业管理制度，制度设计人员必须遵循一定的规范及要求，具体内容如表 1-17 所示。

表 1-17　制度设计规范及要求

设计规范		具体要求
三符合		符合企业管理者最初设想的状态
		符合企业管理科学原理
		符合客观事物发展规律或规则
三规范	规范制度制定者	◎品行好，能做到公正、客观，有较强的文字表达能力和分析能力，熟悉企业各部门的业务及具体工作方法 ◎了解国家相关法律法规、社会公序良俗和员工习惯，了解制度的制定、修改、废止等程序及审批权限 ◎制度所依资料全面、准确，能反映企业经营活动的真实面貌
	规范制度内容	◎合法合规，制度内容不能违反国家法律法规，要遵守公德民俗，确保制度有效、内容完善 ◎形式美观、格式统一、简明扼要、易操作、无缺漏 ◎语言简洁、条例清晰、前后一致、符合逻辑 ◎制度可操作性强，能与其他规章制度有效衔接 ◎说明制度涉及的各种文本的效力，并用书面或电子文件的形式向员工公示或向员工提供接触标准文本的机会
	规范制度实施过程	◎明确培训及实施过程、公示及管理、定期修订等内容 ◎营造规范的执行环境，减少制度执行过程中可能遇到的阻力 ◎规范全体员工的职责、工作行为及工作程序 ◎制度的制定、执行与监督应由不同人员完成 ◎监督并记录制度执行的情况

3. 制度框架设计

制度的内容结构常采用"一般规定—具体制度—附则"的模式。一个规范、完整的制度所需具备的内容包括制度名称、总则 / 通则、正文 / 分则、附则与落款、附件这五大部分。制度设计人员应注意每一部分，使所制定的制度内容完备、合规、合法。

根据制度的内容结构，图 1-17 给出了常用的制度内容框架及设计规范，供读者参考。

需要说明的是，对于针对性强、内容单一、业务操作性强的制度，正文中不用分章，可直接分条列出，但总则与附则中的有关条目不可省略。

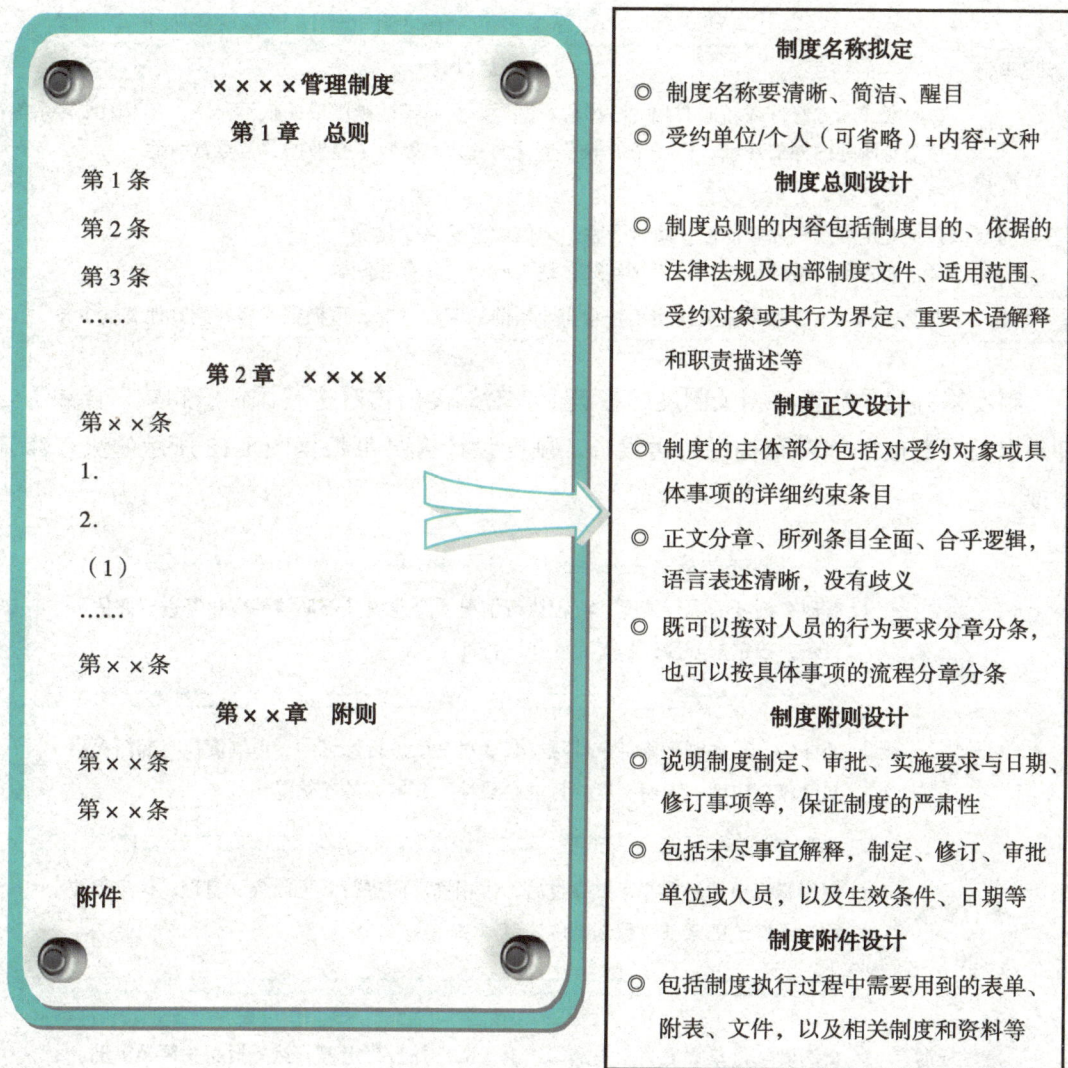

左侧框内内容：

××××管理制度

第1章　总则

第1条
第2条
第3条
……

第2章　××××

第××条
1.
2.
（1）
……
第××条

第××章　附则

第××条
第××条

附件

右侧框内内容：

制度名称拟定

◎ 制度名称要清晰、简洁、醒目
◎ 受约单位/个人（可省略）+内容+文种

制度总则设计

◎ 制度总则的内容包括制度目的、依据的法律法规及内部制度文件、适用范围、受约对象或其行为界定、重要术语解释和职责描述等

制度正文设计

◎ 制度的主体部分包括对受约对象或具体事项的详细约束条目
◎ 正文分章、所列条目全面、合乎逻辑，语言表述清晰，没有歧义
◎ 既可以按对人员的行为要求分章分条，也可以按具体事项的流程分章分条

制度附则设计

◎ 说明制度制定、审批、实施要求与日期、修订事项等，保证制度的严肃性
◎ 包括未尽事宜解释，制定、修订、审批单位或人员，以及生效条件、日期等

制度附件设计

◎ 包括制度执行过程中需要用到的表单、附表、文件，以及相关制度和资料等

图 1-17　制度内容框架及设计规范

4. 制度修订

企业在发展过程中，有些制度可能会成为制约其发展的主要因素，因此企业需要不断修订、完善甚至废止这些制度。总之，不断推进制度化管理伴随着企业发展的整个过程。

制度设计人员或修订人员需要根据实际情况，及时修订与企业发展不相适应的规范、规则和程序，以满足企业日常经营及长远发展的需要。配套制度修订时间的选择如表1-18所示。

表 1-18　配套制度修订时间的选择

状况类别	修订时间
企业外部	◎国家或地方修订或新颁布相关法律法规，导致企业某些制度或条款不合法、有缺陷或多余等 ◎企业所处的外部环境、市场条件等发生重大变化，影响了企业的日常经营活动
企业内部	◎配套的流程发生了变化 ◎企业定期统一复审制度、机构调整、岗位设置发生变化等 ◎企业各部门或各岗位通过工作实践，认为已有制度存在问题
备注	在上述情况下，如果制度确实不符合企业当前的实际情况，可撤销或合并到其他制度中

制度修订就是在现存相关制度的基础上，对制度的内容进行添加、删减、合并等处理，以及对制度的体系结构进行再设计。制度设计人员可根据图 1-18 所示的流程修订制度。

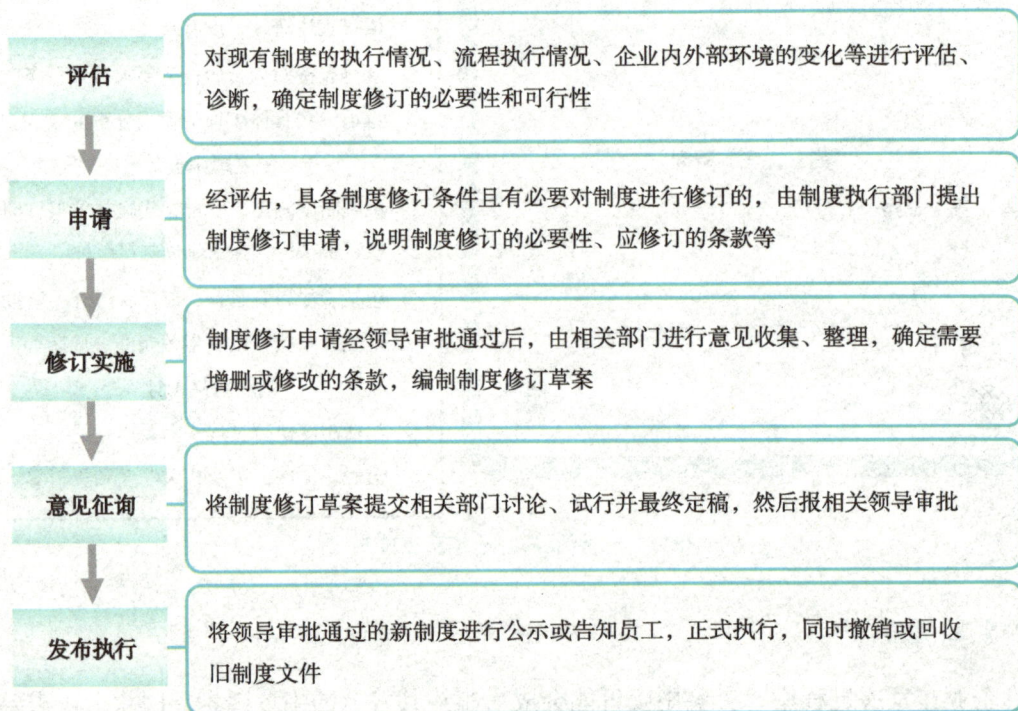

评估 —— 对现有制度的执行情况、流程执行情况、企业内外部环境的变化等进行评估、诊断，确定制度修订的必要性和可行性

申请 —— 经评估，具备制度修订条件且有必要对制度进行修订的，由制度执行部门提出制度修订申请，说明制度修订的必要性、应修订的条款等

修订实施 —— 制度修订申请经领导审批通过后，由相关部门进行意见收集、整理，确定需要增删或修改的条款，编制制度修订草案

意见征询 —— 将制度修订草案提交相关部门讨论、试行并最终定稿，然后报相关领导审批

发布执行 —— 将领导审批通过的新制度进行公示或告知员工，正式执行，同时撤销或回收旧制度文件

图 1-18　制度修订流程

在制度修订的过程中，制度设计人员要注意以下几点：

●要适应企业新的机构运行模式与流程管理的要求；

●要发挥各制度管理部门的主动性和制度执行部门的能动性；

●要强化各项工作的管理责任要求；

●要强调各职能部门的管理服务标准；

●要规范制度的编制格式，为制度的再修订和日后的统稿工作制定标准。

物业管理 流程设计与工作标准

1.4.2　辅助方案设计

方案是指某一项工作或行动的具体计划或针对某一问题制定的规划。撰写工作方案是员工必须完成的一项任务。一份实操性强、思路清晰、富有创新性的方案，不仅有利于方案的实际操作，而且还能获得上级领导的称赞。

1. 方案设计的步骤

方案设计的步骤如图 1-19 所示。

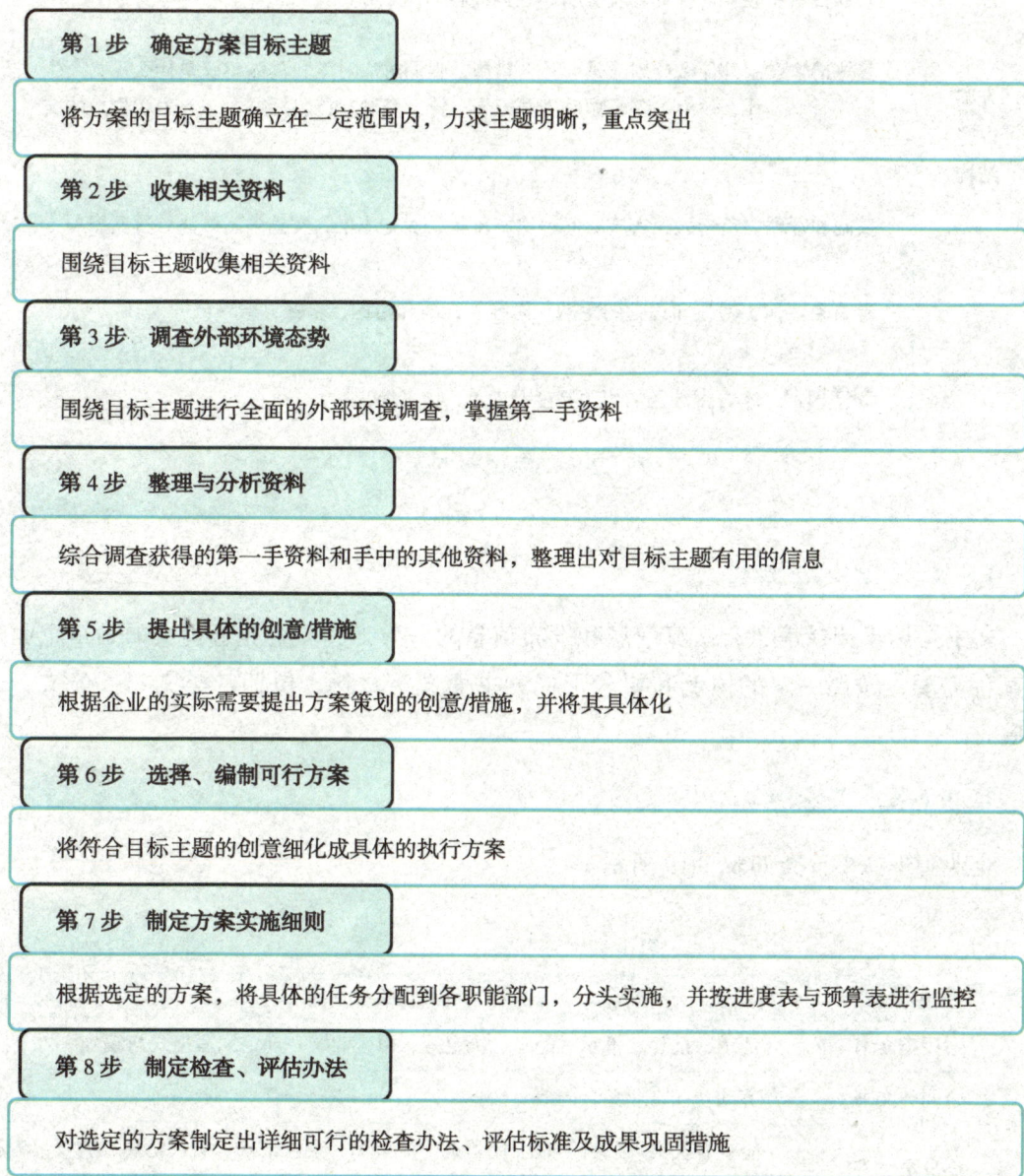

第 1 步　确定方案目标主题

将方案的目标主题确立在一定范围内，力求主题明晰，重点突出

第 2 步　收集相关资料

围绕目标主题收集相关资料

第 3 步　调查外部环境态势

围绕目标主题进行全面的外部环境调查，掌握第一手资料

第 4 步　整理与分析资料

综合调查获得的第一手资料和手中的其他资料，整理出对目标主题有用的信息

第 5 步　提出具体的创意/措施

根据企业的实际需要提出方案策划的创意/措施，并将其具体化

第 6 步　选择、编制可行方案

将符合目标主题的创意细化成具体的执行方案

第 7 步　制定方案实施细则

根据选定的方案，将具体的任务分配到各职能部门，分头实施，并按进度表与预算表进行监控

第 8 步　制定检查、评估办法

对选定的方案制定出详细可行的检查办法、评估标准及成果巩固措施

图 1-19　方案设计的步骤

2. 方案的内容结构

方案一般包括指导思想、主要目标、工作重点、实施步骤、政策措施和具体要求等内容，其结构如图 1-20 所示。

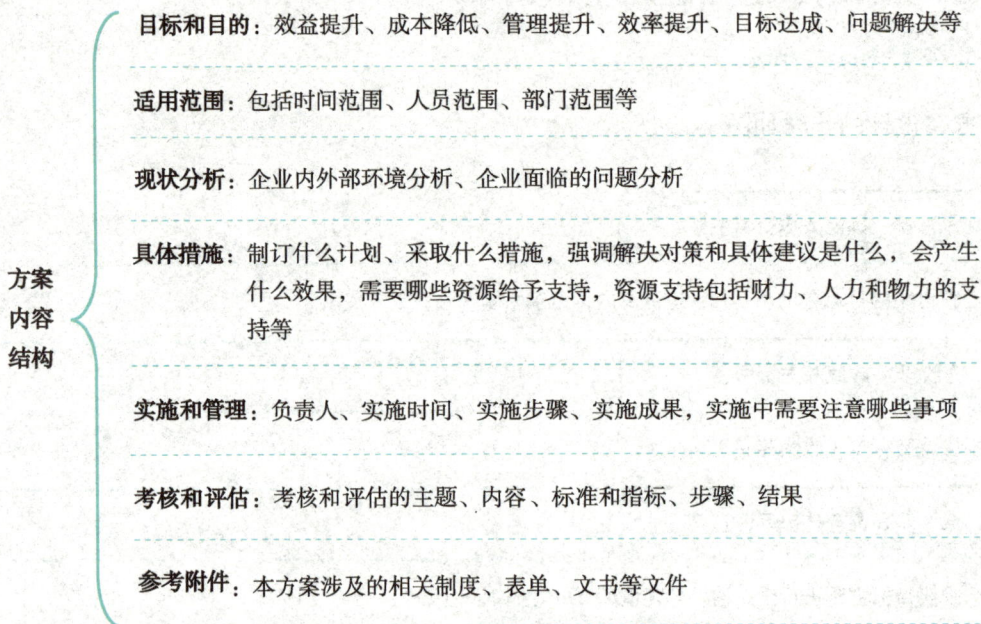

方案内容结构

目标和目的：效益提升、成本降低、管理提升、效率提升、目标达成、问题解决等

适用范围：包括时间范围、人员范围、部门范围等

现状分析：企业内外部环境分析、企业面临的问题分析

具体措施：制订什么计划、采取什么措施，强调解决对策和具体建议是什么，会产生什么效果，需要哪些资源给予支持，资源支持包括财力、人力和物力的支持等

实施和管理：负责人、实施时间、实施步骤、实施成果，实施中需要注意哪些事项

考核和评估：考核和评估的主题、内容、标准和指标、步骤、结果

参考附件：本方案涉及的相关制度、表单、文书等文件

图 1-20　方案的内容结构

1.4.3　附带文书设计

文书是用于记录信息、交流信息和发布信息的一种工具。企业管理文书是指企业为了某种需要，按照一定的体例和要求形成的书面文字材料，包括各类文书、公文、文件等。

1. 企业管理文书分类

企业管理文书分类如表 1-19 所示。

表 1-19　企业管理文书分类

文书分类	具体文书种类
通用类文书	请示、批复、批示、通知、决定等，由企业统一规定编写格式与编号
合同类文书	劳动合同、业务合同等
会务类文书	企业各类会议的开幕词、闭幕词、演讲稿、会议记录、会议纪要、会议报告和会议提案等

（续表）

文书分类	具体文书种类
社交类文书	介绍信、感谢信、慰问信、表扬信、祝贺信和邀请函等
法务类文书	纠纷报告书、申诉书、仲裁申请书、起诉书和答辩书等
事务类文书	计划、总结、建议、报告、倡议、简报、启事、消息、号召书、意向书、企划书、调查报告等
制度规范类文书	制度、守则、规定、办法、细则、方案、手册等
与业务工作相关的文书	各项职能及日常事务相关文书，如内部竞聘公告、招聘广告、营销广告等

2. 文书设计的注意事项

- 遵循企业规定的文书格式、编写要求和编号规范。
- 语言表述规范、完整、准确，避免表达残缺、出现歧义等错误。
- 语言简明精炼、言简意赅，行文流畅，主题明确。

3. 文书设计规范

我们以工作计划为例，对文书的设计规范进行说明。工作计划是对即将开展的工作的设想和安排，如提出任务指标、任务完成时间和实施方法等。工作计划既是明确工作目标、推进工作开展的有效指导，也是对工作进度和工作质量进行考核的依据之一。工作计划的内容结构如图 1-21 所示。

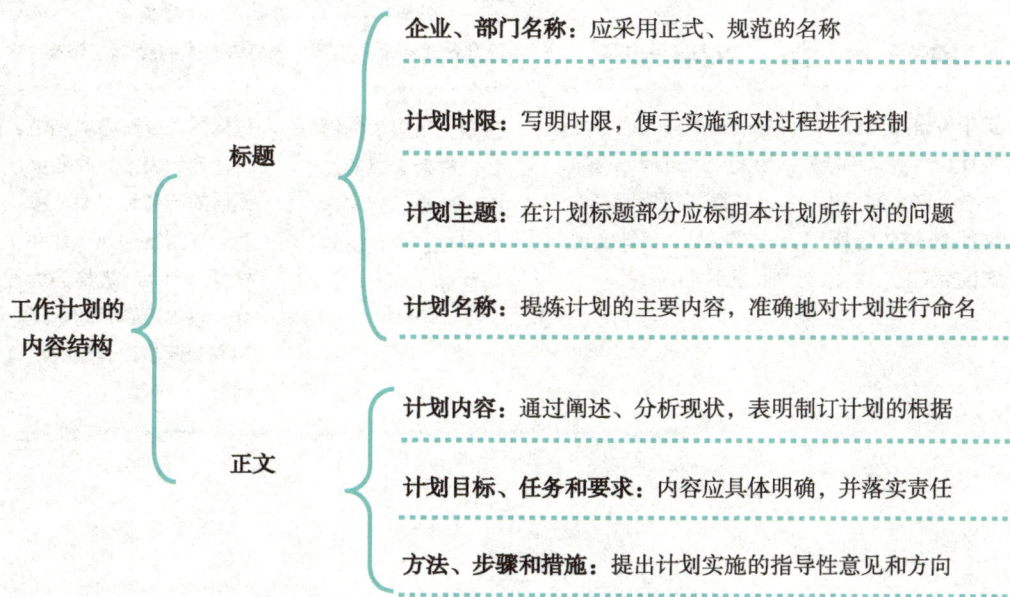

图 1-21　工作计划的内容结构

1.4.4 表单设计

1. 表单种类

表单主要分为文字表单、工具表单和数量表单三种：

- 文字表单就是将文字信息按要求整理成表单，借以说明某一概念或事项等；
- 工具表单是企业员工经常使用的一种表单；
- 数量表单用于呈现数据，以便相关人员进行统计。

2. 表单的编制要求

表单的编制要求如下：

- 表单的内容要与标题相符；
- 表单的内容应言简意赅；
- 表单的格式应简洁明了且前后连贯。

3. 设计表单

设计表单就是将表单的行、列看作一个坐标的横轴、纵轴，将需要表达的内容清晰、简洁、直观地置入坐标中予以展现。

常见的表单绘制工具有 Word、Excel 等，表单设计人员可以根据工作需要进行选择。下面以 Word 为例介绍绘制表单的步骤，具体如图 1-22 所示。

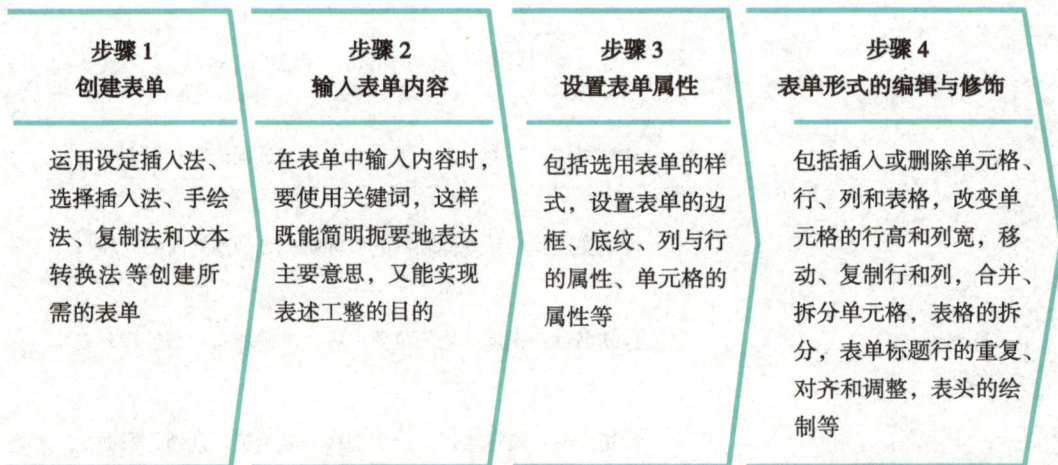

步骤 1 创建表单	步骤 2 输入表单内容	步骤 3 设置表单属性	步骤 4 表单形式的编辑与修饰
运用设定插入法、选择插入法、手绘法、复制法和文本转换法等创建所需的表单	在表单中输入内容时，要使用关键词，这样既能简明扼要地表达主要意思，又能实现表述工整的目的	包括选用表单的样式，设置表单的边框、底纹、列与行的属性、单元格的属性等	包括插入或删除单元格、行、列和表格，改变单元格的行高和列宽，移动、复制行和列，合并、拆分单元格，表格的拆分，表单标题行的重复、对齐和调整，表头的绘制等

图 1-22　绘制表单的步骤

1.5 流程诊断与优化

1.5.1 流程诊断分析

流程优化的前提是对现有流程进行调查和研究，分析流程中存在的问题，即流程诊断。

1. 流程诊断分析工作的步骤

流程诊断分析工作的步骤如表 1-20 所示。

表 1-20 流程诊断分析工作的步骤

步骤	工作内容	采用的方法
1. 流程信息收集	◎收集信息／数据，了解企业流程执行现状 ◎找出流程建设、管理中存在的问题 ◎了解企业员工所关心的问题 ◎加强企业员工之间的沟通，让所有员工树立流程管理意识	内部调查、专家访谈、讨论会、外部客户访谈和座谈会等
2. 问题查找与分析	◎清晰地阐述需要解决的问题 ◎将大问题细分成若干小问题，这样更容易解决 ◎分析、探究问题的根源，提出解决方案	NVA/VA 分析法、5Why 分析法、鱼骨图法和逻辑树法等
3. 编制诊断报告	◎根据问题的根源，结合企业的实际情况，编制诊断报告 ◎提出问题解决方案，提供创意，优化／再造流程	—

2. 流程诊断分析工作的要求

在流程诊断分析过程中，流程管理人员要重视以下要求，提高诊断工作的科学性、合理性和有效性。

- 不要拘泥于数据，要探究"我试图回答什么问题"。
- 不要在一个问题上绕圈子。
- 开阔视野，避免钻牛角尖。
- 假设也可能被推翻。
- 反复检验观点。
- 细心观察。
- 寻找突破性的观点。

3. 流程诊断分析的方法

企业常用的流程诊断分析方法有 NVA/VA 分析法、5Why 分析法等，具体内容如下。

● NVA/VA 分析法

NVA/VA 分析法是指将构成某一个流程的各项工作任务分为三类，即非增值活动、增值活动和浪费。NVA/VA 分析法的说明如图 1-23 所示。

VA		步骤2	步骤3		步骤5			步骤8
NVA	步骤1			步骤4		步骤6	步骤7	

注：了解增值活动（VA）在流程的全部活动中所占的比重，找出需要改进的重点，制定切实可行的改进目标。

◆ 非增值活动（NVA）指不增加附加值，但却是实现增值不可缺少的活动，是各项增值活动的重要衔接。

◆ 增值活动（VA）指能提高产品或服务的附加值的活动。

◆ 浪费（Waste）指既不能增值，也不是必需的活动。

图 1-23　NVA/VA 分析法的说明

● 5Why 分析法

5Why 分析法是指在对某一个流程进行诊断、分析和改进时，需针对其提出以下问题并给出答案。

◆ 为什么确定这样的工作内容？

◆ 为什么在这个时间和这个地点做？

◆ 为什么由这个人来做？

◆ 为什么采用这种方式做？

◆ 为什么需要这么长时间？

流程管理人员根据以上五个问题的答案，找出企业流程在实际运行过程中存在的问题，分析问题的根源，从而制定流程优化或再造方案。

1.5.2　流程优化的注意事项

流程优化的注意事项如下：

● 优化那些不能给企业带来利润或者效率、效益较差的流程，或者在日常运行中容易出现问题的流程；

● 优化那些对企业运营非常重要且急需改造的流程；

● 优化流程必须先易后难；

● 经过优化的流程必须和原有流程紧密衔接，确保流程管理的系统性和全面性；

● 经过优化的流程必须具有可操作性和稳定性。

1.5.3 流程优化程序

企业流程优化工作应抓住重点，找出最急迫和最重要的需求点。流程优化的具体程序如图 1-24 所示。

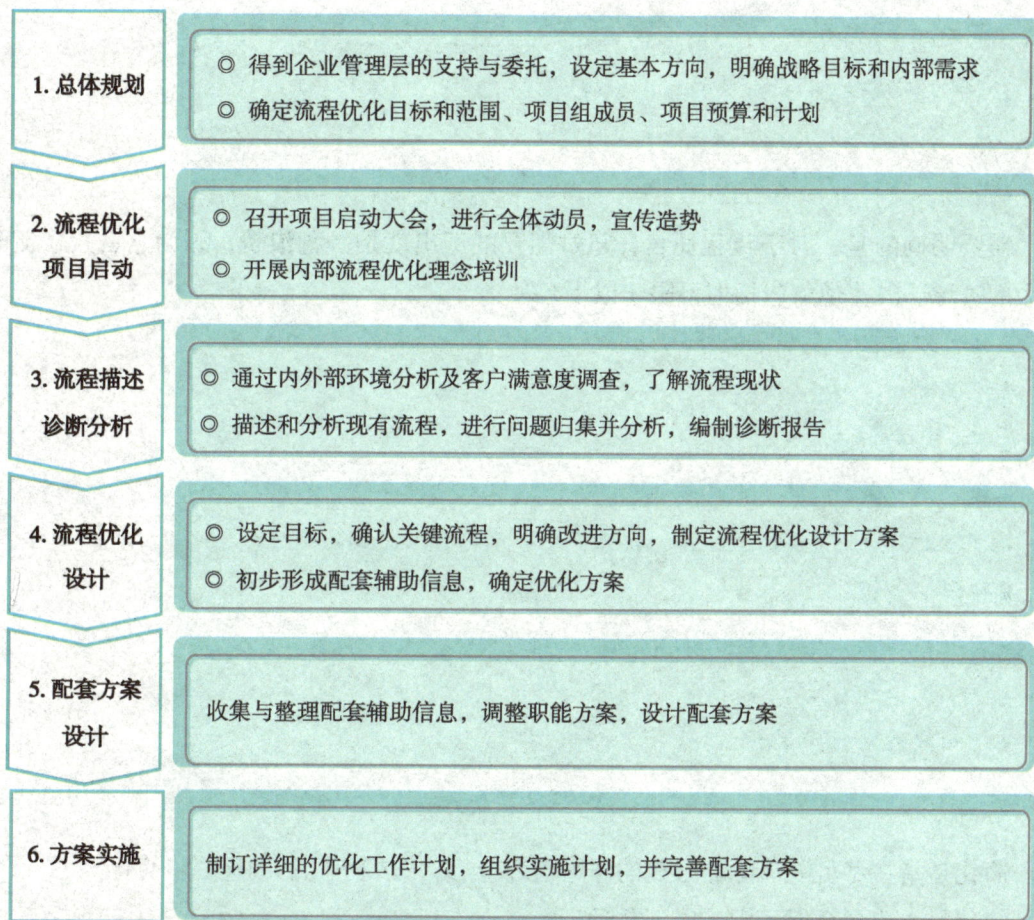

1. 总体规划	◎ 得到企业管理层的支持与委托，设定基本方向，明确战略目标和内部需求 ◎ 确定流程优化目标和范围、项目组成员、项目预算和计划
2. 流程优化 项目启动	◎ 召开项目启动大会，进行全体动员，宣传造势 ◎ 开展内部流程优化理念培训
3. 流程描述 诊断分析	◎ 通过内外部环境分析及客户满意度调查，了解流程现状 ◎ 描述和分析现有流程，进行问题归集并分析，编制诊断报告
4. 流程优化 设计	◎ 设定目标，确认关键流程，明确改进方向，制定流程优化设计方案 ◎ 初步形成配套辅助信息，确定优化方案
5. 配套方案 设计	收集与整理配套辅助信息，调整职能方案，设计配套方案
6. 方案实施	制订详细的优化工作计划，组织实施计划，并完善配套方案

图 1-24　流程优化的具体程序

总体来说，流程优化工作包括以下三步：

- 现在何处——流程现状分析；
- 应在何处——流程优化目标；
- 如何到达该处——流程优化方法和途径。

1.5.4　流程优化 ESIA 法

企业流程优化可以从清除（Eliminate）、简化（Simplify）、整合（Integrate）和自动化（Automate）四个方面入手，该方法简称为"ESIA 法"，它可以帮助企业减少流程中的非增值活动和调整流程的核心增值活动。

1. 清除

清除主要指对企业现有流程内的非增值活动予以清除。

企业可通过以下问题判断某一活动环节是属于增值还是非增值。

- 这个环节存在的意义?
- 这个环节的成果是整个流程完成的必要条件吗?
- 这个环节有哪些直接或间接的影响?
- 清除该环节可以解决哪些问题?
- 清除该环节可行吗?

需要明确的是,对于流程而言,超过需要的产出就是一种浪费,因为它占用了流程有限的资源。浪费现象包括但不限于以下几种:

- 过量产出;
- 活动间的等待;
- 不必要的运输;
- 反复的作业;
- 过量的库存(包括流程运行过程中大量文件和信息的淤积);
- 缺陷、失误;
- 重复的活动,如信息重复录入;
- 活动的重组;
- 不必要的跨部门协调。

2. 简化

简化是指在尽可能清除非必要的非增值环节后,对剩下的活动进一步简化。

简化的方法包括但不限于以下几种。

- 简化表单:消除表单设计上的重复内容,借助相关技术,梳理表单的流转,从而减少工作量和一些不必要的活动环节。
- 简化流程步骤/环节:运用 IT 技术,提高员工处理信息的能力,简化流程步骤,整合工作内容,提高流程结构效率。
- 简化沟通。
- 简化物流:如调整任务顺序或增加信息的提供。

3. 整合

整合,即对分解的流程进行整合,以使流程顺畅、连贯,更好地满足客户的需求。

- 活动整合:将活动进行整合,授权一个人完成一系列简单活动,减少活动转交过程中的出错率，缩短工作处理时间。

● 团队整合：合并专家组成团队，形成"个案团队"或"责任团队"，缩短物料、信息和文件传递的距离，改善在同一流程中工作的人与人之间的沟通。

● 供应商（流程的上游）整合：减少企业和供应商之间的一些不必要的业务手续，建立信任和伙伴关系，整合双方流程。

● 客户（流程的下游）整合：面向客户，与客户建立良好的合作关系，整合企业和客户的各种关系。

4. 自动化

● 简单、重复与乏味的工作自动化。

● 数据的采集与传输自动化。减少反复的数据采集，并缩短单次采集的时间。

● 数据的分析自动化。通过分析软件，对数据进行收集、整理与分析，提高信息利用率。

1.6 流程再造

1.6.1 流程再造的核心

企业流程再造也叫作"企业再造"，或简称为"再造"。它是20世纪90年代初期兴起的一种新的管理理念和管理方法，被誉为继"科学管理"和全面质量管理（TQC）之后的"第三次管理革命"。

企业再造概念的创始者迈克尔·哈默（Michael Hammer）和詹姆斯·钱皮（James Champy）在《企业再造——商业革命宣言》（*Reengineering the Corporation: A Manifesto for Business Revolution*）一书中指出，"再造就是对企业的流程、组织结构、文化进行彻底的、急剧的重塑，以达到绩效的飞跃。"

流程再造的核心，不是单纯地对企业的管理与业务流程进行再造，而是将以职能为核心的传统企业改造成以流程为核心的新型企业，这也就是我们所说的企业再造。通过不断地变革与创新（从广义上讲，这里不仅包括流程再造，还包括企业组织的再造和变革），使原来趋向衰落的企业重新焕发生机，并且永远充满朝气和活力。

1.6.2 流程再造的基础

当前，市场竞争越来越激烈，企业要想在激烈的市场竞争中求得生存和发展，且立于不败之地，就必须全面、彻底地了解客户的需求，最大限度地满足客户的需求，并且不断适应外部市场环境的变化。企业进行流程设计与流程再造的目的是使内部管理流程规范化，并对其不断加以改造，只有这样企业才能适应不断变化的市场形势。

通常情况下，现代企业所面临的外部挑战主要来自客户（Customer）、变化（Change）、竞争（Competition）三个方面。由于这三个英文单词的首字母都是 C，所以外部挑战又称为"3C"。企业在进行流程设计与流程再造时，切记要把握好"3C"。只有这样，企业所设计或再造的流程才能够适应自身的发展和市场的变化，满足客户的需求。

以上是企业进行流程设计或流程再造时的外部条件。

就企业内部而言，企业中长期发展战略规划是流程设计与流程再造的基础条件。因此，企业应先制定出发展战略，再着手开展流程设计与流程再造工作。

1.6.3　流程再造的程序

企业流程再造的一般程序如表 1-21 所示。

表 1-21　企业流程再造的一般程序

一般程序	具体事项
1. 设定基本方向	（1）得到高层管理者的支持 （2）明确战略目标，确定流程再造的基本方针 （3）分析流程再造的可行性 （4）设定流程再造的出发点
2. 项目准备与启动	（1）成立流程再造小组 （2）设立具体工作目标 （3）宣传流程再造工作 （4）设计与落实相关的培训
3. 流程问题诊断	（1）进行现状分析，包括内外部环境分析、现行流程状态分析等 （2）发现问题
4. 确定再造方案，重设流程	（1）明确流程方案设计与工作重点 （2）确认工作计划目标、时间以及预算计划等 （3）分解责任、任务 （4）明确监督与考核办法 （5）制定具体行动策略
5. 实施流程再造方案	（1）成立实施小组 （2）对参加人员进行培训 （3）发动全员配合 （4）新流程试验性启动、检验 （5）全面开展新流程

一般程序	具体事项
6. 流程监测与改善	（1）观察流程运作状况 （2）与预定再造目标进行比较分析 （3）对不足之处进行修正和改善

企业流程评估及流程再造的操作要点如下。

1. 流程评估的操作要点

- 确定企业与上下游互动关系的流程。
- 定义企业核心流程绩效评估的指标。
- 分析企业现有流程运作模式的优势和劣势。
- 确认企业流程现有运作模式。
- 确认企业流程的客户价值点。
- 确认企业流程与组织的关系。
- 确认企业流程的资源及成本。
- 分析决定企业流程再造的优先级别。

2. 流程再造的操作要点

- 了解现有流程及其目标、范围。
- 对比现有流程结构的优势和劣势。
- 分析流程各活动环节的责任归属。
- 确认与流程相匹配的绩效指标。
- 分析流程的瓶颈及再造切入点。
- 确定是否对流程控制点重新设计。
- 确认经重新设计的新流程系统。
- 建立评估体系，对新流程进行监测。

1.6.4 流程再造的技巧

图 1-25 提供了一些流程再造的技巧，供读者参考。

第 1 章 流程与流程管理

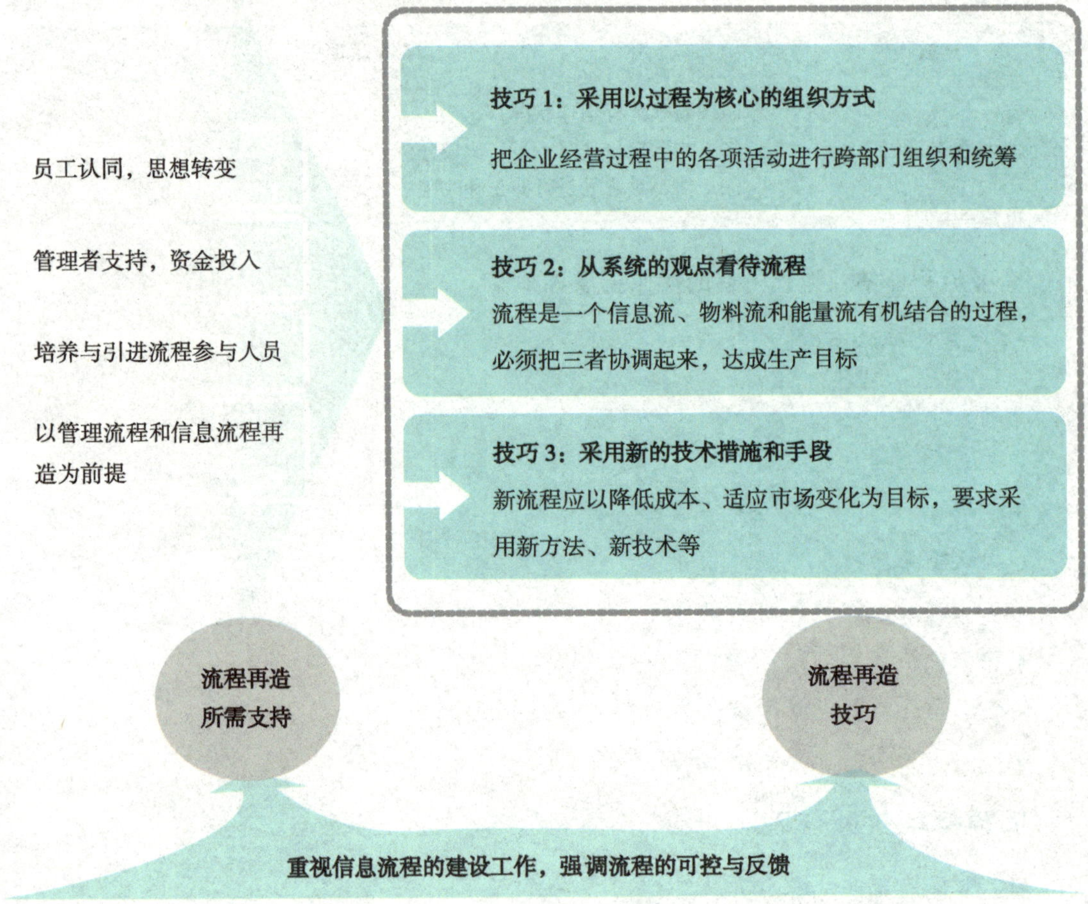

技巧1：采用以过程为核心的组织方式

把企业经营过程中的各项活动进行跨部门组织和统筹

员工认同，思想转变

管理者支持，资金投入

技巧2：从系统的观点看待流程

流程是一个信息流、物料流和能量流有机结合的过程，必须把三者协调起来，达成生产目标

培养与引进流程参与人员

以管理流程和信息流程再造为前提

技巧3：采用新的技术措施和手段

新流程应以降低成本、适应市场变化为目标，要求采用新方法、新技术等

流程再造所需支持

流程再造技巧

重视信息流程的建设工作，强调流程的可控与反馈

图 1-25　流程再造的技巧

2.1 物业客户服务流程设计

2.1.1 流程设计的目的

物业客户服务的工作内容涵盖了业主入住管理、物业参观接待、报修等，其主要工作目标是确保及时为业主提供物业服务，为业主的生活、工作提供必要的保障。

企业设计物业客户服务流程的目的如下。

1. 为客户提供优质的服务，保障客户的各项需求及时得到满足。

2. 规范客户服务工作和服务行为，维护并提升物业公司的良好形象。

2.1.2 流程结构设计

物业客户服务可根据其目的及内容划分为不同的细分流程，具体内容如图 2-1 所示。

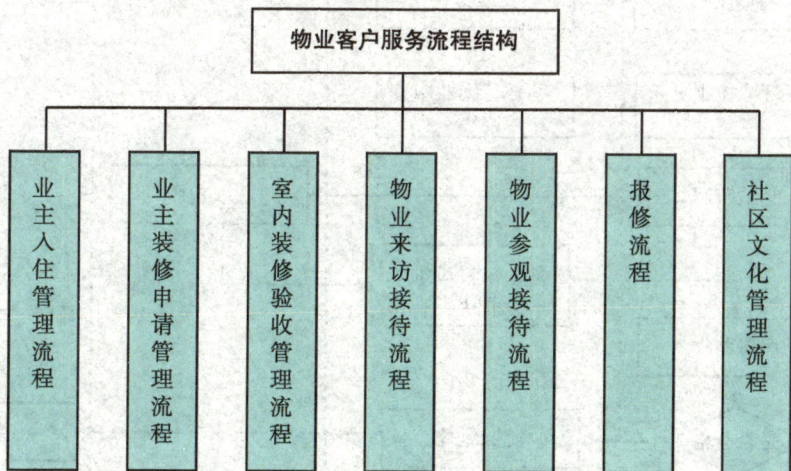

图 2-1 物业客户服务流程结构设计

2.2 业主入住管理流程设计与工作执行

2.2.1 业主入住管理流程设计

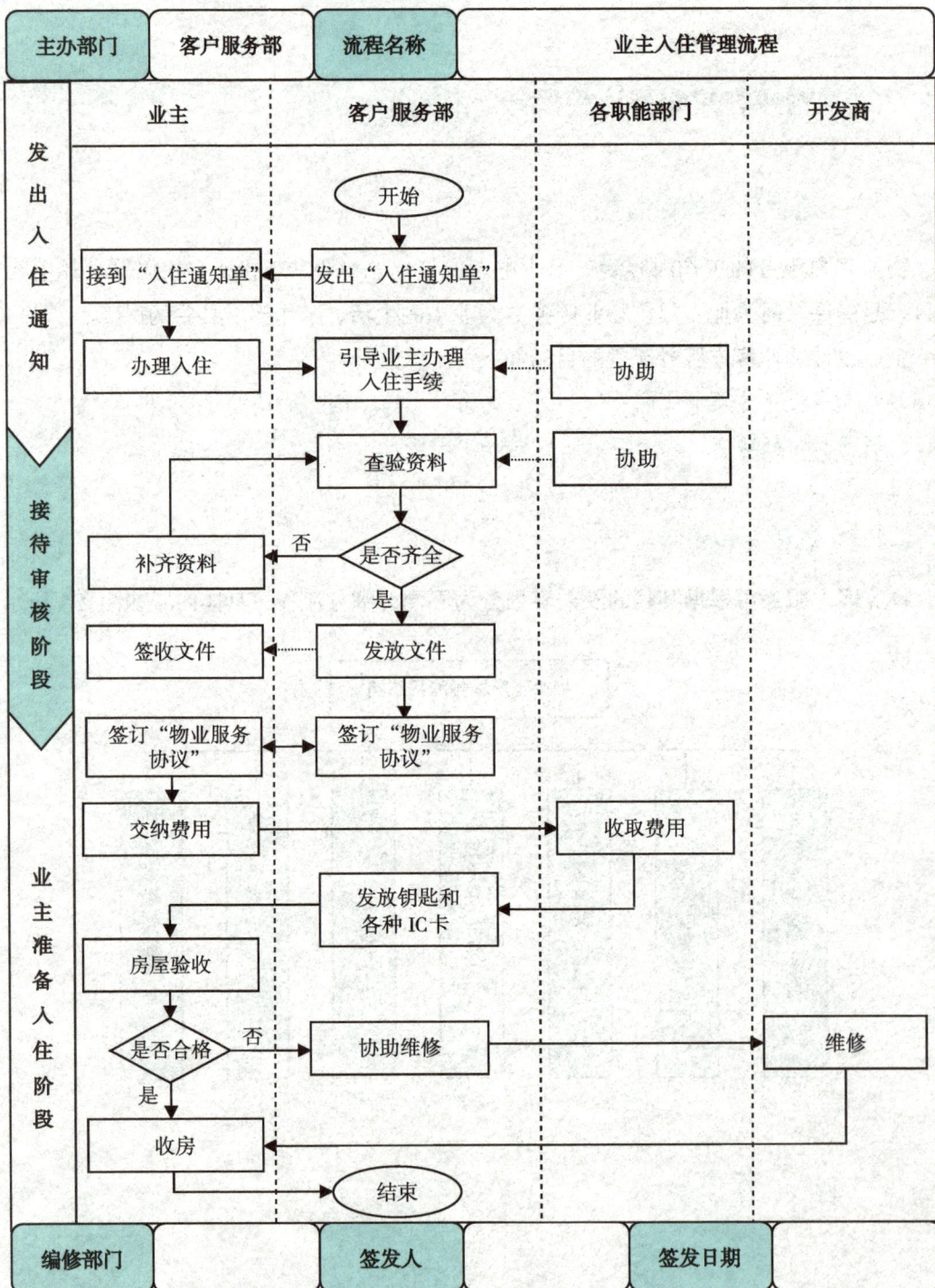

主办部门	客户服务部	流程名称	业主入住管理流程

	业主	客户服务部	各职能部门	开发商

发出入住通知

开始

发出"入住通知单" → 接到"入住通知单"

接待审核阶段

办理入住 → 引导业主办理入住手续 ← 协助

查验资料 ← 协助

是否齐全 — 否 → 补齐资料

是否齐全 — 是 → 发放文件 ‥‥> 签收文件

签订"物业服务协议" ↔ 签订"物业服务协议"

交纳费用 → 收取费用

发放钥匙和各种IC卡

业主准备入住阶段

房屋验收

是否合格 — 否 → 协助维修 → 维修

是否合格 — 是 → 收房

结束

编修部门		签发人		签发日期	

2.2.2 业主入住管理执行程序、工作标准、考核指标、执行规范

任务 名称	执行程序、工作标准与考核指标
发出 入住 通知	**执行程序** **1. 发出"入住通知单"** 　在确认业主的地址或联系方式后，客户服务部发出"入住通知单"。 **2. 引导业主办理入住手续** ☆业主接到入住通知后，前往客户服务部办理入住手续，客户服务部员工做好引导工作。 ☆客户服务部员工引导业主至各部门办理各项应办的手续。 **工作重点** 　确认业主的联系方式。 **工作标准** ☆在规定时间内发出入住通知。 ☆小区或大厦的各种软件和硬件设施符合入住管理规定。
接待 审核 阶段	**执行程序** **1. 查验资料** ☆客户服务部对业主提交的资料进行审核，确认业主的身份。 ☆如果业主提交的资料不齐全，需重新携带所规定的资料到客户服务部办理入住手续。 **2. 发放文件** ☆业主的资料经核实无误后，客户服务部向业主发放"业主手册"等资料。 ☆客户服务部就业主对物业公司所提供的服务和有关事项的提问给予回答。 **工作重点** 　确保业主提交的资料齐全、无误。 **工作标准** ☆业主提交的资料包括"入住通知单"和购房资料等。 ☆对于业主提交的资料，在____分钟内完成资料的核实工作。 ☆"物业服务协议"的内容应包括物业服务的内容、物业与业主各自的责任、物业费收取标准等。
业主 准备 入住 阶段	**执行程序** **1. 收取费用** 　各职能部门依照"物业服务协议"向业主收取物业费及其他费用。 **2. 发放钥匙和各种 IC 卡** 　客户服务部向业主发放钥匙和各种 IC 卡，并办理签收手续。 **3. 房屋验收** ☆客户服务部工作人员陪同业主验房，查验房屋质量。如无问题，双方在"验房表"上签字确认。 ☆若业主验收房屋后认为不合格，客户服务部及时联系开发商进行维修。 **工作重点** 　对房屋验收过程中发现的问题及时予以解决。 **工作标准** ☆费用收取标准符合规定。 ☆对于验收过程中发现的问题，在____个工作日内予以解决。

（续）

任务名称	执行程序、工作标准与考核指标
业主准备入住阶段	**考核指标**
	此项工作的主要考核指标为物业费收缴率，应不低于____%，其公式如下。
	$$物业费收缴率 = \frac{物业费实际收缴额}{物业费应收缴额} \times 100\%$$
	执行规范

"入住通知单""业主手册""物业服务协议""验房表""物业服务管理制度""物业服务管理标准"。

2.3 业主装修申请管理流程设计与工作执行

2.3.1 业主装修申请管理流程设计

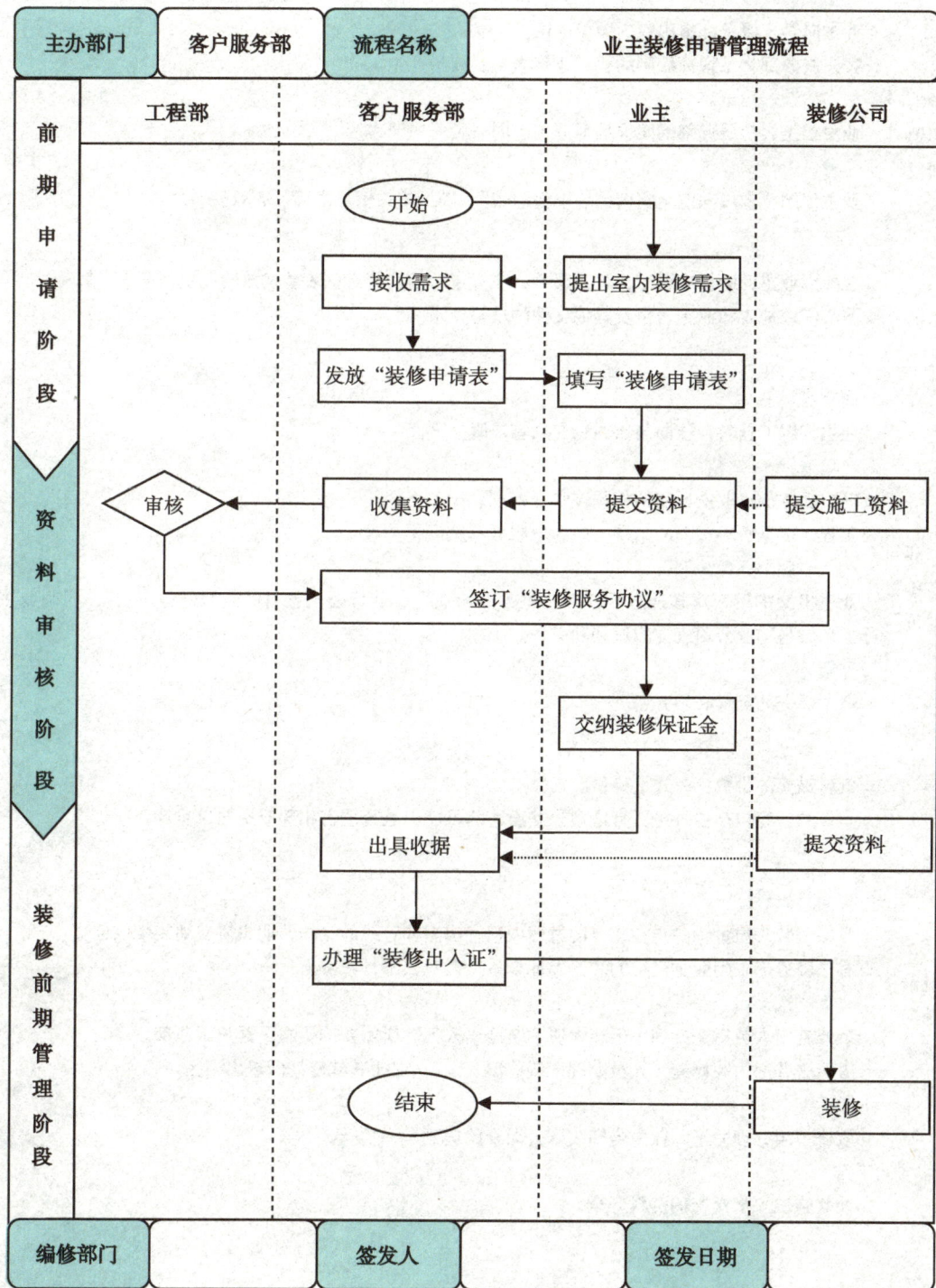

主办部门	客户服务部	流程名称	业主装修申请管理流程

	工程部	客户服务部	业主	装修公司

前期申请阶段

开始

接收需求 ← 提出室内装修需求

发放"装修申请表" → 填写"装修申请表"

资料审核阶段

审核 ← 收集资料 ← 提交资料 ← 提交施工资料

签订"装修服务协议"

交纳装修保证金

装修前期管理阶段

出具收据 ← | 提交资料

办理"装修出入证"

结束 ← 装修

编修部门		签发人		签发日期	

第2章 物业客户服务

/ 045 /

2.3.2 业主装修申请管理执行程序、工作标准、考核指标、执行规范

任务名称	执行程序、工作标准与考核指标
前期申请阶段	**执行程序** **1.提出室内装修需求** ☆业主向客户服务部提出室内装修申请。 ☆客户服务部将工程部编制的相关装修表格发放给业主。 **2.填写"装修申请表"** 业主根据客户服务部的要求填写业主室内"装修申请表"。 **工作重点** 业主依照要求填写业主室内"装修申请表",确保相关信息准确、有效。 **工作标准** ☆在接到业主的装修申请后,客户服务部在规定时间内将有关表单发放给业主,便于其填写。 ☆耐心细致地告知业主表格及其他文件的填写要求。
资料审核阶段	**执行程序** **1.提交资料** 业主将以上资料,连同装修图纸交到客户服务部。 **2.收集资料** ☆客户服务部将业主提交的相关装修资料汇总至工程部。 ☆工程部根据资料审核的结果,向客户服务部反馈相关意见。 **3.签订"装修服务协议"** 业主提交的资料审核通过后,客户服务部与业主、装修公司签订"装修服务协议",明确业主、施工单位与物业公司三方的权利和义务。 **工作重点** 业主提交的资料必须齐备。 **工作标准** ☆资料提交的份数:一式____份。 ☆审核的内容包括检查是否有危害公共设施的可能、是否侵害相邻业主的权益等。
装修前期管理阶段	**执行程序** **1.交纳装修保证金** ☆为保证装修质量,防止在装修的过程中损害房屋和管线的结构,业主需交纳装修保证金。 ☆客户服务部收到业主交纳的装修保证金后,需对其出具收据。 **2.办理"装修出入证"** ☆装修施工人员提交办理小区或大厦"装修出入证"所需要的资料至客户服务部。 ☆客户服务部为装修施工人员办理"装修出入证",以便其装修期间进出小区。 **3.装修** 装修手续办理完毕,业主告知装修公司开始施工。 **工作重点** 装修施工人员提交的资料齐全。

（续）

任务名称	执行程序、工作标准与考核指标
装修前期管理阶段	**工作标准** ☆票据开具及时。 ☆装修施工人员进出小区或大厦时应遵守相关规章制度。 **考核指标** ☆"装修出入证"办理的及时性：即及时提交资料且符合要求者，在____分钟内予以办理。 ☆票据开具的准确性：即无错误之处。

执行规范
"物业装修管理制度""装修申请表""装饰服务协议""装修出入证"。

第 2 章 物业客户服务

2.4 室内装修验收管理流程设计与工作执行

2.4.1 室内装修验收管理流程设计

主办部门	工程部	流程名称	室内装修验收管理流程

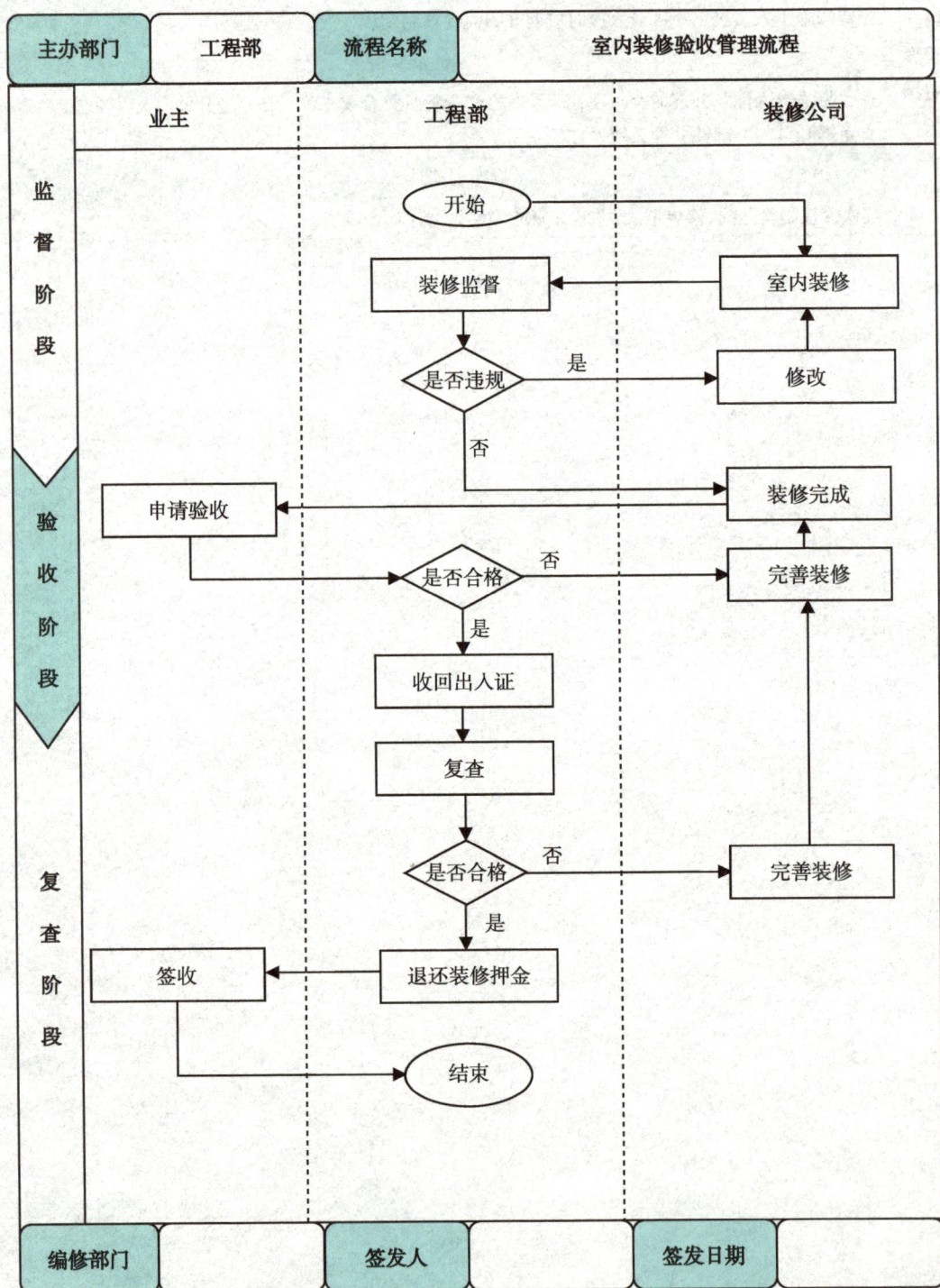

编修部门		签发人		签发日期	

2.4.2　室内装修验收管理执行程序、工作标准、考核指标、执行规范

任务名称	执行程序、工作标准与考核指标
监督阶段	**执行程序** **1. 室内装修** 　装修手续办理好后，装修公司依照与业主签订的装修协议开始装修。 **2. 装修监督** ☆工程部巡查装修情况，对装修时间、装修安全管理等方面进行检查。 ☆发现问题应及时处理，如果已经造成损害，责令装修公司进行补救，并且视情况对装修公司予以处罚。 **工作重点** 　确保装修工作符合"装修施工管理规定"。 **工作标准** ☆施工单位进行室内装修应当严格遵循物业公司的装修规定。 ☆工程部每天巡查一次，并做好记录。
验收阶段	**执行程序** **1. 申请验收** ☆装修工程结束后，业主提出验收申请。 ☆工程部员工会同业主和施工单位一起验收。 **2. 完善装修** 　如果验收不合格，由装修公司继续整改，直至验收合格。 **3. 收回出入证** 　若工程部验收合格，则从装修人员处收回出入证，并将其交至客户服务部。 **工作重点** 　验收标准清晰。 **工作标准** ☆验收合格后，由业主、装修公司、工程部三方在"装修验收表"上签字。 ☆"装修验收表"由工程部存入业主装修档案。 **考核指标** 　出入证回收及时性：即装修完成后的____日内将出入证收回。
复查阶段	**执行程序** **1. 复查** 　____个月后，工程部对房屋装修情况进行复查。 **2. 完善装修** 　若复查出现问题，工程部通知业主限期整改或进行相应的装修完善工作。 **工作重点** 　检查标准清晰，检查工作细致到位。 **工作标准** 　复查通过，工程部出具退还装修押金的凭条，业主凭借凭条去客户服务部领回装修押金。
执行规范	
"装修施工管理规定""装修巡视检查记录""装修验收表"。	

第 2 章　物业客户服务

2.5 物业来访接待流程设计与工作执行

2.5.1 物业来访接待流程设计

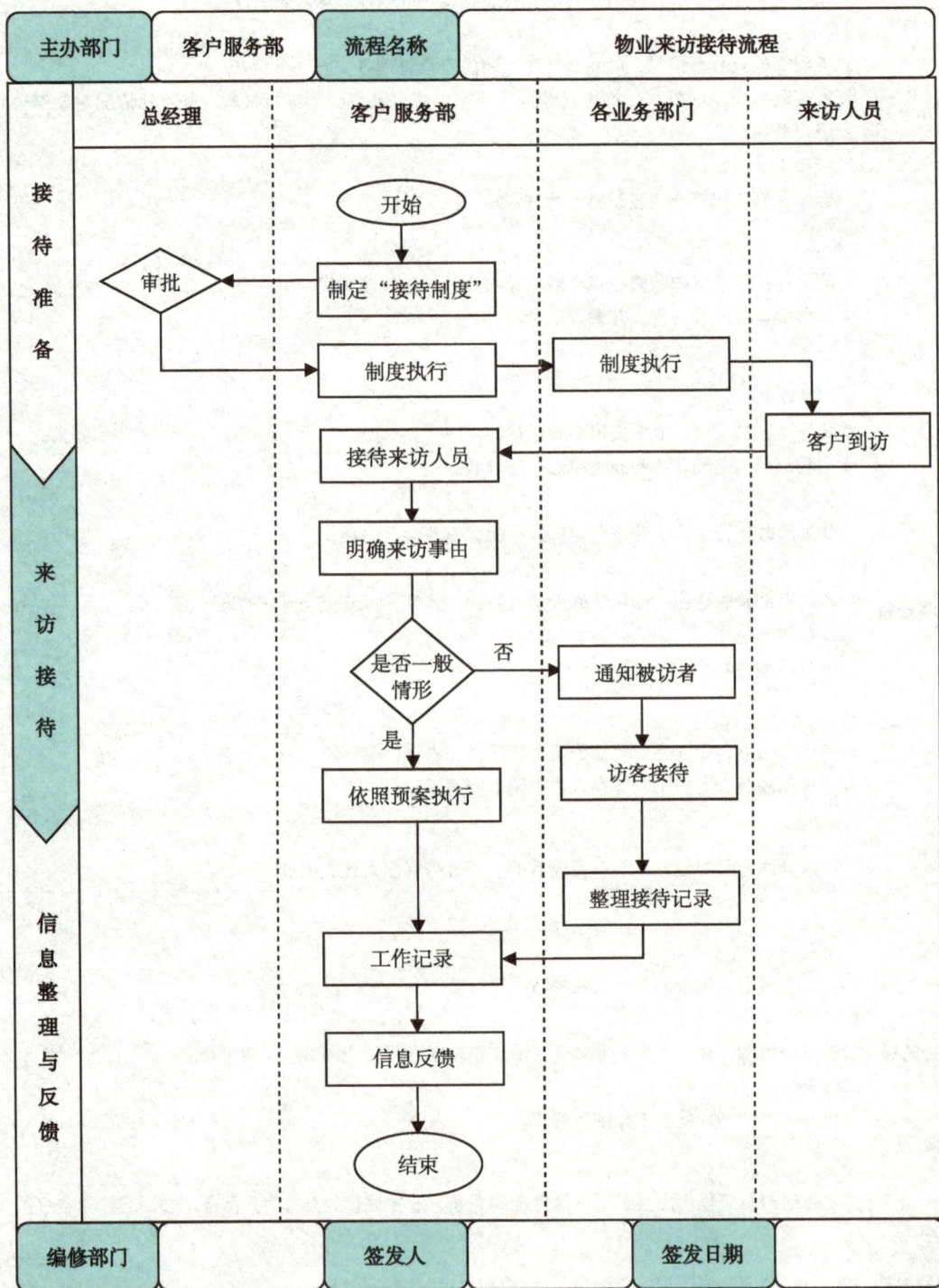

主办部门	客户服务部	流程名称	物业来访接待流程

	总经理	客户服务部	各业务部门	来访人员

```
接                              开始
待
准          审批 ◄──── 制定"接待制度"
备
            │
            └──────► 制度执行 ──────► 制度执行 ──────┐
                                                      │
                                                      ▼
来                     接待来访人员 ◄────────── 客户到访
访
接                     明确来访事由
待
                                    否
                        是否一般 ──────► 通知被访者
                          情形               │
                                            ▼
                         是             访客接待
                                            │
                     依照预案执行              ▼
                                         整理接待记录
                                            │
信                                           │
息                     工作记录 ◄────────────┘
整
理
与                     信息反馈
反
馈
                         结束
```

编修部门		签发人		签发日期	

2.5.2 物业来访接待执行程序、工作标准、考核指标、执行规范

任务名称	执行程序、工作标准与考核指标
接待准备	**执行程序** 1. 制定"接待制度" ☆为使本物业公司的来访接待工作有据可循，客户服务部应制定"接待制度"。 ☆客户服务部将"接待制度"提交总经理审批。 2. 接待来访人员 客户服务部员工礼貌、热情地接待来访人员，并做好信息记录。 工作重点 接待礼仪符合物业公司的规定。 **工作标准** 访客到来，若需要填写"访客登记表"，应清晰地告知来访者需填写的内容。 **考核指标** 信息记录的准确性：即无错误之处。
来访接待	**执行程序** 1. 明确来访事由 接待人员应询问来访者来访的目的。 2. 依照预案执行 若是一般情形，则依据物业公司的制度执行；若是特殊情形，接待人员应先通知被访者。 工作重点 处理结果尽可能符合来访者与物业公司双方的利益。 **工作标准** 对来访者做好引导工作，及时通知被访者。
信息整理与反馈	**执行程序** 1. 整理接待记录 被访者整理接待的过程及结果，并将形成的工作记录反馈至客户服务部。 2. 信息反馈 来访接待结束后，接待人员及时完善"访客登记表"，提取有价值的信息交于当值领导。 工作重点 做好信息的筛选与分析工作。 **工作标准** ☆各业务部门于每月＿＿＿日前将整理完成的来访工作记录提交至客户服务部。 ☆客户服务部及时将有价值的信息反馈至相关领导。 **考核指标** 信息反馈及时性：即在规定时间内完成。
执行规范	
"接待制度""访客登记表""访客反馈意见表"。	

2.6 物业参观接待流程设计与工作执行

2.6.1 物业参观接待流程设计

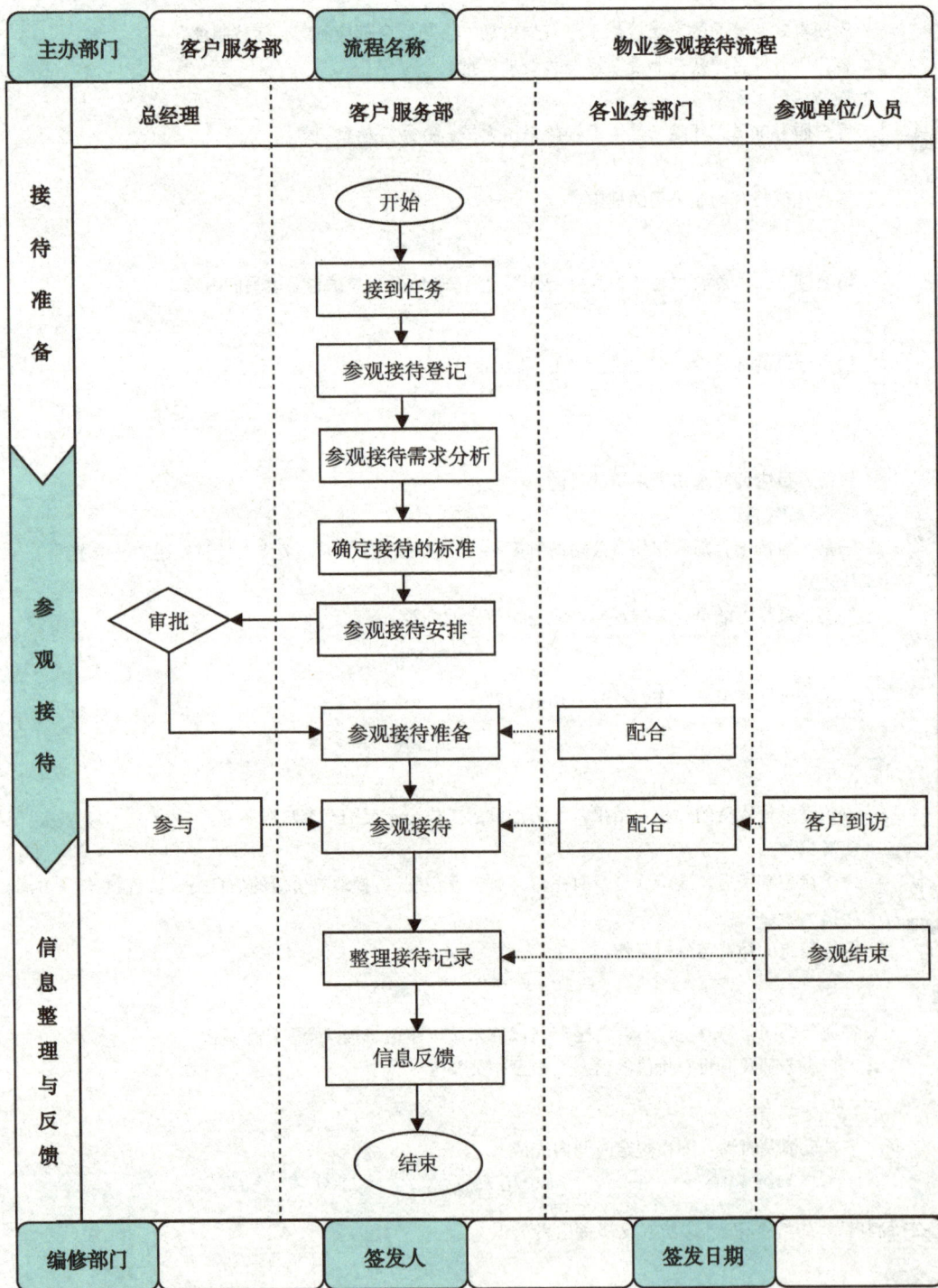

主办部门	客户服务部	流程名称	物业参观接待流程

	总经理	客户服务部	各业务部门	参观单位/人员
接待准备		开始 → 接到任务 → 参观接待登记 → 参观接待需求分析 → 确定接待的标准 → 参观接待安排		
参观接待	审批	参观接待准备	配合	
	参与	参观接待	配合	客户到访
信息整理与反馈		整理接待记录 → 信息反馈 → 结束		参观结束

编修部门		签发人		签发日期	

2.6.2 物业参观接待执行程序、工作标准、考核指标、执行规范

任务名称	执行程序、工作标准与考核指标
接待准备	**执行程序** **1.参观接待登记** 　客户服务人员在接到参观接待任务后，若没有查询到接待登记信息，应根据相应的类别或级别填写"接待登记表"。 **2.参观接待需求分析** 　客户服务部对不同类别或级别的参观接待需求进行分析，以便明确接待工作的重点。 **工作重点** 　明确接待要求。 **工作标准** ☆客户服务部每天指定专人查询各类参观、接待登记信息。 ☆参观接待需求分析的内容包括环境布置、接待小组成员安排、参观内容等。
参观接待	**执行程序** **1.确定接待的标准** 　客户服务部根据接待类别或级别确定接待的标准，如参观陪同人员、场地布置等。 **2.参观接待安排** ☆明确接待日期、时间、类别或级别等信息后，客户服务部据此制定"参观接待日程表"。 ☆客户服务部将日程表提交总经理审批。 **3.参观接待准备** 　客户服务部从现场布置、岗位设置、环境要求、车辆管理等方面做好参观接待的准备工作。 **4.参观接待** 　客户服务部会同各业务部门依照既定的安排做好参观接待工作。 **工作重点** 　事先需做好突发事件的预案工作。 **工作标准** ☆针对不同级别的接待和需求，提供不同的服务，保证接待工作准确、优质、高效地完成。 ☆各业务部门积极配合参观接待的准备工作。 **考核指标** 　此项工作的考核指标是参观接待投诉率，应低于____%，其公式如下。 $$参观接待投诉率 = \frac{访客投诉的次数}{参观接待总数} \times 100\%$$
信息整理与反馈	**执行程序** **1.参观结束** 　参观活动结束后，陪同人员或送别人员同参观人员进行礼节性的送别。 **2.整理接待记录** 　客户服务部对本次接待工作进行回顾并进行总结，以便为下次接待工作的开展提供指导，同时将重要信息反馈至物业公司领导。

第 2 章 物业客户服务

任务名称	执行程序、工作标准与考核指标
信息整理与反馈	**工作重点** 做好接待工作的收尾工作。 **工作标准** ☆参观结束后，接待人员需礼貌地送别参访人员。 ☆对重要的参观接待工作，在接待工作结束后的＿＿日内完成参观接待总结报告的撰写。
执行规范	
"接待登记表""参观接待日程表""参观注意事项说明""员工礼仪及行为规范"。	

2.7 报修流程设计与工作执行

2.7.1 报修流程设计

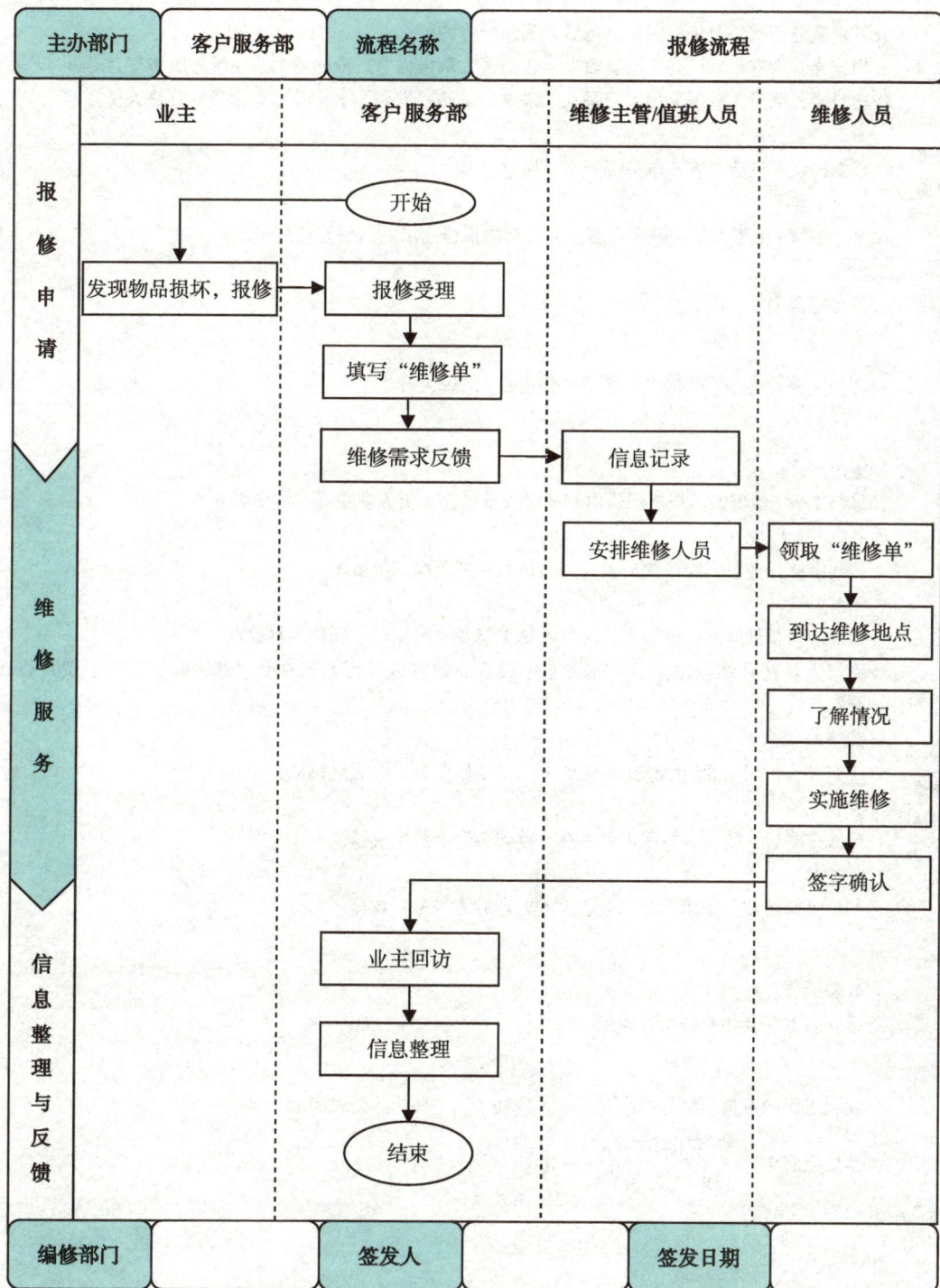

主办部门	客户服务部	流程名称	报修流程

	业主	客户服务部	维修主管/值班人员	维修人员
报修申请	发现物品损坏，报修	开始 → 报修受理 → 填写"维修单" → 维修需求反馈	信息记录 → 安排维修人员	领取"维修单"
维修服务				到达维修地点 → 了解情况 → 实施维修 → 签字确认
信息整理与反馈		业主回访 → 信息整理 → 结束		

编修部门		签发人		签发日期	

第 2 章 物业客户服务

/ 055 /

2.7.2 报修执行程序、工作标准、考核指标、执行规范

任务名称	执行程序、工作标准与考核指标
报修申请	**执行程序** **1. 报修受理** ☆客户服务部接到业主的报修申请后，确认维修内容。 ☆根据维修内容，确认是否需要收费，若需要收取维修费，应向业主讲明维修收费事宜。 ☆客户服务部员工将报修内容记录在"来电、来访登记表"上，并打电话通知维修人员。 **2. 填写"维修单"** 根据确认的内容，客户服务部填写"维修单"。 **3. 信息记录** 维修主管/值班人员接到客户服务部反馈的报修需求后，做好信息记录。 **工作重点** 信息记录完整、准确。 **工作标准** 在____分钟内将维修信息反馈至维修主管/值班人员。
维修服务	**执行程序** **1. 安排维修人员** 维修主管/值班人员根据维修内容及时安排维修人员为业主提供维修服务。 **2. 领取"维修单"** 接到维修任务后，维修人员及时到客户服务部领取"维修单"。 **3. 了解情况** ☆依照维修预约时间，维修人员带好维修工具及"维修单"到达维修地点。 ☆维修人员达到维修地点后，先对业主报修的内容进行检查与判断，然后确定是否收费及收费金额。 **4. 实施维修** 维修人员运用专业的维修工具为业主提供维修服务，并做好维修记录。 **5. 签字确认** 维修完毕后，维修人员需请业主在"维修单"上签字确认。 **工作重点** 如果维修需收取费用，在征得业主的同意后方可进行维修。 **工作标准** ☆收费标准合理。 ☆维修服务符合物业公司的规范。 **考核指标** 此项工作的考核指标是维修完成率，应高于____%，其公式如下。 $$维修完成率 = \frac{实际完成维修数}{计划完成维修数} \times 100\%$$

任务 名称	执行程序、工作标准与考核指标
信息 整理 与 反馈	**执行程序** **1. 业主回访** 　　维修工作结束后，客户服务部需对业主进行维修回访，并对回访信息进行记录。 **2. 信息整理** 　　客户服务部对当日的维修记录进行分类、汇总。 **工作重点** 　　维修回访的过程中应积极采纳业主的合理意见并及时传递到责任部门，及时改正。 **工作标准** ☆在维修工作完成后的＿＿个工作日内对业主进行回访。 ☆维修记录保存完好。 **考核指标** 　　此项工作的考核指标是回访完成率，应不低于＿＿%，其公式如下。 $$回访计划完成率 = \frac{在规定时间内完成回访数}{在规定时间内计划完成的回访数} \times 100\%$$
执行规范	

"业主报修记录表""来电、来访登记表""报修申请表""维修单""维修记录表""回访记录表""报修受理服务制度""维修实施规定""业主回访制度"。

2.8 社区文化管理流程设计与工作执行

2.8.1 社区文化管理流程设计

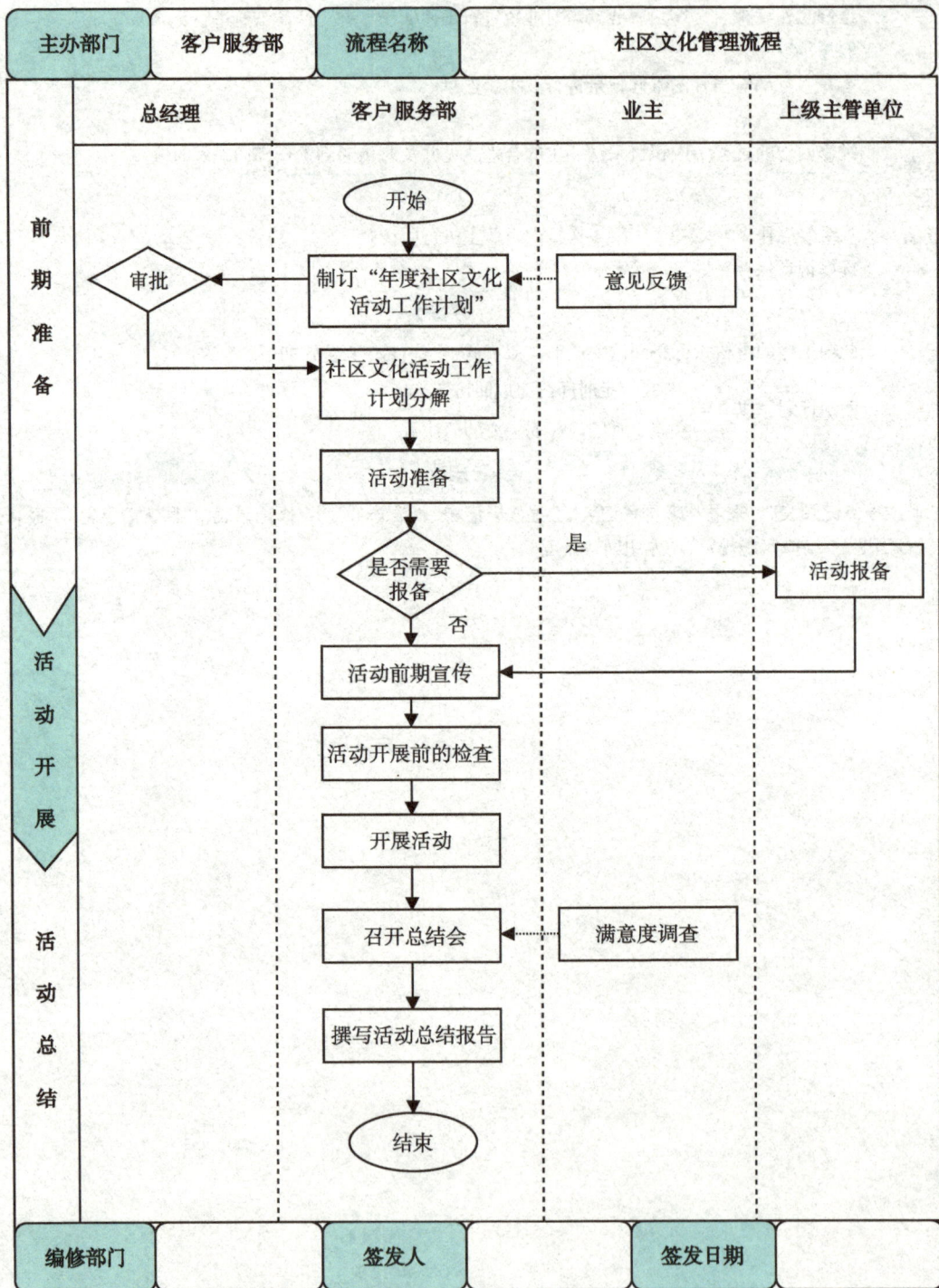

主办部门	客户服务部	流程名称	社区文化管理流程

	总经理	客户服务部	业主	上级主管单位

前期准备

开始

审批 ← 制订"年度社区文化活动工作计划" ← 意见反馈

社区文化活动工作计划分解

活动准备

是否需要报备 —是→ 活动报备

否

活动开展

活动前期宣传

活动开展前的检查

开展活动

活动总结

召开总结会 ← 满意度调查

撰写活动总结报告

结束

编修部门		签发人		签发日期	

物业管理 流程设计与工作标准

2.8.2 社区文化管理执行程序、工作标准、考核指标、执行规范

任务名称	执行程序、工作标准与考核指标
前期准备	**执行程序** **1. 制订"年度社区文化活动工作计划"** ☆客户服务部根据实际情况和结合业主的意见制订"年度社区文化活动工作计划"。 ☆制订的工作计划提交公司总经理审批。 ☆客户服务部把审批通过的工作计划分解为月度工作计划。 **2. 活动准备** 在开展活动之前，客户服务部根据制订的计划对活动的主题、时间、地点、参加活动人员、开展活动的项目与形式、需要配置的活动设施和设备等方面予以确定。 **工作重点** 确保社区文化活动开展所需的资金及时到位。 **工作标准** ☆根据外部情况和业主的意见等灵活调整计划。 ☆开展社区文化活动所需资金的来源包括物业公司每年从管理经费中划拨一定的费用或由社区文化活动的直接受益者出资。 **考核指标** ☆活动准备工作的充分性：即不存在因准备工作不充分而影响活动开展的情形。 ☆社区文化活动意向调查次数在____次以上。
活动开展	**执行程序** **1. 活动报备** 社区文化活动参与的人数在____人以上者，需向上级主管单位报备。 **2. 活动前期宣传** 在开展社区文化活动之前，客户服务部需在物业公司所辖范围内发布信息，宣传此次活动。 **3. 开展活动** ☆在开展社区文化活动之前，客户服务部需再次检查活动的准备情况。 ☆客户服务部依照事先制订的计划，有序开展社区文化活动。 ☆活动结束后，客户服务部应及时通知保洁人员清理现场。 **工作重点** ☆活动奖品发放合理，起到助兴和激励的作用。 ☆在活动进行时，客户服务部应指定有关人员注意安全防范工作。 **工作标准** ☆活动内容：丰富多彩，健康高雅。 ☆活动形式：生动，推陈出新。 **考核指标** ☆满意度评价：即通过满意度调查统计结果得出。 ☆社区文化活动每年开展次数在____次以上。

任务名称	执行程序、工作标准与考核指标
活动总结	**执行程序** **1. 满意度调查** 通过各种方式，了解业主对此次社区文化活动的意见。 **2. 撰写活动总结报告** 客户服务部根据讨论结果对此次社区文化活动开展的情况进行总结，并形成书面文体。 **工作重点** 总结此次社区文化活动的成绩与不足，为后续开展社区文化活动提供参考。 **工作标准** ☆满意度调查可采取活动调查表、电话采访、在线问卷调查等方式。 ☆在社区文化活动结束后的____个工作日内完成满意度调查工作。

执行规范
"社区服务管理办法""年度社区文化活动工作计划""社区文化活动实施方案""社区文化活动记录""满意度调查表"。

物业管理 流程设计与工作标准

第3章 物业安全服务

3.1 物业安全服务流程设计

3.1.1 流程设计的目的

物业安全服务管理的主要内容包括治安管理、车辆管理、辖区消防管理等。物业安全服务流程设计的目的如下。

1. 规范和完善各项操作程序，从而提升服务水平。

2. 通过规范化的管理，为业主提供安全的生活和工作环境。

3.1.2 流程结构设计

物业公司需要采取各种措施，保证业主的人身和财产安全，这也是物业管理工作中最基础的工作。本章的内容主要对物业安全管理方面的流程进行细分，具体内容如图 3-1 所示。

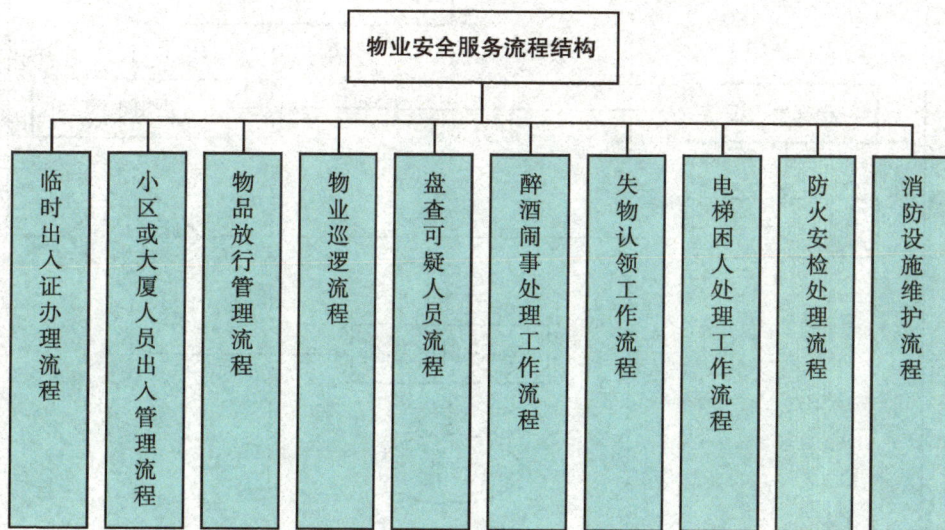

图 3-1 物业安全服务流程结构设计

物业安全服务流程结构

- 临时出入证办理流程
- 小区或大厦人员出入管理流程
- 物品放行管理流程
- 物业巡逻流程
- 盘查可疑人员流程
- 醉酒闹事处理工作流程
- 失物认领工作流程
- 电梯困人处理工作流程
- 防火安检处理流程
- 消防设施维护流程

3.2 临时出入证办理流程设计与工作执行

3.2.1 临时出入证办理流程设计

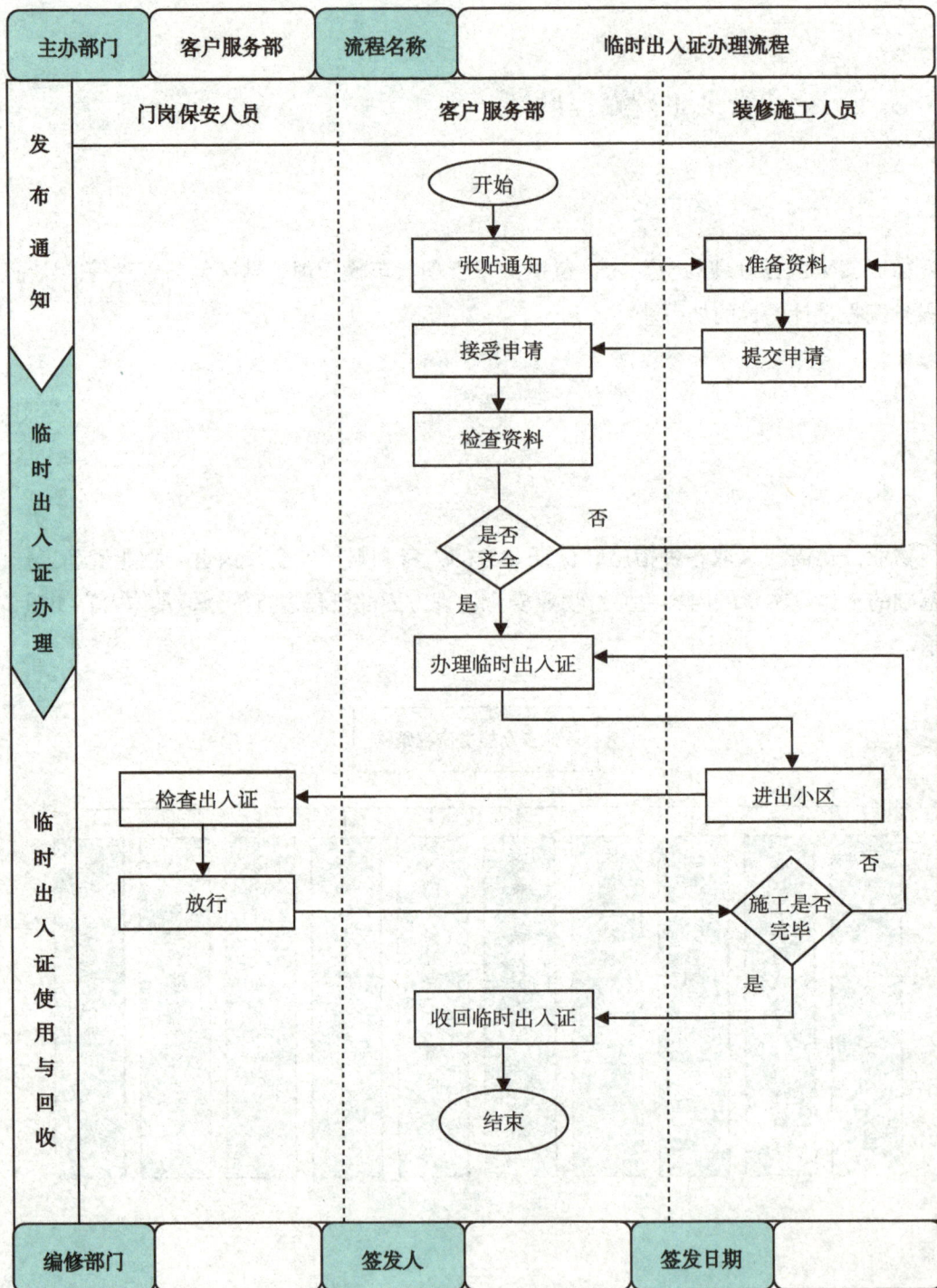

主办部门	客户服务部	流程名称	临时出入证办理流程

门岗保安人员	客户服务部	装修施工人员

发布通知

临时出入证办理

临时出入证使用与回收

开始 → 张贴通知 → 准备资料 → 提交申请 → 接受申请 → 检查资料 → 是否齐全（否→准备资料；是→办理临时出入证）→ 进出小区 → 检查出入证 → 放行 → 施工是否完毕（否→放行；是→收回临时出入证）→ 结束

编修部门		签发人		签发日期	

3.2.2 临时出入证办理执行程序、工作标准、考核指标、执行规范

任务名称	执行程序、工作标准与考核指标
发布通知	**执行程序** **1.张贴通知** 　客户服务部在小区或大厦入口处或其他平台张贴办理小区或大厦临时出入证的通知。 **2.接受申请** ☆为办理临时出入证，装修施工人员需要向客户服务部提交申请。 ☆装修施工人员在物业公司出具的"装修协议"上签字，并提供装修的图纸以便物业公司审核。 **工作重点** 　客户服务部需要对办理出入证的人员的资格进行审核。 **工作标准** ☆临时出入证由施工单位或装修公司项目负责人或业主到客户服务部办理。 ☆临时出入证办理人员需要依照客户服务部的要求提供相关资料，便于办理证件。
临时出入证办理	**执行程序** **1.检查资料** 　若客户服务部发现装修施工人员提供的资料不齐全，需要让其补全资料后再为其办理临时出入证。 **2.办理临时出入证** 　对于资料齐全者，客户服务部为其办理并发放临时出入证，便于其进出小区或大厦。 **工作重点** 　临时出入证需要注明施工工种、临时出入证的有效期限等信息。 **工作标准** 　须做到施工装修人员一人一证，妥善保存办证人员提交的资料。 **考核指标** ☆办理的规范性：即严格依据物业公司的规定程序办理。 ☆办理的及时性：即提交资料且符合要求者，在＿＿＿分钟内予以办理。
临时出入证使用与回收	**执行程序** **1.检查出入证** 　所有临时出入小区或大厦的人员均应佩戴或持有临时出入证。 **2.收回临时出入证** ☆装修完毕后，持有临时出入证的人员需及时将出入证返还客户服务部。 ☆在临时出入证有效期内未完成施工者，应到客户服务部办理临时出入证延期手续。 **工作重点** 　门岗保安人员需要核查装修施工人员的临时出入证，并注意有效期限。 **工作标准** 　装修施工人员进出小区或大厦时应遵守小区或大厦的各项规章制度，不得出现扰民情形。
执行规范	"办理临时出入证的通知""装修协议""小区出入管理规定""装修施工人员临时出入证"。

3.3 小区或大厦人员出入管理流程设计与工作执行

3.3.1 小区或大厦人员出入管理流程设计

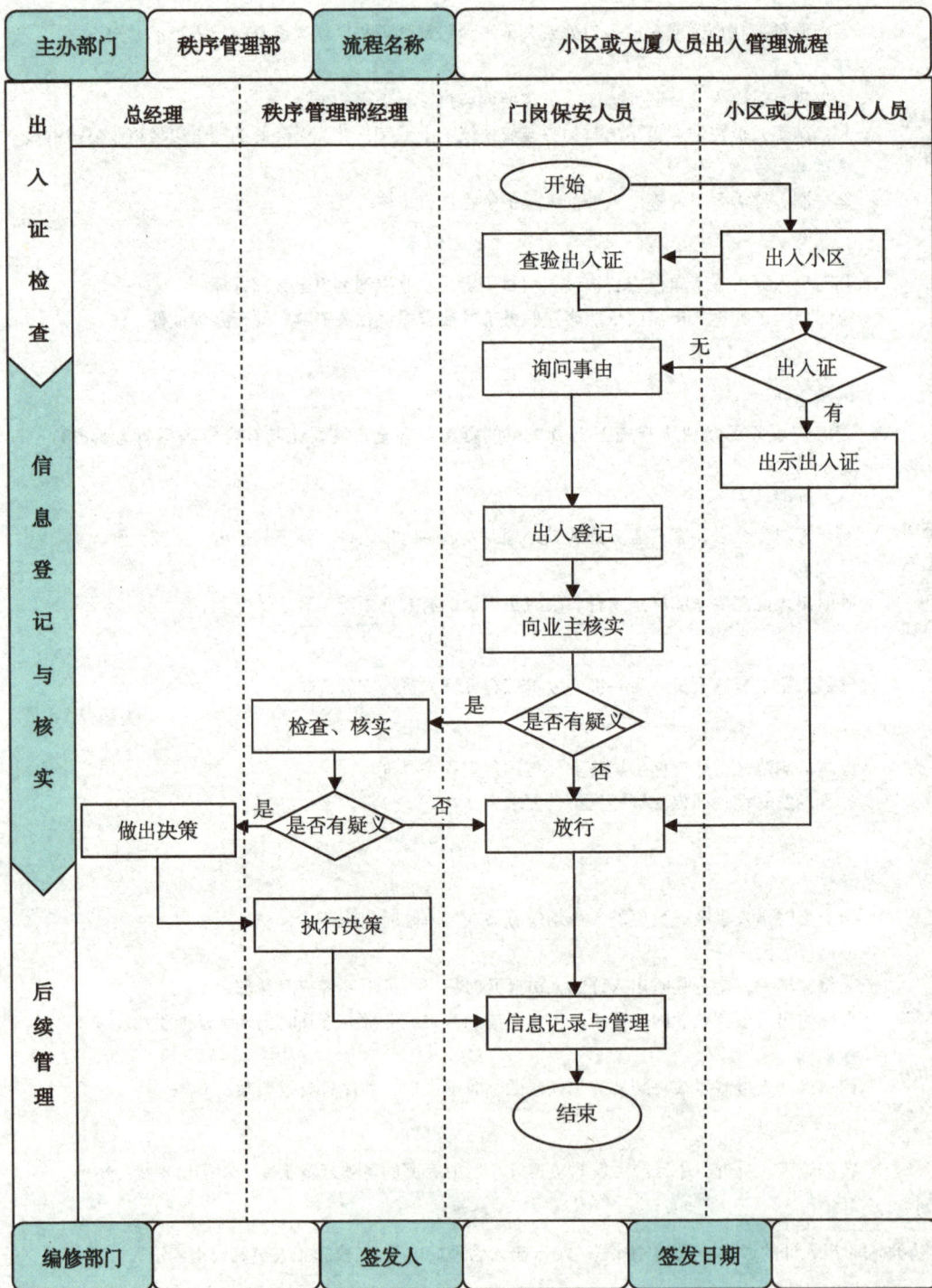

主办部门	秩序管理部	流程名称	小区或大厦人员出入管理流程

	总经理	秩序管理部经理	门岗保安人员	小区或大厦出入人员

出入证检查

开始 → 出入小区 → 查验出入证 → 出入证（无→询问事由；有→出示出入证）

信息登记与核实

询问事由 → 出入登记 → 向业主核实 → 是否有疑义（是→检查、核实；否→放行）

检查、核实 → 是否有疑义（是→做出决策；否→放行）

出示出入证 → 放行

后续管理

做出决策 → 执行决策

放行 → 信息记录与管理 → 结束

执行决策 → 信息记录与管理

编修部门		签发人		签发日期	

物业管理 流程设计与工作标准

3.3.2　小区或大厦人员出入管理执行程序、工作标准、考核指标、执行规范

任务 名称	执行程序、工作标准与考核指标
出入证 检查	**执行程序** **1. 查验出入证** ☆小区或大厦业主凭业主卡或 IC 卡进出。 ☆门岗保安人员需要在小区或大厦的出入口对未能出示业主卡、IC 卡或出入证的人员核实信息。 **2. 询问事由** 　对没有出入证的人员，门岗保安人员需要问明来访人员的到访事由。 **工作重点** 　灵活接待各类无出入证的到访人员。 **工作标准** 　公司来宾、重要客人等到访，门岗保安人员要事先做好迎接准备工作。 **考核指标** 　此项工作的考核指标为服务满意率，应高于____%，其公式如下。 $$服务满意率 = \frac{表示满意和基本满意的人数}{来访者总数} \times 100\%$$
信息 登记 与 核实	**执行程序** **1. 出入登记** 　因工作、业务关系等来访的人员，须经被访问部门负责人的同意，登记后方可进入小区或大厦。 **2. 向业主核实** 　需要确认信息的来访者，门岗保安人员需要及时与业主核对其信息，核对无误后方可放行。 **3. 检查、核实** 　若询问结果有疑义，门岗保安人员要及时上报部门负责人，若超出其权限范围，则需要上报总经理。 **工作重点** 　对来访人员携带的物品视情况进行检查。 **工作标准** 　严禁来访人员将易燃、易爆等危险物品带入小区或大厦。
后续 管理	**执行程序** **1. 执行决策** 　若对来访者提供的信息存在疑问，秩序管理部人员需依据总经理的意见妥善处理。 **2. 信息记录与管理** 　对登记的信息及时进行整理，并妥善保管。 **工作重点** 　是否存在信息未记录的情况。 **工作标准** 　信息记录完备、清晰。
执行规范	
"物业服务规范""小区或大厦人员进出管理规定""小区或大厦人员进出登记表"。	

第 3 章｜物业安全服务

3.4 物品放行管理流程设计与工作执行

3.4.1 物品放行管理流程设计

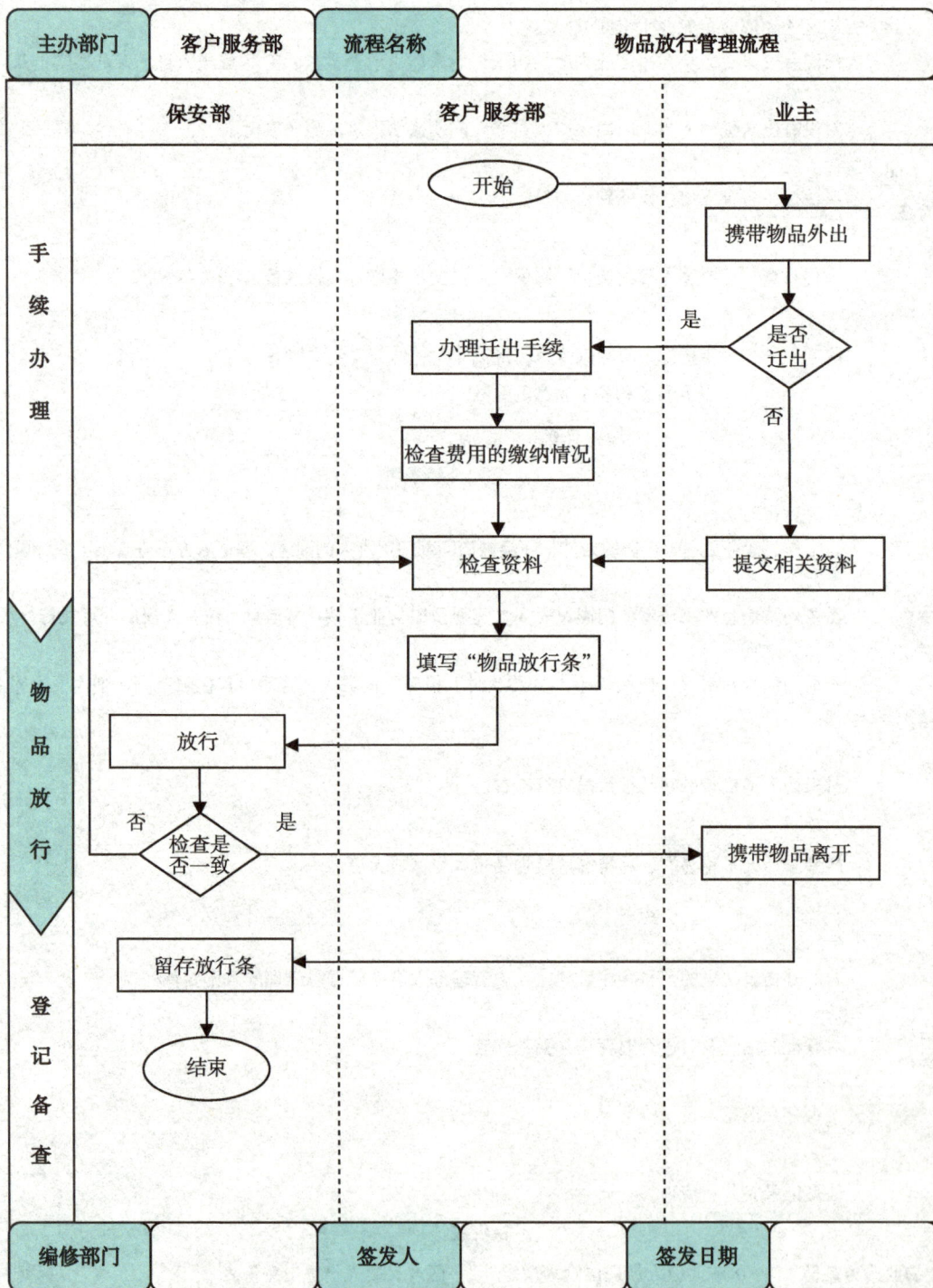

主办部门	客户服务部	流程名称	物品放行管理流程

保安部	客户服务部	业主

手续办理

开始 → 携带物品外出 → 是否迁出

是 → 办理迁出手续 → 检查费用的缴纳情况 → 检查资料

否 → 提交相关资料 → 检查资料

检查资料 → 填写"物品放行条"

物品放行

放行 → 检查是否一致

是 → 携带物品离开

否

登记备查

留存放行条 → 结束

编修部门		签发人		签发日期	

3.4.2 物品放行管理执行程序、工作标准、考核指标、执行规范

任务名称	执行程序、工作标准与考核指标
手续办理	**执行程序** **1. 办理迁出手续** 若业主迁出本小区或大厦,应事先在客户服务部办理迁出手续后再进行具体的搬出事宜。 **2. 检查费用的缴纳情况** 客户服务部检查迁出业主各项费用的缴纳情况。 **3. 填写"物品放行条"** 客户服务部核实业主无欠费情况,填写"物品放行条"。 **工作重点** 物品放行应分类进行。 **工作标准** 个人携带物品离开小区或大厦,一般无需持"物品放行条";业主各项费用结算清晰、准确。 **考核指标** ☆服务的规范性:即依照物业公司规定的程序和标准进行。 ☆信息填写的准确性:即内容无差错。
物品放行	**执行程序** **1. 放行** 保安部凭"物品放行条"原件监管业主搬运物品,业主搬运物品并离开小区或大厦。 **2. 检查是否一致** 若检查出业主搬运的物品与放行条中的内容不一致,应不予放行,并通知客户服务部进行检查。 **工作重点** 依照物业公司服务规范做好检查工作。 **工作标准** 业主依"物品放行条"搬运物品离开小区或大厦。 **考核指标** ☆服务的规范性,依照物业公司规定的程序和标准进行。 ☆投诉次数少于____次。
登记备查	**执行程序** 门岗保安人员留存"物品放行条"原件,便于日后查验物品放行情况。 **工作重点** 必要时,对"物品放行条"上的内容与业主搬运的物品进行核对。 **工作标准** 依据物业公司的规定对"物品放行条"进行保管,每月____日前与客户服务部核对凭条信息。
执行规范	
"物业公司物品放行管理规定""物业服务规范""物品放行条"。	

3.5　物业巡逻流程设计与工作执行

3.5.1　物业巡逻流程设计

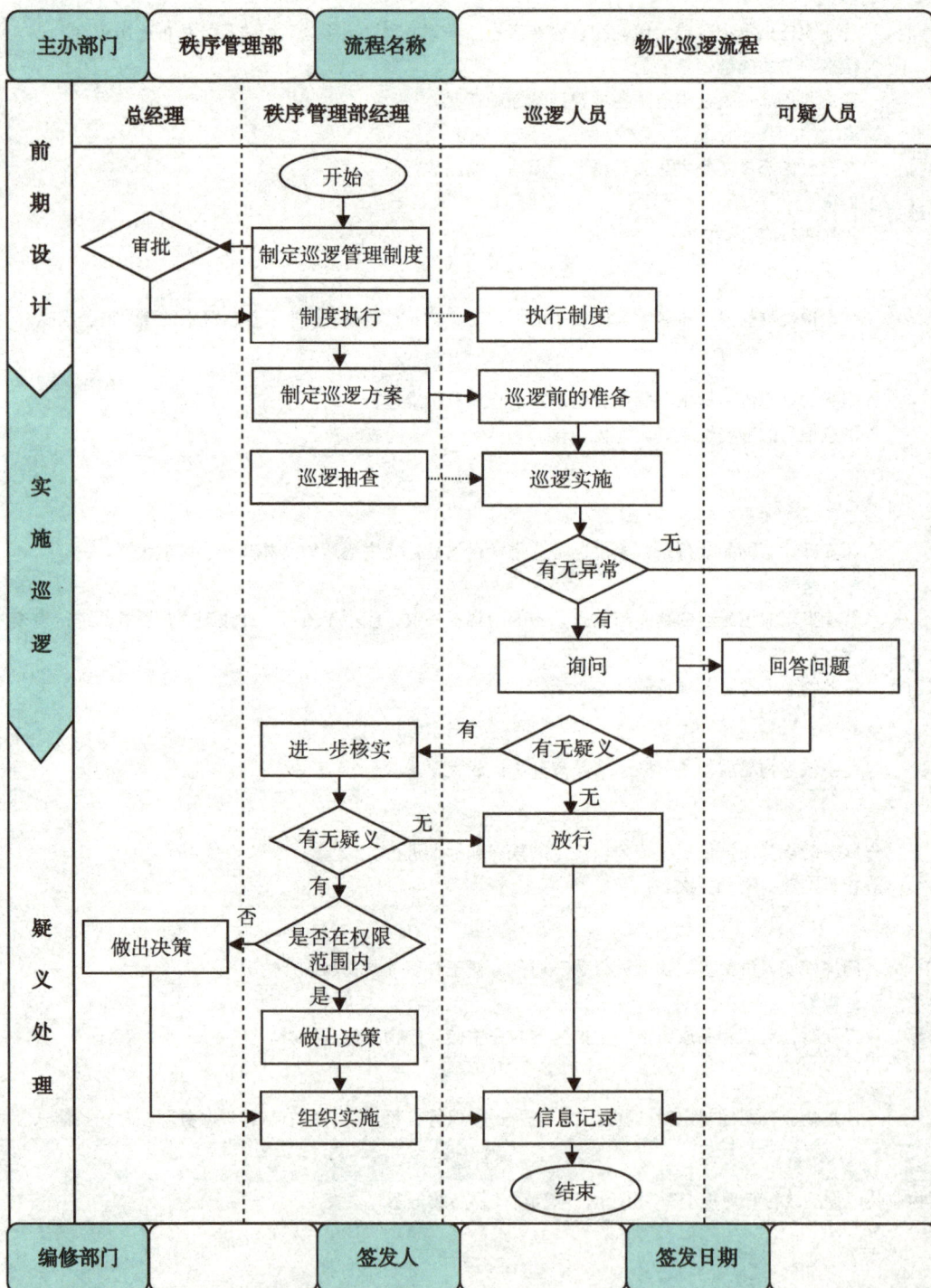

主办部门	秩序管理部	流程名称	物业巡逻流程

	总经理	秩序管理部经理	巡逻人员	可疑人员

前期设计 / 实施巡逻 / 疑义处理

开始 → 制定巡逻管理制度 → 审批

制度执行 ┈┈ 执行制度

制定巡逻方案 → 巡逻前的准备

巡逻抽查 ┈┈ 巡逻实施

有无异常（无 / 有）

询问 → 回答问题

进一步核实 ← 有无疑义（有）

有无疑义（无）→ 放行

有无疑义（有）→ 是否在权限范围内（否 → 做出决策）

是否在权限范围内（是）→ 做出决策

组织实施 → 信息记录 → 结束

编修部门		签发人		签发日期	

3.5.2 物业巡逻执行程序、工作标准、考核指标、执行规范

任务名称	执行程序、工作标准与考核指标
前期设计	**执行程序** **1. 制定"巡逻管理制度"** ☆秩序管理部经理在借鉴优秀物业公司巡逻管理经验的基础上,结合本物业公司的实际情况,制定"巡逻管理制度"。 ☆秩序管理部经理将制定的"巡逻管理制度"提交总经理审批。 **2. 制定巡逻方案** 秩序管理部经理根据"物业服务协议"制定"巡逻方案",确定巡逻人员、巡逻路线、控制重点及所需装备等。 **工作重点** "巡逻方案"需要对巡逻的路线、频次、重点地段等做出明确的规定。 **工作标准** ☆___个工作日内完成"巡逻管理制度"的制定。 ☆___个工作日内完成"巡逻方案"的制定。 **考核指标** ☆"巡逻管理制度"制定的及时性:即在规定时间内完成。 ☆"巡逻方案"制定的完备性:即重要内容无缺失。
实施巡逻	**执行程序** **1. 巡逻前的准备** 巡逻人员按规定着装,携带巡逻设备,备有"巡逻记录表"。 **2. 巡逻实施** ☆依据制订的巡逻计划,巡逻人员在辖区内实施巡逻。 ☆秩序管理部经理对巡逻人员的工作进行抽查。 **3. 询问** 在巡逻中,巡逻人员如发现可疑情况,应仔细观察,视情况采取守候、跟随等行动,必要时可对可疑人员进行询问。 **工作重点** 当在辖区内发现可疑人员或陌生人时,要主动询问,并及时汇报。 **工作标准** ☆巡逻人员需要明确巡逻工作的内容。 ☆巡逻人员在巡逻时要严格遵循巡逻计划,发现问题要及时上报。
疑义处理	**执行程序** **1. 进一步核实** 对询问后仍存疑义者,巡逻人员要将情况及时反馈至秩序管理部经理。 **2. 做出决策** ☆根据实际情况,秩序管理部经理在权限范围内做出处理。 ☆若超出了秩序管理部经理的工作权限,应报总经理处理。

第 3 章 物业安全服务

任务 名称	执行程序、工作标准与考核指标
疑义 处理	**3. 信息记录** 　　巡逻人员应记录当次巡逻的情况。 **工作重点** 　　及时对异常情况做出妥善的处理。
	<div align="center">**工作标准**</div>
	☆在巡逻时，巡逻人员不得影响业主的正常生活与工作。 ☆遇到突发事件、紧急状况时，巡逻人员应采取措施防止事态扩大，同时保护好现场。

执行规范

"物业服务协议""巡逻管理制度""巡逻方案""小区或大厦巡逻工作计划""巡逻记录表""物业保安人员巡逻突发事件处理规程"。

3.6 盘查可疑人员流程设计与工作执行

3.6.1 盘查可疑人员流程设计

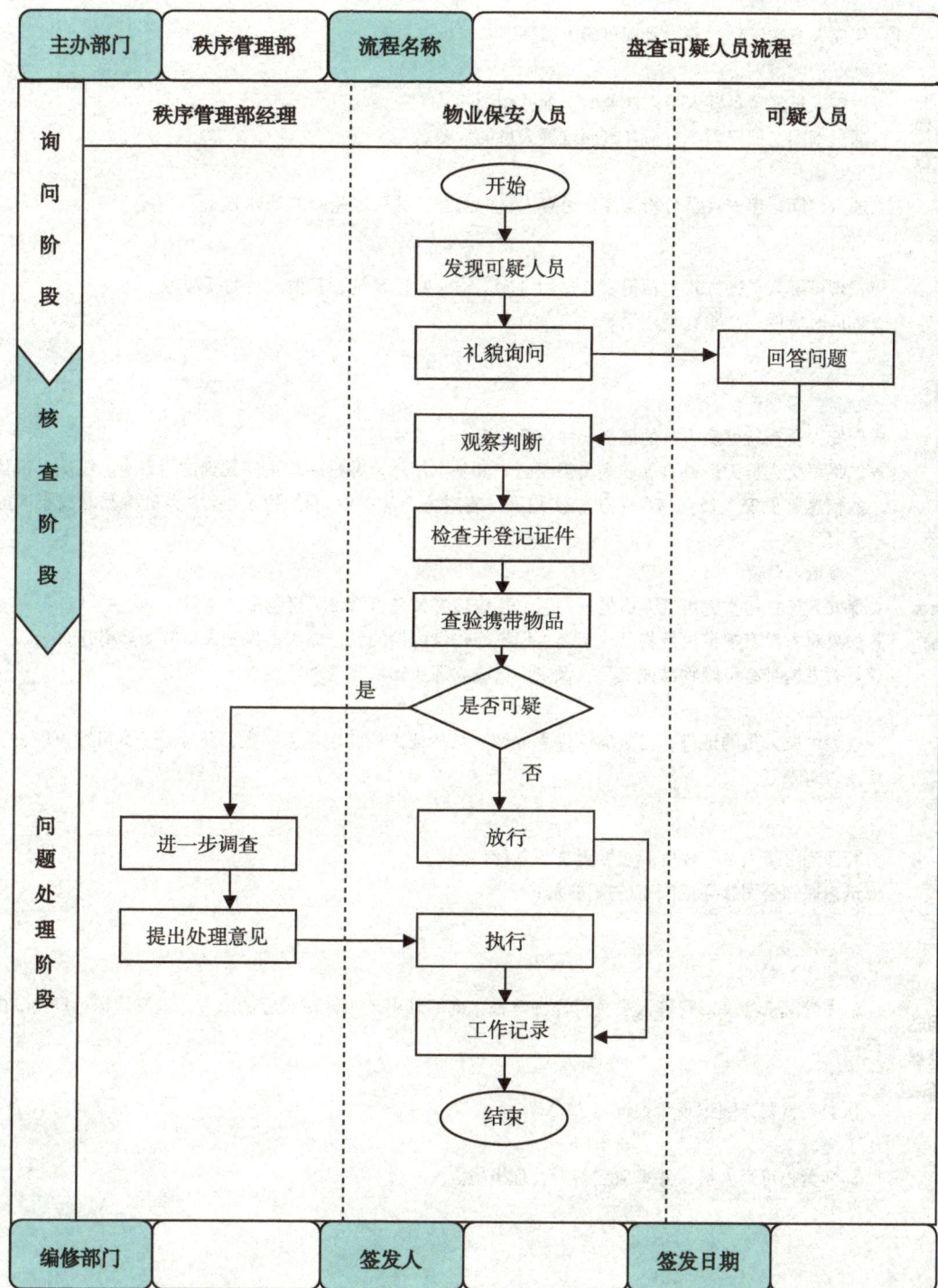

主办部门	秩序管理部	流程名称	盘查可疑人员流程

	秩序管理部经理	物业保安人员	可疑人员

询问阶段

核查阶段

问题处理阶段

```
                    ( 开始 )
                       │
                 ┌───────────┐
                 │ 发现可疑人员 │
                 └───────────┘
                       │
                 ┌───────────┐      ┌───────────┐
                 │  礼貌询问   │─────→│  回答问题   │
                 └───────────┘      └───────────┘
                       │                   │
                 ┌───────────┐             │
                 │  观察判断   │←────────────┘
                 └───────────┘
                       │
                 ┌───────────┐
                 │ 检查并登记证件 │
                 └───────────┘
                       │
                 ┌───────────┐
                 │ 查验携带物品 │
                 └───────────┘
                       │
          是      ╱───────────╲
      ┌─────────│   是否可疑   │
      │          ╲───────────╱
      │               │ 否
┌───────────┐   ┌───────────┐
│ 进一步调查 │   │   放行     │
└───────────┘   └───────────┘
      │               │
┌───────────┐   ┌───────────┐
│ 提出处理意见 │─→│   执行     │
└───────────┘   └───────────┘
                       │
                 ┌───────────┐
                 │  工作记录   │
                 └───────────┘
                       │
                    ( 结束 )
```

编修部门		签发人		签发日期	

3.6.2　盘查可疑人员执行程序、工作标准、考核指标、执行规范

任务名称	执行程序、工作标准与考核指标
询问阶段	**执行程序** **1. 发现可疑人员** 　保安人员在工作过程中发现可疑人员。 **2. 礼貌询问** ☆保安人员发现可疑人员后应及时上前礼貌询问。 ☆通过询问，保安人员分析和判断可疑人员的意图。 **工作重点** 　通过询问，保安人员分析和判断可疑人员的意图，并采取相应的处理方式。 **工作标准** ☆发现可疑人员的方式包括值班人员的观察、物业监控系统、其他人员的反映等。 ☆询问时应使用文明礼貌用语。
核查阶段	**执行程序** **1. 检查并登记证件** ☆保安人员查验可疑人员的证件，并在登记表上予以登记。 ☆如果可疑人员无证件，保安人员需要登记其基本信息，并进一步询问其到访的事由。根据其提供的信息，保安人员向有关人员核实信息。若对方不能提供可信原因，保安人员将其劝离小区或大厦。 **2. 查验携带物品** ☆保安人员在检查完可疑人员的证件后，还应检查其是否携带可疑物品或工具。 ☆如果对方没有携带可疑物品或工具，但不能提供可信的到访原因，保安人员应劝其离开。 ☆如对方携带有可疑物品或工具，保安人员应立即通知秩序管理部经理。 **工作重点** 　查验可疑人员的证件，可观察证件上的照片与持证人的相貌是否一致，照片是否有可疑痕迹、印章是否清晰等。 **工作标准** ☆若遇到可疑人员，保安人员要设法将其稳住。 ☆迅速通知公司领导或同事前来协助处理。
问题处理阶段	**执行程序** **1. 进一步调查** 　秩序管理部经理对可疑人员进行详细盘查，询问其出入小区或大厦的原因，以及携带可疑物品的原因。 **2. 工作记录** 　保安人员要详细记录盘查过程。 **工作重点** 　详细盘查可疑人员，并采取妥善的处理措施。

任务名称	执行程序、工作标准与考核指标
问题处理阶段	**工作标准** ☆保安人员要善于察言观色，并能对突发情况迅速做出反应。 ☆保安人员填写的记录应字迹清晰、内容完整。 **考核指标** ☆信息记录及时性：即每日交接班前及时将当日可疑人员的情况记录在工作簿上。 ☆问题解决率，应不低于____%，其公式如下。 $$问题解决率 = \frac{解决的问题数}{所记录的问题数} \times 100\%$$
执行规范	
"物业服务规范""小区或大厦人员进出管理""小区或大厦安全管理制度""小区或大厦人员进出登记表"。	

第 3 章 | 物业安全服务

3.7 醉酒闹事处理工作流程设计与工作执行

3.7.1 醉酒闹事处理工作流程设计

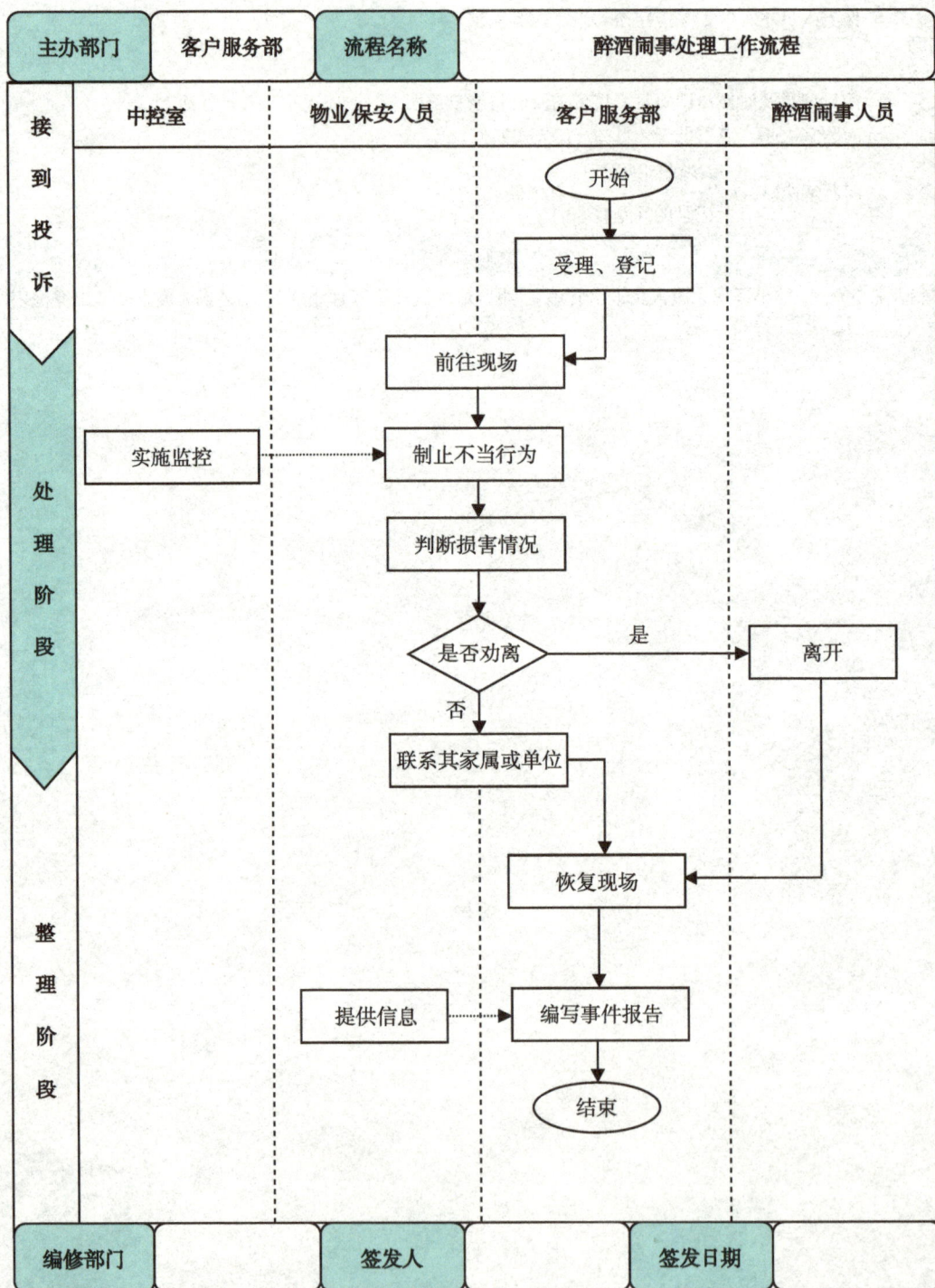

主办部门	客户服务部	流程名称	醉酒闹事处理工作流程

	中控室	物业保安人员	客户服务部	醉酒闹事人员
接到投诉			开始 → 受理、登记	
处理阶段	实施监控 ┈┈►	前往现场 → 制止不当行为 → 判断损害情况 → 是否劝离		是 → 离开
		否 → 联系其家属或单位		
		恢复现场 ◄──		
整理阶段	提供信息 ┈┈►	编写事件报告 → 结束		

编修部门		签发人		签发日期	

/ 074 /

3.7.2 醉酒闹事处理工作执行程序、工作标准、考核指标、执行规范

任务名称	执行程序、工作标准与考核指标
接到投诉	**执行程序** **1. 受理、登记** ☆客户服务部接到醉酒闹事的投诉。 ☆业主反映有醉酒闹事的情况。 ☆保安人员在巡逻时、中控室监控发现有醉酒闹事者，通过对讲机及时通知客户服务部。 ☆受理人员需要在值班记录表上予以登记。 **2. 前往现场** 接到投诉后，客户服务部工作人员和保安人员立即赶往现场处理。 **工作重点** 准确记录投诉的内容。 **工作标准** ☆在值班记录表上记录事件发生的日期、时间、地点等信息。 ☆____分钟内到达醉酒闹事现场。 **考核指标** ☆投诉响应的及时性：即在____分钟内给予反馈。 ☆信息记录的完整性：即重要内容无缺失。
处理阶段	**执行程序** **1. 制止不当行为** ☆若醉酒者醉酒程度轻微，保安人员应礼貌相劝，或者将其请到适宜的地方，待其醒酒。 ☆若醉酒闹事者不听劝告且有不当的言行举止，可强行将其带到室内进行约束，待其醒酒；若醉酒闹事者不听劝告且妨碍交通和秩序，可立即报警。 ☆必要时，通知中控室调动秩序维护岗位相关人员给予支援。 **2. 实施监控** 中控室值班人员对醉酒者进行录像监控，若事态严重，应立即报警。 **3. 判断损害情况** ☆若醉酒闹事者有破坏公共设施、设备的行为，应让其照价赔偿。 ☆若醉酒闹事者对业主造成了损害，应根据损害的程度予以赔偿。 ☆若造成了一定的损失，需对醉酒闹事现场被损坏的公物或私人财物进行拍照。 **工作重点** 应根据醉酒闹事的程度妥善处理。 **工作标准** ☆物业人员工作人员要保持冷静，尽量不要与醉酒者争论，避免事态进一步恶化。 ☆及时疏散围观人群，以免醉酒闹事者伤及他人。
整理阶段	**执行程序** **1. 恢复现场** 将醉酒闹事者带离物业公司的辖区或者联系其家属将其接走，恢复现场秩序。

第 3 章 物业安全服务

任务 名称	执行程序、工作标准与考核指标
整理 阶段	**2. 编写事件报告** ☆事件处理完毕后，客户服务部工作人员编写事件报告。 ☆参与此次事件处理工作的保安人员应为报告的编写提供必要的信息。 **工作重点** 　　有关事件报告的内容应完整、客观。
	工作标准
	在____个工作日内完成事件报告的编写工作。
执行规范	
"岗位值班记录表""醉酒闹事事件报告""醉酒闹事事件记录表""物品损坏赔付单"。	

物业管理 流程设计与工作标准

🔍 3.8 失物认领工作流程设计与工作执行

3.8.1 失物认领工作流程设计

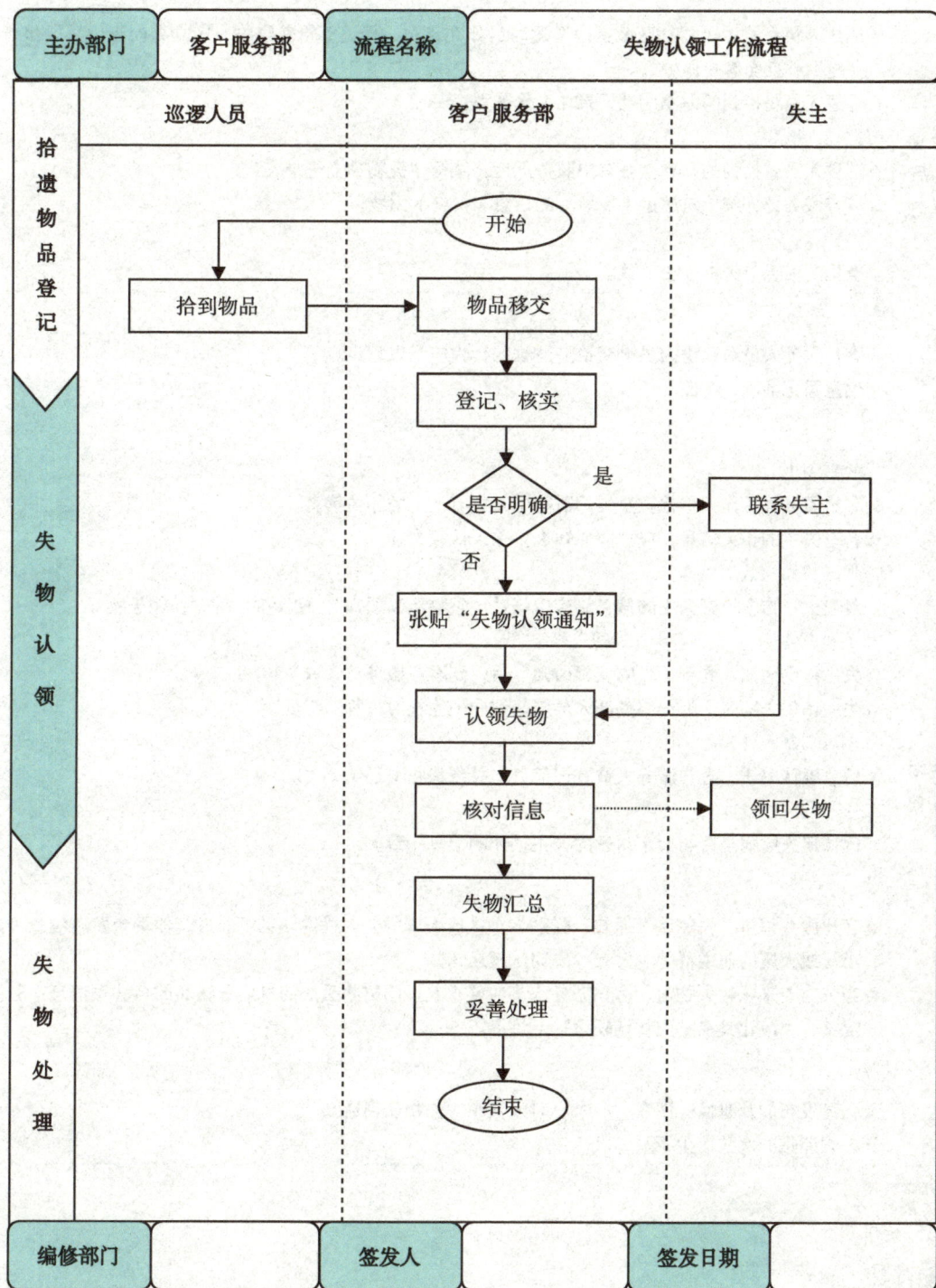

主办部门	客户服务部	流程名称	失物认领工作流程

	巡逻人员	客户服务部	失主

拾遗物品登记

失物认领

失物处理

```
                          开始

拾到物品   ──→   物品移交

                 登记、核实

               是否明确 ──是──→  联系失主
                  │
                  否
                  ↓
             张贴"失物认领通知"

                 认领失物  ←──────

                 核对信息  ┈┈┈→  领回失物

                 失物汇总

                 妥善处理

                   结束
```

编修部门		签发人		签发日期	

第 3 章 物业安全服务

/ 077 /

3.8.2　失物认领工作执行程序、工作标准、考核指标、执行规范

任务名称	执行程序、工作标准与考核指标
拾遗物品登记	**执行程序** **1. 拾到物品** ☆巡逻人员在物业公司辖区范围内巡逻时，如在走廊、楼道等拾获财物，应立即向当值领导报告，并将财物交至客户服务部。 ☆巡逻人员将拾到的财物信息记录在工作簿上。 **2. 登记、核实** ☆巡逻人员将拾到的财物交至客户服务部后，填写"失物移交记录表"。 ☆客户服务部仔细核对巡逻人员填写的信息与提交的财物。 **工作重点** 　登记的信息与失物是否一致。 **工作标准** ☆客户服务人员对巡逻人员上交拾遗财物的行为应予以肯定。 ☆信息登记准确、全面。
失物认领	**执行程序** **1. 联系失主** ☆客户服务部工作人员检查遗失的财物中是否有失主的相关信息。 ☆若有失主的相关信息，应立即通知失主前来认领失物。 **2. 张贴"失物认领通知"** 　若遗失财物中没有失主的信息，应应张贴"失物认领通知"，便于失主前来认领失物。 **3. 认领失物** ☆失主接到通知或看到"失物认领通知"后，到客户服务部领取失物。 ☆失主认领失物时，客户服务部人员应仔细向失主核对失物的特征。 **4. 核对信息** 　信息确认完毕，客户服务人员登记信息，并将失物交还给失主。 **工作重点** 　确认遗失财物是否与前来认领的失主描述的信息一致。 **工作标准** ☆客户服务部将"失物认领通知"张贴在小区或大厦的公告栏内，也可通过其他平台发布信息（如小区或大厦的业主群等）发布"失物认领通知"。 ☆当失主前来认领失物时，客户服务人员应要求其说出财物丢失的日期、物品的名称等信息，若情况符合，应让其在"失物认领表"上签字。 **考核指标** ☆信息发布的及时性：即在____个小时内发布"失物认领通知"。 ☆办理差错的次数应少于____次。

任务名称	执行程序、工作标准与考核指标
失物处理	**执行程序** 1. 失物汇总 　客户服务部定期对没有人认领的失物进行汇总，并妥善保管。 2. 妥善处理 　对超过物业公司规定的保管期限的失物，客户服务部应及时将失物移交至物业管理处。 工作重点 　根据失物的种类和特性，对其进行分类保管。
	工作标准 ☆暂时没有被认领的失物，需在物业客户服务部保管＿＿＿个月。 ☆失物移交手续办理完备。

执行规范
"失物招领管理制度""失物移交记录表""失物认领通知""失物认领表""失物认领确认表"。

第 3 章 物业安全服务

3.9.1 电梯困人处理工作流程设计

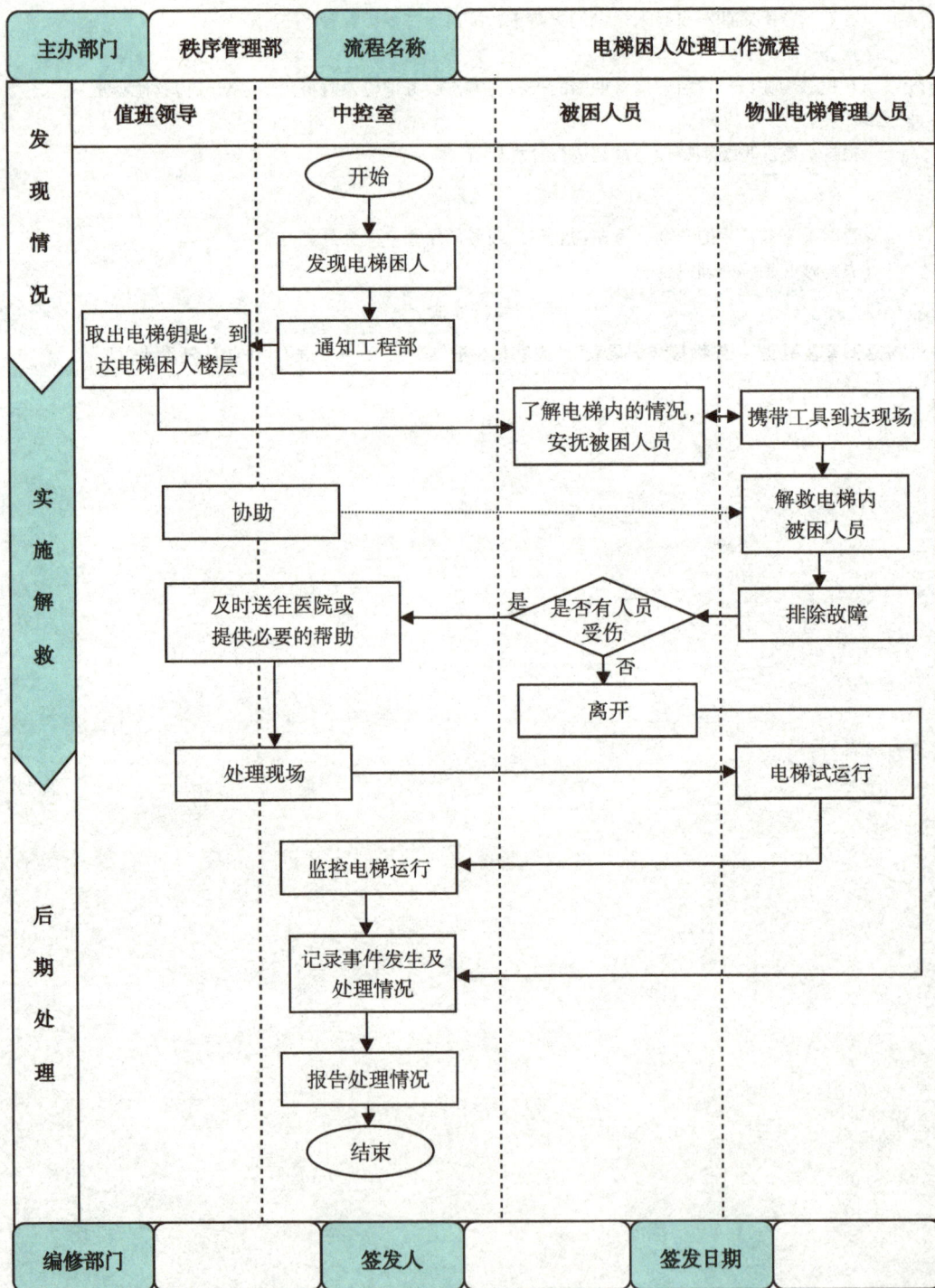

主办部门	秩序管理部	流程名称	电梯困人处理工作流程

	值班领导	中控室	被困人员	物业电梯管理人员

发现情况

开始

↓

发现电梯困人

↓

取出电梯钥匙，到达电梯困人楼层 ← 通知工程部

了解电梯内的情况，安抚被困人员 → 携带工具到达现场

实施解救

协助 ┈┈┈┈┈┈→ 解救电梯内被困人员

↓

是否有人员受伤 ← 排除故障

是 → 及时送往医院或提供必要的帮助

否 ↓

离开

处理现场 → 电梯试运行

后期处理

监控电梯运行

↓

记录事件发生及处理情况

↓

报告处理情况

↓

结束

编修部门		签发人		签发日期	

物业管理 流程设计与工作标准

3.9.2 电梯困人处理工作执行程序、工作标准、考核指标、执行规范

任务名称	执行程序、工作标准与考核指标
发现情况	**执行程序** **1. 发现电梯困人** 　中控室值班人员启用对讲系统与被困人员联系，了解电梯停留的楼层和被困人员的健康状况，并安抚被困人员。 **2. 通知工程部** ☆中控室值班人员发现电梯困人的情况后，需立即报告当值领导。 ☆中控室值班人员通知工程部组织人员到现场协助解救电梯被困人员。 **3. 取出电梯钥匙，到达电梯困人楼层** 　值班领导迅速赶到电梯困人的楼层，将电梯的备用钥匙交给电梯管理人员。 **工作重点** 　了解被困人数、电梯被困楼层及电梯编号等信息，并及时反馈至工程部。 **工作标准** ☆信息反馈及时、准确。 ☆电梯管理人员要第一时间到达事故现场及时组织救援。
实施解救	**执行程序** **1. 了解电梯内的情况，安抚被困人员** 　在工程部及电梯管理人员积极救援被困人员的同时，中控室值班人员及时通过电梯对讲机与被困人员沟通，做好安抚工作，稳定被困人员的情绪。 **2. 解救电梯内被困人员** ☆电梯管理人员采用合适的方法与工具，解救被困人员。 ☆遇到其他复杂的情况时，应请电梯公司及其他外部单位予以帮助。 **3. 及时送往医院或提供必要的帮助** 　根据被困人员的身体状况，及时将其送往医院或为其提供必要的帮助。 **工作重点** 　相关人员等迅速赶往现场配合救援工作。 **工作标准** ☆与被困人员交流，安抚被困人员的情绪，并告知其不要用手扒门等。 ☆应极力避免因电梯故障产生的一切事故，定期做好电梯的维修与保养工作。
后期处理	**执行程序** **1. 电梯试运行** ☆故障排除后，电梯管理人员进行电梯试运行。 ☆电梯试运行期间，中控室值班人员要密切关注电梯的运行状况。 **2. 记录事件发生及处理情况** 　中控室值班人员将事件发生及处理情况记录在当值记录簿中。 **工作重点** 　排除电梯故障。

任务名称	执行程序、工作标准与考核指标
后期处理	**工作标准**
	☆电梯每_____日应保养一次。 ☆电梯事故隐患消除后，方可重新投入使用。
	考核指标
	☆电梯维护的频次：即每年至少维护_____次。 ☆电梯故障发生的次数应少于_____次。
执行规范	
"电梯使用管理规定""电梯使用管理与维护保养细则""电梯困人处理程序""电梯维护保养记录表"。	

3.10　防火安检处理流程设计与工作执行

3.10.1　防火安检处理流程设计

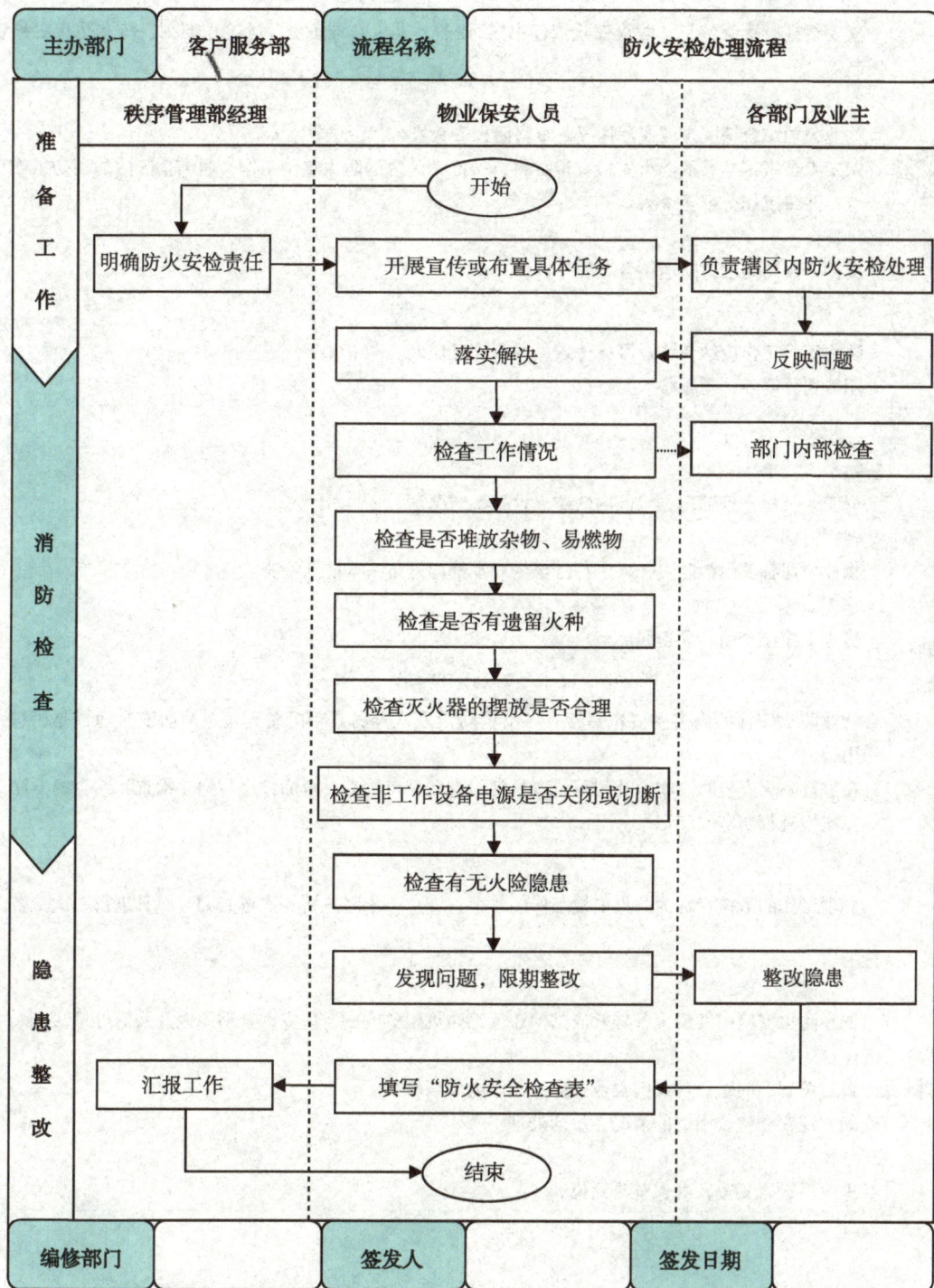

主办部门	客户服务部	流程名称	防火安检处理流程

	秩序管理部经理	物业保安人员	各部门及业主
准备工作	明确防火安检责任	开始 → 开展宣传或布置具体任务	负责辖区内防火安检处理
消防检查		落实解决	反映问题
		检查工作情况	部门内部检查
		检查是否堆放杂物、易燃物	
		检查是否有遗留火种	
		检查灭火器的摆放是否合理	
		检查非工作设备电源是否关闭或切断	
		检查有无火险隐患	
隐患整改		发现问题，限期整改	整改隐患
	汇报工作	填写"防火安全检查表"	
		结束	

编修部门		签发人		签发日期	

第 3 章　物业安全服务

3.10.2　防火安检处理执行程序、工作标准、考核指标、执行规范

任务名称	执行程序、工作标准与考核指标
准备工作	**执行程序** **1. 明确防火安检责任** 　　落实责任，逐级签订"防火安检责任书"，依照"谁主管谁负责"的工作原则，落实防火安检责任制。 **2. 开展宣传或布置具体任务** ☆物业公司结合辖区内的实际情况，编写防火安检宣传稿。 ☆保安人员根据编写的防火安检宣传材料，做好辖区内的防火宣传工作，明确辖区内的消防工作重点，并将工作分解至个人。 **工作重点** 　　贯彻"预防为主，防消结合"的方针。 **工作标准** ☆防火安检工作应纳入物业服务计划，并明确责任人。 ☆职责划分明晰，无重叠、无空白。
消防检查	**执行程序** **1. 检查工作情况** 　　保安人员检查各部门、辖区内的防火设施及情况。 **2. 部门内部检查** 　　物业公司各部门消防责任人应每月至少对本部门进行一次防火检查。 **工作重点** 　　检查工作应全面，无遗漏。 **工作标准** ☆物业防火安检的内容主要包括检查各类消防设施或器材是否配备到位、消防安全通道是否被占用等。 ☆在进行防火安检时，物业公司可采取日常检查和重点检查、全面检查与抽样检查相结合的方法。 ☆每次检查都要有文字记录。 **考核指标** 　　此项工作的考核指标为防火安检工作的频率，即＿＿小时进行一次巡查和＿＿日进行一次检查。
隐患整改	**执行程序** **1. 发现问题，限期整改** 　　如在防火安检中发现设备异常或其他违反消防规定的问题，应立即查明原因并及时处理。 **2. 整改隐患** ☆针对发现的问题，各部门及业主应在期限内予以解决。 ☆如发现存在整改不力的情况，从严处理。 **工作重点** 　　整改后进行复查，确保整改到位。

任务 名称	执行程序、工作标准与考核指标
隐患 整改	**工作标准** ☆平时应做好对消防设备的养护、检测及维修工作。 ☆坚决消除各类火灾隐患。 **考核指标** ☆问题反馈的及时性：即发现问题后____分钟内反馈至责任部门。 ☆隐患整改率，应高于____%，其公式如下。 $$隐患整改率 = \frac{已经整改完成的隐患处数}{发现隐患的总处数} \times 100\%$$
执行规范	
"防火安检制度""防火安全检查表""隐患整改通知单""防火安检责任书""物业消防设备保护须知"。	

3.11 消防设施维护流程设计与工作执行

3.11.1 消防设施维护流程设计

主办部门	秩序管理部	流程名称	消防设施维护流程

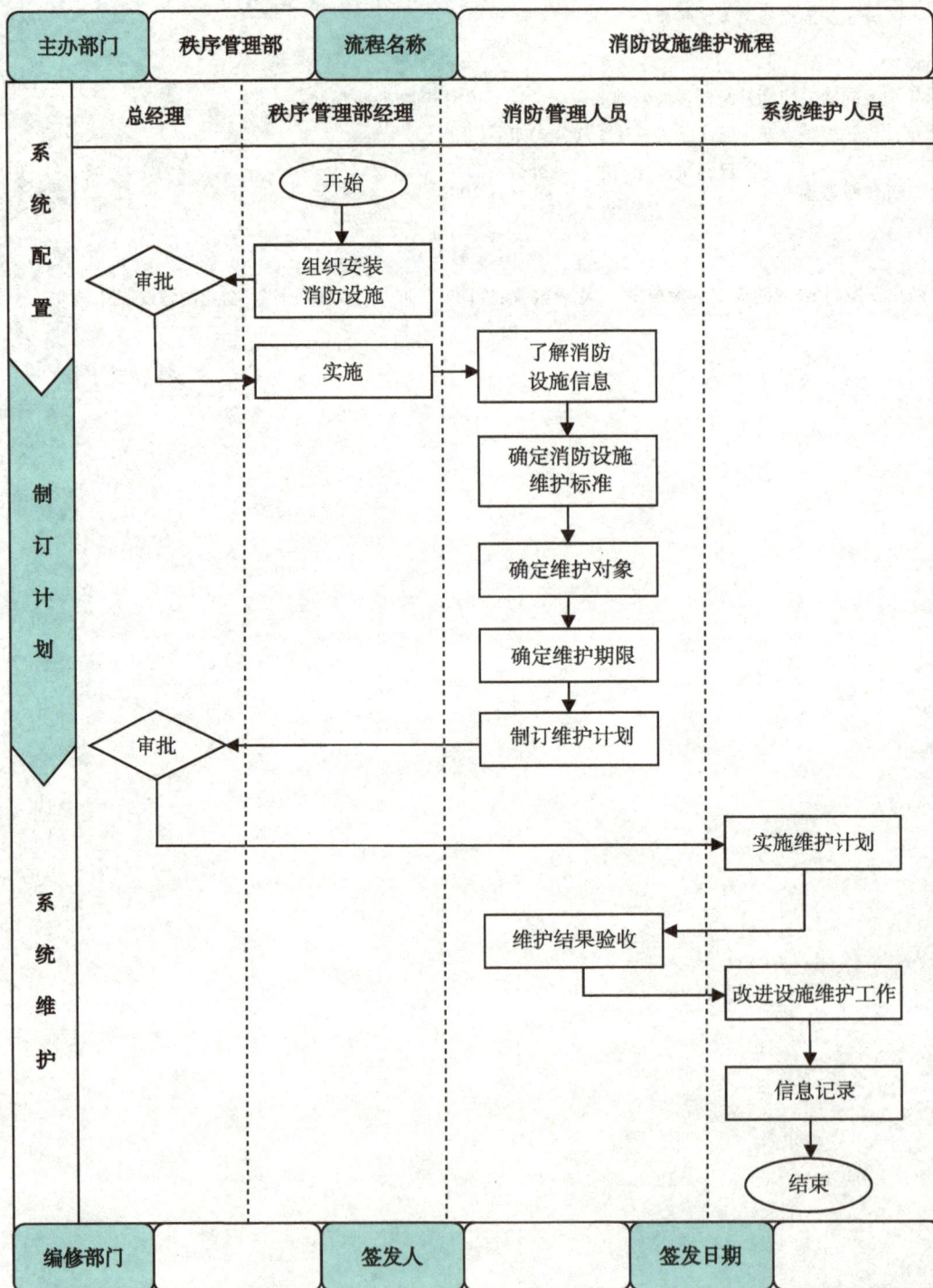

流程图内容：

总经理 / 秩序管理部经理 / 消防管理人员 / 系统维护人员

系统配置：
- 开始
- 组织安装消防设施 → 审批（总经理）
- 实施 → 了解消防设施信息

制订计划：
- 确定消防设施维护标准
- 确定维护对象
- 确定维护期限
- 制订维护计划 → 审批（总经理）

系统维护：
- 实施维护计划
- 维护结果验收
- 改进设施维护工作
- 信息记录
- 结束

编修部门		签发人		签发日期	

3.11.2 消防设施维护执行程序、工作标准、考核指标、执行规范

任务名称	执行程序、工作标准与考核指标
系统配置	**执行程序** **1. 组织安装消防设施** ☆秩序管理部根据小区或大厦的环境情况和面积大小，确定消防设施的配置类型与型号。 ☆将确定的信息提交总经理审批。 **2. 了解消防设施信息** 消防管理人员应了解消防设施的管理方法、维护要点等信息。 **工作重点** 熟悉并掌握所配置的消防设施的使用方法。 **工作标准** ☆配置的消防设施应满足小区或大厦的实际需求。 ☆应将消防设施置于便于取用、不受阻挡、不影响人员疏散的地方。
制订计划	**执行程序** **1. 确定消防设施维护标准** 消防管理人员针对消防栓、喷淋装置等设备制定明确的保养与维护标准。 **2. 确定维护期限** 消防管理人员明确各类消防设施的检查与维护期限，确保各类消防设备完好。 **3. 制订维护计划** 消防管理人员根据消防设施的使用情况及产品维护的要求，制订消防设施维护计划。 **工作重点** 落实消防安全责任制，确定小区或大厦消防安全责任人和消防安全管理人。 **工作标准** ☆秩序管理部可采取每日巡查、月度单项检查和年度联动检查三种方式相结合的形式进行消防设施的检查。 ☆充分利用小区或大厦内的宣传栏、电子屏、横幅等宣传消防安全知识。
系统维护	**执行程序** **1. 实施维护计划** 依照制订的消防系统维护计划，系统维护人员做好维护工作，确保设施得以有序运行。 **2. 改进设施维护工作** 根据验收结果，找出设施维护工作中存在的不足，并积极改进。 **3. 信息记录** 设施维护工作完成后，维护人员应将工作结果整理成书面文件。 **工作重点** 发现设施故障时，应及时报告，并通知有关部门及时维修。

任务名称	执行程序、工作标准与考核指标		
系统维护	**工作标准**		
	☆定期维护消防设施，保证其处于完好状态。 ☆记录内容客观、准确、清晰。		
	考核指标		
	信息记录的及时性：即在规定的时间内完成。		
执行规范			
"物业消防安全管理制度""物业消防安全设施维护管理制度""物业消防设施管理规章制度""物业消防设施检查记录表"。			

物业保洁绿化服务

4.1 物业保洁绿化服务流程设计

4.1.1 流程设计的目的

保洁绿化服务是物业服务的重要工作内容之一。保洁的作用是净化物业辖区环境，绿化的作用是美化物业辖区环境，物业保洁绿化服务可以使辖区内的环境和生态系统保持良性的循环。企业设计物业保洁绿化服务流程的目的如下。

1. 适时、及时、准时地实施保洁绿化服务。

2. 通过对保洁与绿化工作进行有效管理，为业主提供清新、舒适的环境。

3. 提高业主的满意度，提升物业公司的整体形象。

4.1.2 流程结构设计

物业保洁绿化服务的内容包括室内保洁、室外保洁、卫生消杀、绿化管理等方面，本章的流程也是依据上述内容进行设计。物业保洁绿化服务流程结构设计如图 4-1 所示。

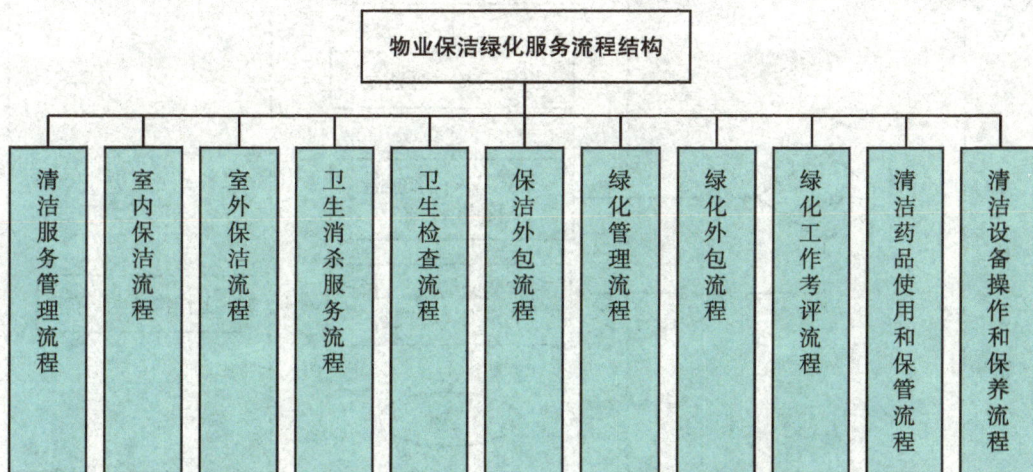

```
                    物业保洁绿化服务流程结构
   ┌──┬──┬──┬──┬──┬──┬──┬──┬──┬──┬──┐
  清洁 室内 室外 卫生 卫生 保洁 绿化 绿化 绿化 清洁 清洁
  服务 保洁 保洁 消杀 检查 外包 管理 外包 工作 药品 设备
  管理 流程 流程 服务 流程 流程 流程 流程 考评 使用 操作
  流程         流程                 流程 和保 和保
                                        管流 养流
                                        程    程
```

图 4-1 物业保洁绿化服务流程结构设计

4.2　清洁服务管理流程设计与工作执行

4.2.1　清洁服务管理流程设计

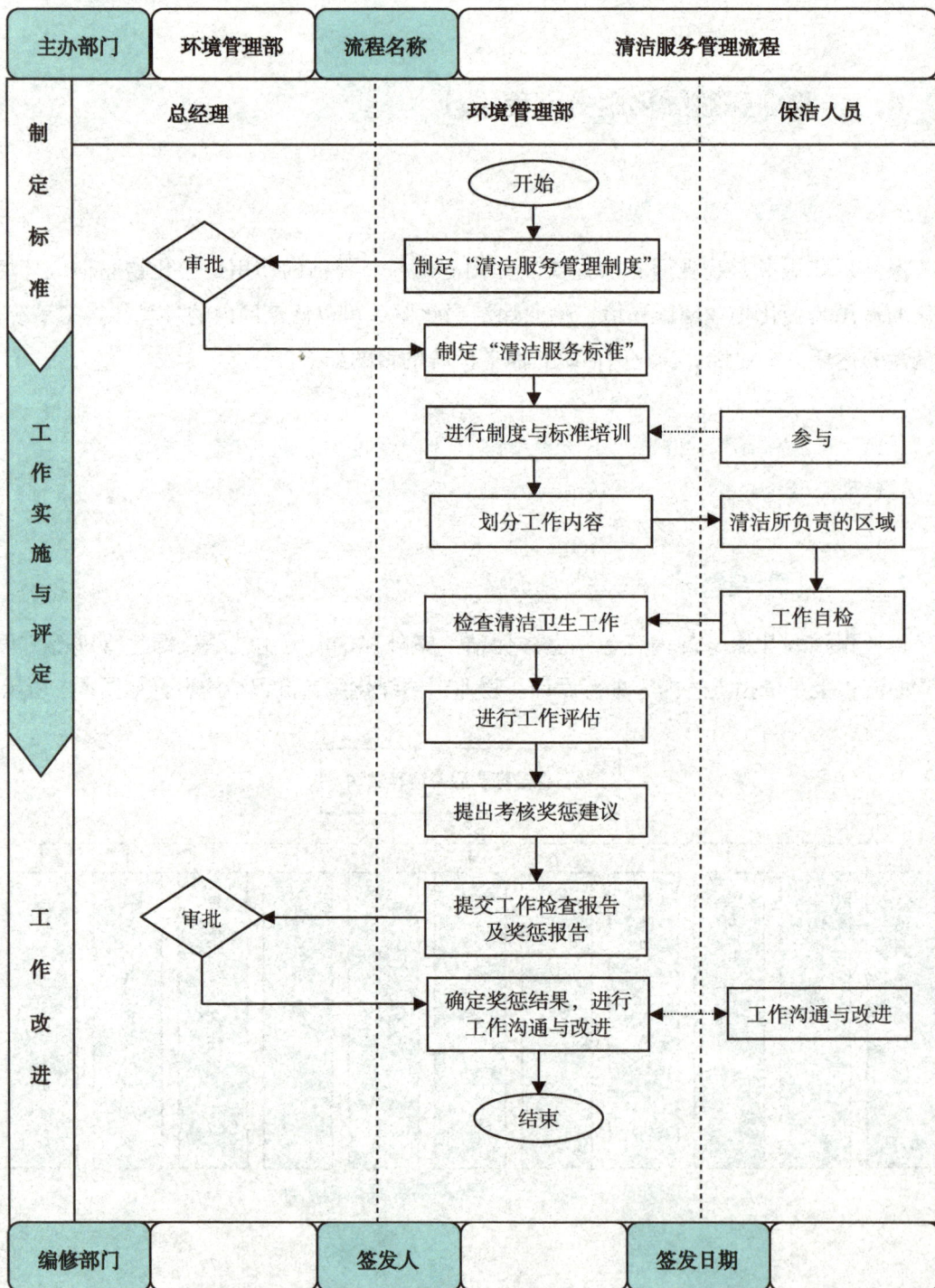

主办部门	环境管理部	流程名称	清洁服务管理流程

	总经理	环境管理部	保洁人员
制定标准	审批	开始 → 制定"清洁服务管理制度" → 制定"清洁服务标准"	
工作实施与评定		进行制度与标准培训 → 划分工作内容 → 检查清洁卫生工作 → 进行工作评估 → 提出考核奖惩建议	参与 → 清洁所负责的区域 → 工作自检
工作改进	审批	提交工作检查报告及奖惩报告 → 确定奖惩结果，进行工作沟通与改进 → 结束	工作沟通与改进

编修部门		签发人		签发日期	

4.2.2　清洁服务管理执行程序、工作标准、考核指标、执行规范

任务 名称	执行程序、工作标准与考核指标
制定 标准	**执行程序** **1. 制定"清洁服务管理制度"** ☆环境管理部结合本物业公司的实际情况，并参考同行业其他优秀物业公司的管理经验，制定"清洁服务管理制度"。 ☆环境管理部将"清洁服务管理制度"提交总经理审批。 **2. 制定"清洁服务标准"** 环境管理部制定出清晰的"清洁服务标准"，便于促进保洁服务工作水平的提升。 **工作重点** 清洁服务标准清晰，便于操作且符合物业公司的实际情况。 **工作标准** ☆＿＿个工作日内完成"清洁服务管理制度"的制定工作。 ☆＿＿个工作日内完成"清洁服务标准"的制定工作。
工作 实施 与 评定	**执行程序** **1. 进行制度与标准培训** 环境管理部对本部门员工进行培训，培训的内容主要是公司的"清洁服务管理制度"与"清洁服务标准"。 **2. 清洁所负责的区域** ☆保洁人员依照作业规程做好清洁卫生工作。 ☆工作结束后，保洁人员要进行工作自检。 **3. 进行工作评估** 根据保洁人员的工作表现，对照公司制定的标准，环境管理部主管对保洁人员的工作进行评估。 **工作重点** 客观地对保洁人员的工作进行评估。 **工作标准** ☆培训的方式有多种，如讲授法、演示法等。 ☆环境管理部主管对保洁人员的工作检查的次数每月不少于＿＿次。 **考核指标** 此项工作的考核指标是环境卫生达标率，应高于＿＿%，其公式如下。 $$环境卫生达标率 = \frac{环境卫生检查达标次数}{环境卫生检查总次数} \times 100\%$$
工作 改进	**执行程序** **1. 提出考核奖惩建议** 根据对保洁人员工作评估的结果，依照物业公司的考核制度，环境管理部主管提出考核奖惩建议。 **2. 工作沟通与改进** 环境管理部主管将工作评估结果及时反馈至被考核员工，并指出其工作中存在的问题，共同讨论并提出改进的措施。

第 4 章　物业保洁绿化服务

（续）

任务名称	执行程序、工作标准与考核指标
工作改进	**工作重点** 根据沟通的情况，提出改进措施。
	工作标准
	☆考核奖惩落实要及时、到位。 ☆在工作评估结束后的____个工作日内与员工进行沟通。

执行规范
"清洁服务管理制度""清洁服务标准""卫生检查表""卫生清洁记录表""清洁服务检查表""每日清洁检查表""卫生检查考核表"。

4.3 室内保洁流程设计与工作执行

4.3.1 室内保洁流程设计

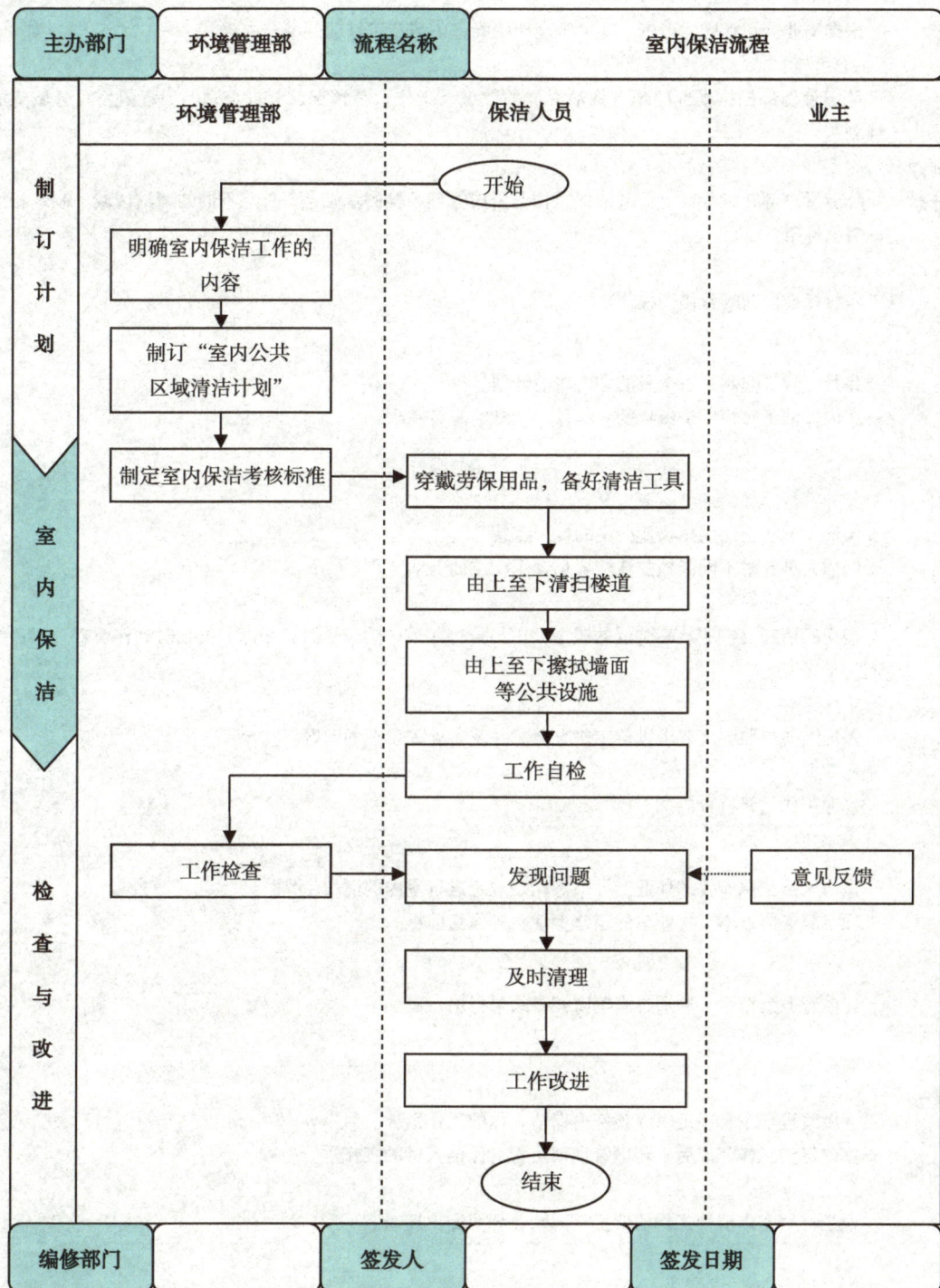

主办部门	环境管理部	流程名称	室内保洁流程

	环境管理部	保洁人员	业主

制订计划

开始

明确室内保洁工作的内容

制订"室内公共区域清洁计划"

制定室内保洁考核标准 → 穿戴劳保用品，备好清洁工具

室内保洁

由上至下清扫楼道

由上至下擦拭墙面等公共设施

工作自检

检查与改进

工作检查 → 发现问题 ←‥‥ 意见反馈

及时清理

工作改进

结束

编修部门		签发人		签发日期	

4.3.2 室内保洁执行程序、工作标准、考核指标、执行规范

任务名称	执行程序、工作标准与考核指标
制订计划	**执行程序** **1.明确室内保洁工作的内容** 　根据物业公司辖区的范围，环境管理部明确室内清扫工作的区域与内容。 **2.制订"室内公共区域清洁计划"** 　环境管理部根据本部门现有保洁人员的数量及工作负荷情况，制订合理的"室内公共区域清洁计划"。 **3.制定室内保洁考核标准** 　环境管理部在参考同行业其他优秀物业公司管理经验的基础上，针对不同的清洁区域，制定相应的考核标准。 **工作重点** 　考核标准应清晰且便于操作。 **工作标准** ☆每月____日前制订下个月的室内清洁计划。 ☆室内保洁考核标准于每年的____月____日前修订一次。
室内保洁	**执行程序** **1.穿戴劳保用品，备好清洁工具** ☆保洁人员在上岗前按物业公司的规定着装。 ☆保洁人员针对不同区域的清洁要求领用相应的保洁工具。 **2.由上至下清扫楼道** 　楼梯的清扫要按照从高到低的顺序，用扫帚将楼道内的垃圾打扫干净，打扫时动作要轻，以免扬起尘土。 **3.工作自检** 　保洁人员依照制度要求进行工作自检，并及时处理发现的问题。 **工作重点** 　确保工作结果符合标准。 **工作标准** ☆保洁人员依照有关的作业指导书等相关规定进行室内的清扫工作。 ☆保洁服务应以不干扰业主的正常生活、工作为前提。 **考核指标** 保洁服务满意度：即通过满意度调查结果得出。
检查与改进	**执行程序** **1.工作检查** ☆环境管理部主管不定时巡视室内保洁人员的工作情况。 ☆室内保洁工作完成后，环境管理部主管对保洁人员的工作进行检查。 **2.意见反馈** 　业主针对室内清扫工作的情况，向物业公司提出反馈意见。

（续）

任务 名称	执行程序、工作标准与考核指标
检查 与 改进	**3. 工作改进** 根据检查结果及反馈意见，保洁人员改进自身的工作。 **工作重点** 识别室内保洁服务关键事项。
	工作标准
	工作检查的次数不少于____次 / 月。
执行规范	
"保洁服务规范""服务礼仪规范""室内公共区域清洁计划""保洁物品领用表""室内保洁工作检查记录表""保洁工作总结"。	

第 4 章 ｜ 物业保洁绿化服务

4.4 室外保洁流程设计与工作执行

4.4.1 室外保洁流程设计

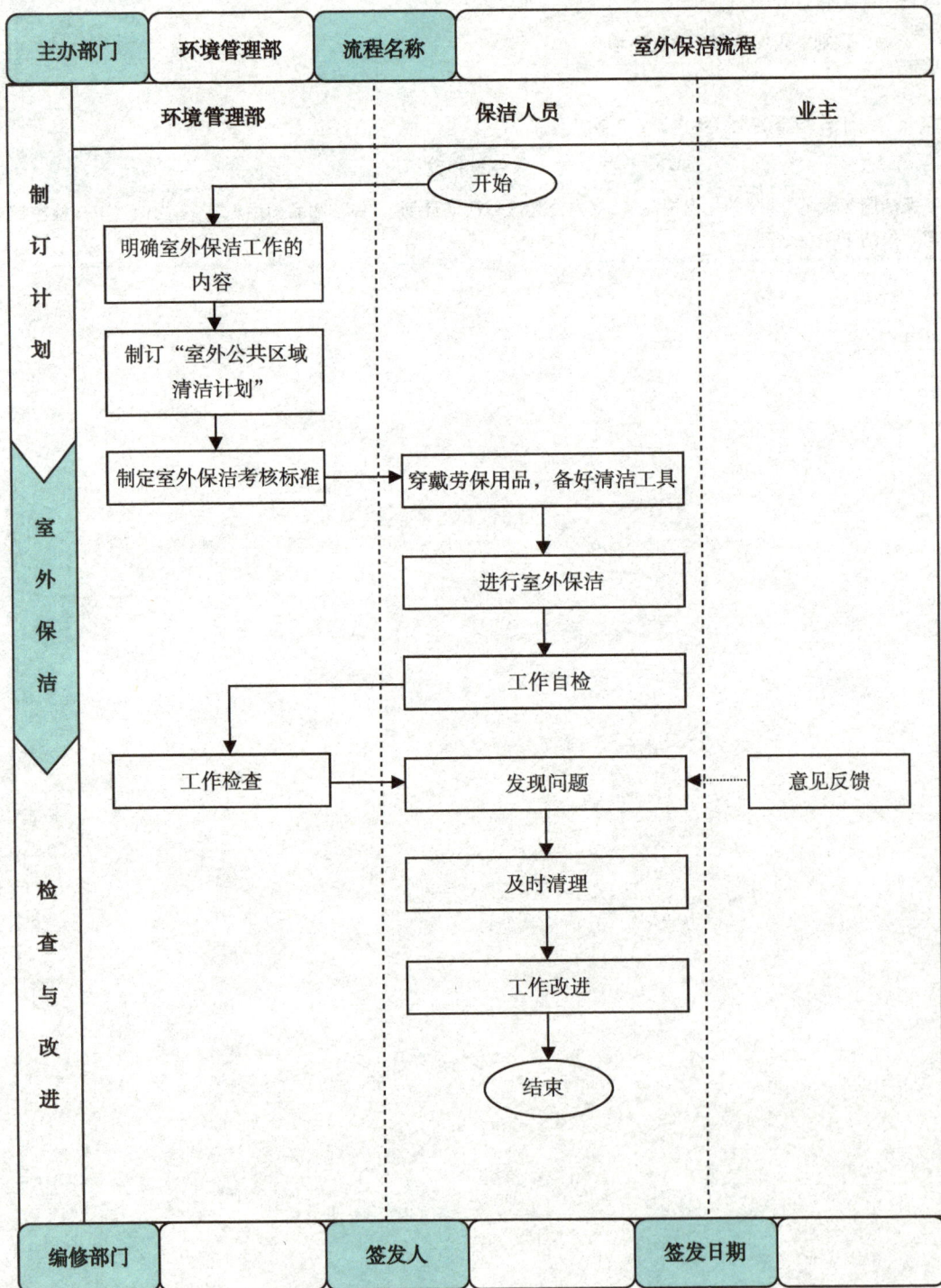

主办部门	环境管理部	流程名称	室外保洁流程

	环境管理部	保洁人员	业主

制订计划

```
                              ┌──────────┐
                              │   开始   │
                              └────┬─────┘
     ┌──────────────┐              │
     │明确室外保洁工作的│◄────────────┘
     │     内容      │
     └──────┬───────┘
     ┌──────▼───────┐
     │制订"室外公共区域│
     │   清洁计划"    │
     └──────┬───────┘
     ┌──────▼───────┐      ┌──────────────────┐
     │制定室外保洁考核标准│───►│穿戴劳保用品,备好清洁工具│
     └──────────────┘      └────────┬─────────┘
                                ┌───▼────┐
                                │进行室外保洁│
                                └───┬────┘
                                ┌───▼────┐
                                │ 工作自检 │
                                └───┬────┘
     ┌──────────────┐◄─────────────┘
     │   工作检查    │───►┌────────┐      ┌────────┐
     └──────────────┘    │ 发现问题 │◄┈┈┈┈│ 意见反馈 │
                         └───┬────┘      └────────┘
                         ┌───▼────┐
                         │ 及时清理 │
                         └───┬────┘
                         ┌───▼────┐
                         │ 工作改进 │
                         └───┬────┘
                         ┌───▼────┐
                         │  结束   │
                         └────────┘
```

室外保洁

检查与改进

编修部门		签发人		签发日期	

4.4.2 室外保洁执行程序、工作标准、考核指标、执行规范

任务 名称	执行程序、工作标准与考核指标
制订 计划	**执行程序** **1. 明确室外保洁工作的内容** 　根据物业公司辖区的范围，环境管理部明确室外清扫工作的区域与内容。 **2. 制订"室外公共区域清洁计划"** 　环境管理部根据气候变化、本部门现有保洁人员的数量及工作负荷情况，制订合理的"室外公共区域清洁计划"。 **3. 制定室外保洁考核标准** 　环境管理部在参考同行业优秀物业公司管理经验的基础上，针对不同的清洁区域，制定相应的室外保洁考核标准。 **工作重点** 　室外保洁考核标准应清晰且便于操作。 **工作标准** ☆每月＿＿＿日前制订下个月的室外保洁计划。 ☆室外保洁考核标准于每年的＿＿＿月＿＿＿日前修订一次。
室外 保洁	**执行程序** **1. 穿戴劳保用品，备好清洁工具** ☆保洁人员在上岗前按物业公司的规定着装。 ☆保洁人员针对不同区域的清洁要求领用相应的保洁工具。 **2. 进行室外保洁** ☆保洁人员依照作业指导书等相关规定进行室外的清扫工作。 ☆对某些区域，清扫完毕后保洁人员每隔一段时间还需维保一次。 **3. 工作自检** 　保洁人员依照制度要求进行工作自检，并及时处理发现的问题。 **工作重点** 　确保工作结果符合标准。 **工作标准** ☆保洁制服干净整齐，工牌佩戴规范。 ☆保洁服务应以不干扰业主正常生活、工作为前提。 **考核指标** 　保洁服务满意度：即通过满意度调查结果得出。
检查 与 改进	**执行程序** **1. 工作检查** ☆环境管理部主管不定时巡视室外保洁人员的工作情况。 ☆室外保洁工作完成后，环境管理部主管对保洁人员的工作进行检查。 **2. 意见反馈** 　业主针对室外清扫工作的情况，向物业公司提出反馈意见。

第 4 章 物业保洁绿化服务

任务 名称	执行程序、工作标准与考核指标
检查 与 改进	**3. 工作改进** 根据检查结果及反馈意见，保洁人员改进自身的工作。 **工作重点** 识别室外保洁服务关键事项。
	工作标准
	工作检查的次数不少于____次／月。
执行规范	
"保洁服务规范""服务礼仪规范""室外公共区域清洁计划""保洁物品领用表""室外保洁工作检查记录表""保洁工作总结"。	

4.5 卫生消杀服务流程设计与工作执行

4.5.1 卫生消杀服务流程设计

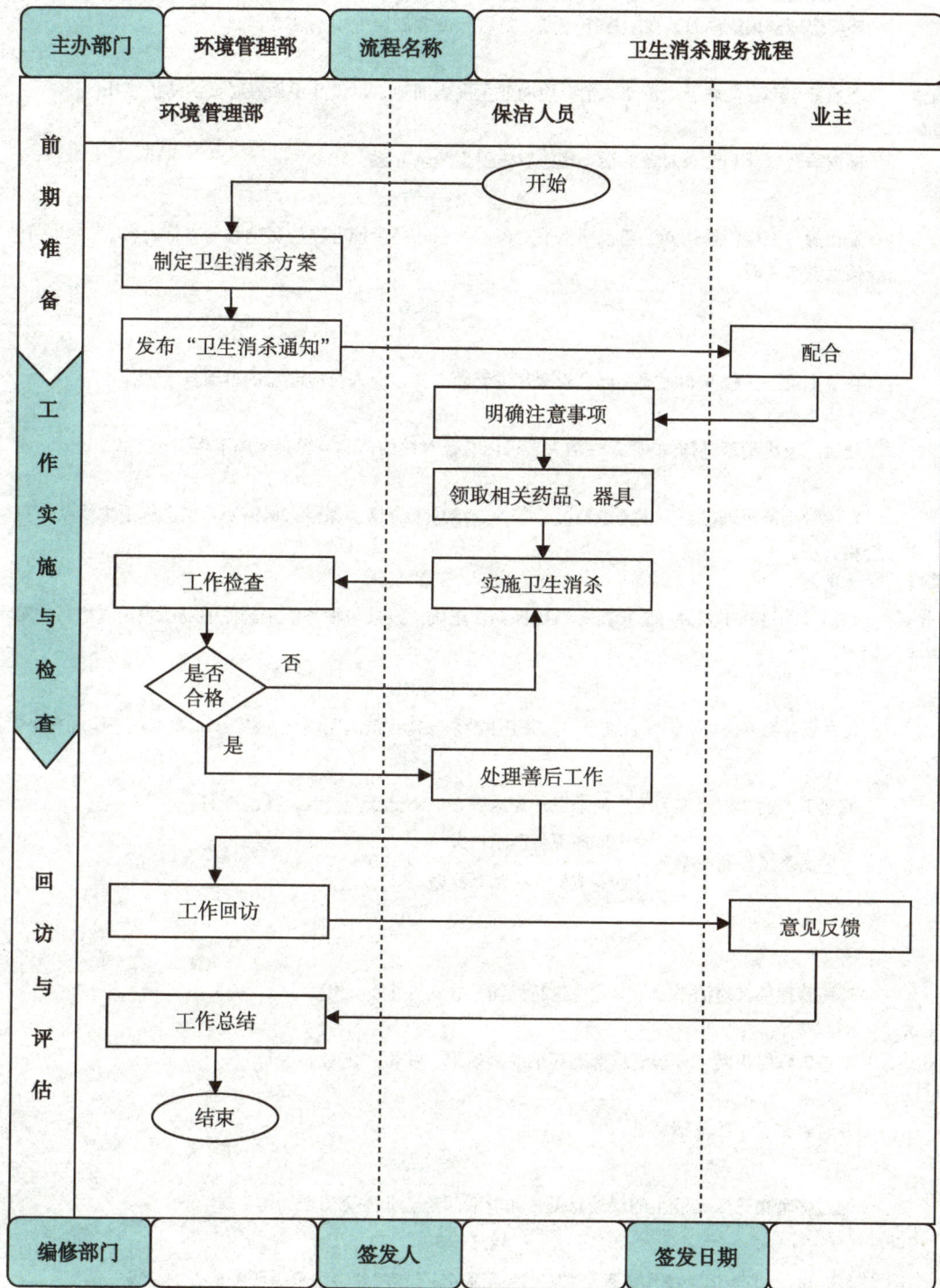

主办部门	环境管理部	流程名称	卫生消杀服务流程

	环境管理部	保洁人员	业主

前期准备 / 工作实施与检查 / 回访与评估

```
                              ┌─────────┐
                              │  开始   │
                              └────┬────┘
   ┌──────────────────┐           │
   │  制定卫生消杀方案  │ ◄─────────┘
   └────────┬─────────┘
   ┌──────────────────┐                          ┌──────────┐
   │ 发布"卫生消杀通知" │ ───────────────────────► │   配合    │
   └──────────────────┘                          └────┬─────┘
                        ┌──────────────┐               │
                        │  明确注意事项  │ ◄────────────┘
                        └──────┬───────┘
                        ┌──────────────────┐
                        │ 领取相关药品、器具 │
                        └──────┬───────────┘
   ┌──────────┐         ┌──────────────┐
   │ 工作检查  │ ◄────── │  实施卫生消杀  │
   └────┬─────┘         └──────────────┘
      ┌─────┐    否
      │是否  │ ──────►
      │合格  │
      └──┬──┘
         │ 是
         │          ┌──────────────┐
         └────────► │ 处理善后工作   │
                    └──────────────┘
   ┌──────────┐                                  ┌──────────┐
   │ 工作回访  │ ───────────────────────────────► │ 意见反馈  │
   └──────────┘                                  └──────────┘
   ┌──────────┐
   │ 工作总结  │ ◄──────────
   └────┬─────┘
   ┌─────────┐
   │  结束   │
   └─────────┘
```

编修部门		签发人		签发日期	

第 4 章 物业保洁绿化服务

4.5.2 卫生消杀服务执行程序、工作标准、考核指标、执行规范

任务名称	执行程序、工作标准与考核指标
前期准备	**执行程序** **1. 制定卫生消杀方案** 　环境管理部根据消杀对象、季节特点、危害程度等制定卫生消杀方案。 **2. 发布"卫生消杀通知"** 　环境管理部在实施卫生消杀之前，应向业主发出通知，以便业主做好必要的防护工作。 **工作重点** 　根据季节变化和消杀对象的活动规律制定卫生消杀方案。 **工作标准** ☆发布的"卫生消杀通知"需说明消杀对象、所用药品可能存在的影响和危害等内容。 ☆信息发布及时。
工作实施与检查	**执行程序** **1. 明确注意事项** 　在卫生消杀工作开始之前，环境管理部主管须告知作业人员应注意的事项。 **2. 实施卫生消杀** 　依照"卫生消杀操作规程"，保洁人员采用有针对性的药品与器具实施卫生消杀工作。 **3. 工作检查** 　环境管理部经理检查卫生消杀情况，若检查结果不合格，保洁人员需要再次实施卫生消杀，直至合格为止。 **工作重点** 　在消杀的过程中要做好防护措施，确保操作正确，投放与喷施消杀药品的场所须设置醒目的警示标识。 **工作标准** 　每月应对物业公司所辖区域进行____次卫生消杀工作，消杀完毕，应将器具、药品统一清洗并保管。 **考核指标** 　此项工作的考核标准为卫生消杀工作完成率，应不低于____%，其公式如下。 $$卫生消杀工作完成率 = \frac{完成的卫生消杀次数}{计划完成的卫生消杀次数} \times 100\%$$
回访与评估	**执行程序** **1. 工作回访** 　环境管理部针对消杀效果对业主进行回访，收集业主的反馈意见。 **2. 工作总结** 　消杀工作结束后，环境管理部要评估消杀效果，并留存记录。 **工作重点** 　及时收集业主的反馈意见。 **工作标准** 　通过多种渠道收集业主的反馈意见，如电话回访、业主交流群回访等。
执行规范	
"卫生消杀通知""卫生消杀操作规程""卫生消杀服务记录表""卫生消杀服务检查记录表"。	

物业管理流程设计与工作标准

4.6 卫生检查流程设计与工作执行

4.6.1 卫生检查流程设计

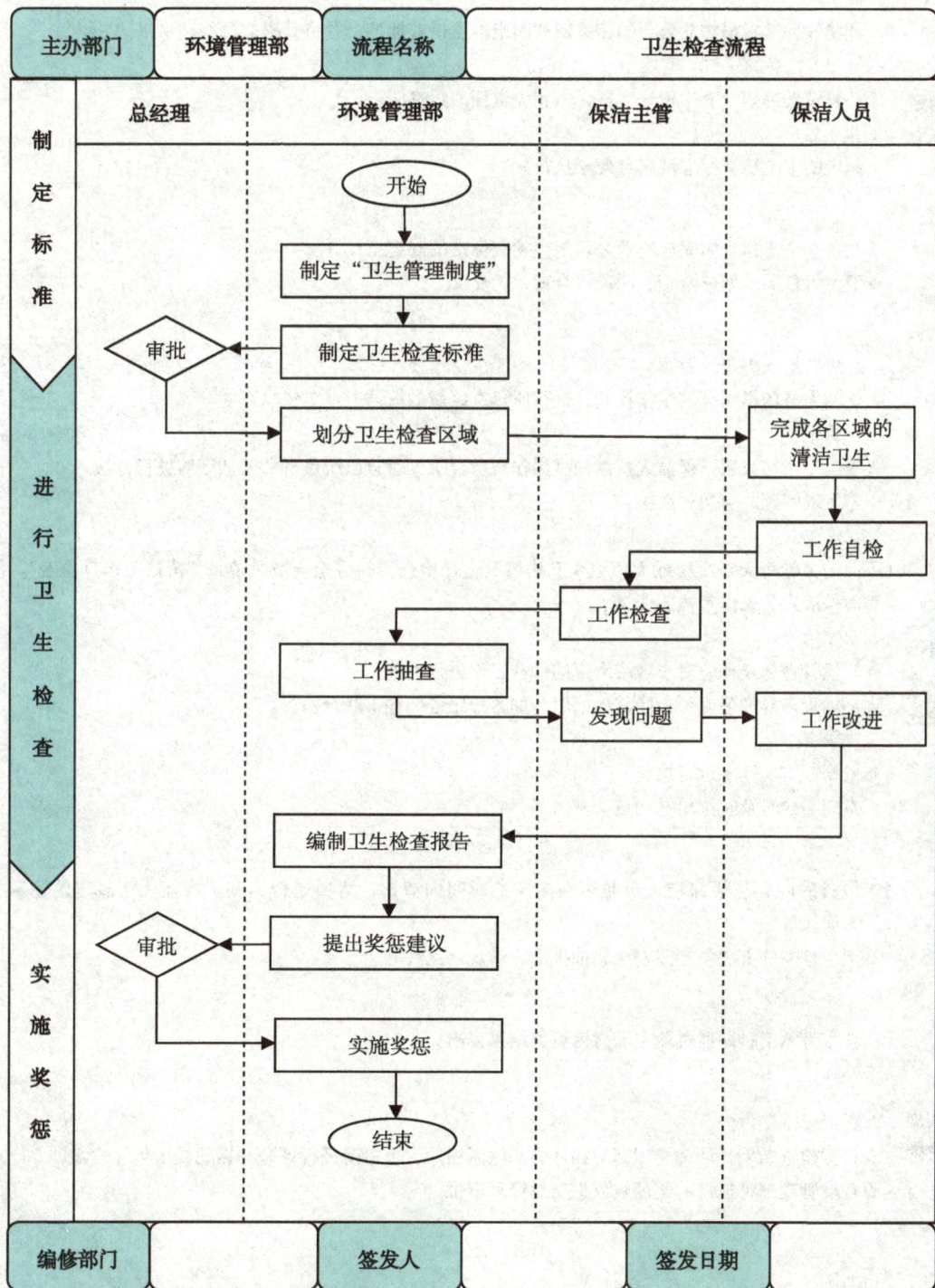

主办部门	环境管理部	流程名称	卫生检查流程

	总经理	环境管理部	保洁主管	保洁人员

制定标准

开始

制定"卫生管理制度"

审批 ← 制定卫生检查标准

划分卫生检查区域 → 完成各区域的清洁卫生

进行卫生检查

工作自检

工作检查

工作抽查

发现问题 → 工作改进

编制卫生检查报告

实施奖惩

审批 ← 提出奖惩建议

实施奖惩

结束

编修部门		签发人		签发日期	

第 4 章 物业保洁绿化服务

4.6.2 卫生检查执行程序、工作标准、考核指标、执行规范

任务名称	执行程序、工作标准与考核指标
制定标准	**执行程序**
	1. 制定卫生检查标准 　　环境管理部根据物业公司的相关制度制定卫生检查标准，并将其提交总经理审批。 **2. 划分卫生检查区域** 　　环境管理部划分卫生责任区域，由相关责任人负责清扫。 **工作重点** 　　制定的卫生检查标准清晰且便于执行。
	工作标准
	☆在＿＿个工作日内完成物业公司卫生检查标准的制定工作。 ☆卫生责任区域划分清晰、明确、合理、无交叉。
进行卫生检查	**执行程序**
	1. 完成各区域的清洁卫生 　　保洁人员依据制订的工作计划，进行所负责区域的清洁卫生工作。 **2. 工作自检** ☆清扫工作结束后，保洁人员需根据操作规范要求，对自己所负责的保洁区域进行自检。 ☆若发现问题，应及时解决。 **3. 工作检查** 　　保洁主管每天对小区或大厦卫生工作情况进行检查，并将检查情况填入"清洁工作日检表"，作为对保洁人员工作考核的依据。 **4. 工作抽查** ☆环境管理部经理应对小区或大厦的保洁工作进行抽查。 ☆环境管理部经理也可会同其他部门（如客户服务部等）联合检查。 **工作重点** ☆依据制定的标准进行检查。 ☆发现问题时及时指出并纠正。
	工作标准
	☆检查的内容包括保洁人员是否在规定的时间内清扫，清扫是否达到了物业公司规定的标准等方面。 ☆卫生检查的方法包括巡查法、抽查法、参观评比法等。
	考核指标
	业主满意度：即通过业主满意度调查结果得出。
实施奖惩	**执行程序**
	1. 提出奖惩建议 ☆根据检查结果，环境管理部对物业公司辖区内的卫生情况进行评分并据此提出奖惩建议。 ☆环境管理部将拟订的奖惩建议提交总经理审批。

物业管理 流程设计与工作标准

任务名称	执行程序、工作标准与考核指标
实施奖惩	**2.实施奖惩** 　依照物业公司的相关制度，环境管理部对清洁卫生考核得分靠前的部门和个人给予奖励；对卫生不达标的部门和个人予以惩罚，并限期改正。 **工作重点** 　奖惩及时。 **工作标准** ☆奖惩标准清晰。 ☆奖惩力度合适。

执行规范

"卫生管理制度""卫生区域划分表""清洁工作日检表""清洁工作周检表""清洁工作月检表""清洁卫生检查表"。

4.7 保洁外包流程设计与工作执行

4.7.1 保洁外包流程设计

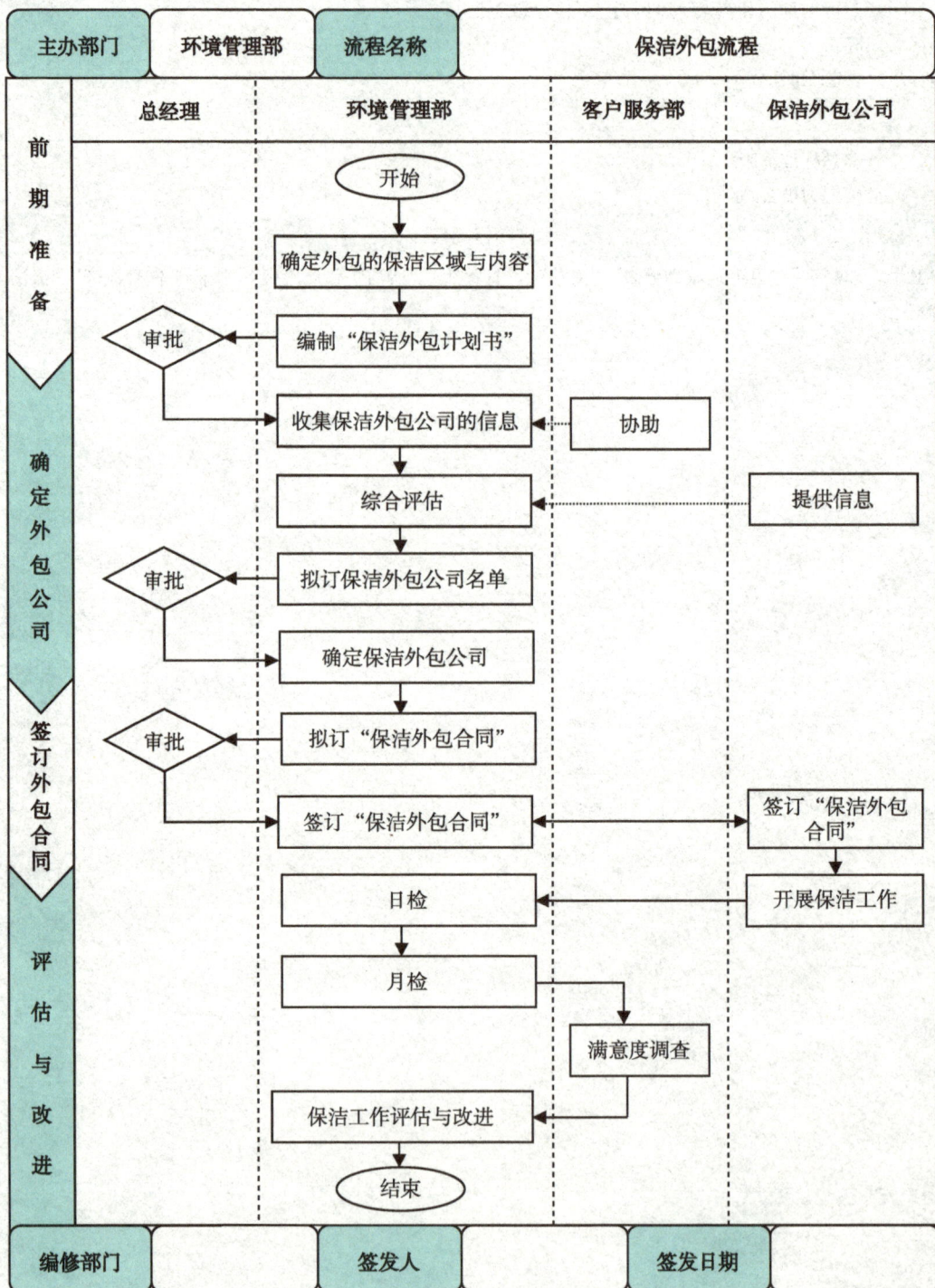

主办部门	环境管理部	流程名称	保洁外包流程

	总经理	环境管理部	客户服务部	保洁外包公司
前期准备		开始		
		确定外包的保洁区域与内容		
	审批	编制"保洁外包计划书"		
确定外包公司		收集保洁外包公司的信息	协助	
		综合评估		提供信息
	审批	拟订保洁外包公司名单		
		确定保洁外包公司		
签订外包合同	审批	拟订"保洁外包合同"		
		签订"保洁外包合同"		签订"保洁外包合同"
		日检		开展保洁工作
评估与改进		月检		
			满意度调查	
		保洁工作评估与改进		
		结束		

编修部门		签发人		签发日期	

物业管理 流程设计与工作标准

4.7.2 保洁外包执行程序、工作标准、考核指标、执行规范

任务 名称	执行程序、工作标准与考核指标
前期 准备	**执行程序** **1.确定外包的保洁区域与内容** 　在实施保洁外包工作之前，环境管理部需要明确保洁外包的区域与内容。 **2.编制"保洁外包计划书"** ☆外包的工作区域和内容确定后，环境管理部经理进行"保洁外包计划书"的编制工作。 ☆环境管理部将编制好的"保洁外包计划书"提交总经理审批。 **工作重点** 　"保洁外包计划书"符合物业公司的实际情况且具有较强的可操作性。 **工作标准** ☆"保洁外包计划书"需要对外包需求分析、外包内容、具体实施程序、预期效果等方面进行具体 　的说明。 ☆在____个工作日内完成"保洁外包计划书"的编制工作。
确定 外包 公司	**执行程序** **1.收集保洁外包公司的信息** ☆"保洁外包计划书"经物业公司总经理审批通过后，环境管理部着手选择保洁外包公司。 ☆环境管理部要做好外部保洁公司基本信息的收集工作。 **2.综合评估** 　经过资料收集、洽谈、实地了解等方式，环境管理部在已掌握的信息的基础上对选定的几家保洁 外包公司进行综合评估。 **3.拟订保洁外包公司名单** 　环境管理部根据综合评估的结果，拟订____家外包公司并报总经理审批。 **工作重点** 　选择性价比高的保洁外包公司。 **工作标准** ☆需收集的信息包括保洁外包公司的基本情况、信誉情况、服务报价等方面。 ☆评估的内容包括保洁外包公司的业务能力、公司资质、价格水平、服务水平等方面。
签订 外包 合同	**执行程序** **1.拟订"保洁外包合同"** ☆环境管理部与被选定的保洁外包公司就合作细节进行洽谈，双方达成初步的合作意向。 ☆根据洽谈的结果，环境管理部拟订"保洁外包合同"。 ☆环境管理部将拟订好的"保洁外包合同"提交总经理审批。 **2.签订"保洁外包合同"** 　双方达成一致意见，环境管理部与选定的保洁外包公司签订"保洁外包合同"。 **工作重点** 　确保签订的"保洁外包合同"合法合规。

任务名称	执行程序、工作标准与考核指标
签订外包合同	**工作标准** ☆"保洁外包合同"中需明确服务的范围、标准、费用等事宜。 ☆"保洁外包合同"签订及时。 **考核指标** 此项工作的考核指标为合同签订差错率，应小于____%，其公式如下。 $$合同签订差错率 = \frac{出现差错的合同数}{签订合同的总数量} \times 100\%$$
评估与改进	**执行程序** **1.开展保洁工作** ☆保洁公司依照签订的"保洁外包合同"负责物业公司外包保洁区域的清洁工作。 ☆保洁公司需要管理好本公司的员工，确保员工遵守物业公司的相关规定。 **2.日检** ☆环境管理部主管每天对保洁公司的工作情况进行检查。 ☆对保洁工作情况进行检查后，需做好记录，双方在"保洁工作检查记录表"上签字确认。 **3.保洁工作评估与改进** ☆环境管理部需对保洁公司的工作情况进行考核。 ☆通过考核找出目前保洁工作中存在的问题，并制定改进措施。 **工作重点** 确保工作结果符合物业公司的保洁工作要求。 **工作标准** 检查的内容包括员工到岗情况、工作质量情况、各项问题的纠正措施及落实情况等。 **考核指标** 此项工作的考核指标是环境卫生达标率，应不低于____%，其公式如下。 $$环境卫生达标率 = \frac{环境卫生检查达标次数}{环境卫生检查总次数} \times 100\%$$
执行规范	
"保洁外包计划书""保洁外包合同""保洁服务标准""保洁工作检查记录表""保洁服务评估报告"。	

物业管理流程设计与工作标准

4.8 绿化管理流程设计与工作执行

4.8.1 绿化管理流程设计

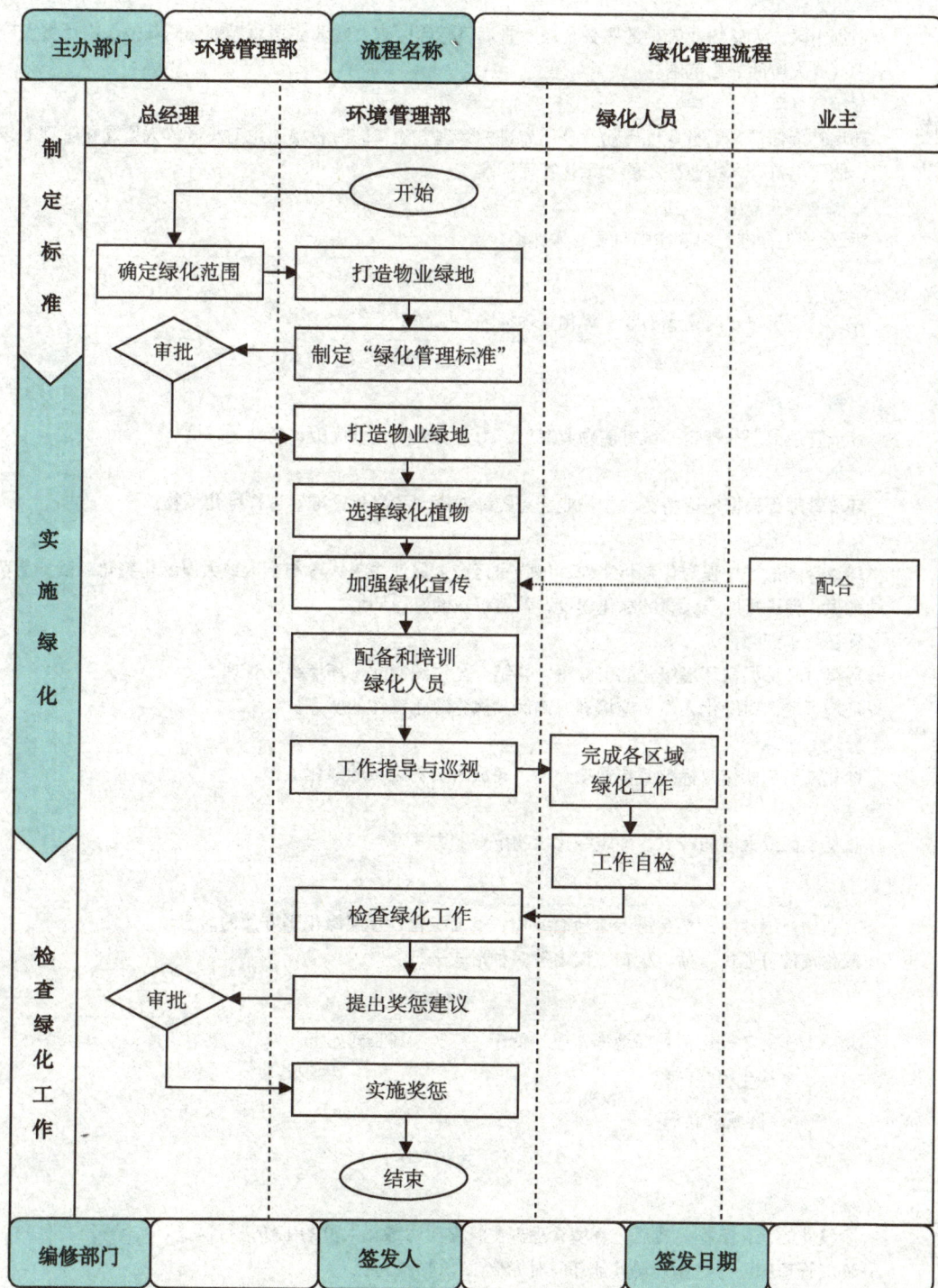

主办部门	环境管理部	流程名称	绿化管理流程

	总经理	环境管理部	绿化人员	业主
制定标准		开始		
	确定绿化范围	打造物业绿地		
	审批	制定"绿化管理标准"		
实施绿化		打造物业绿地		
		选择绿化植物		
		加强绿化宣传		配合
		配备和培训绿化人员		
		工作指导与巡视	完成各区域绿化工作	
			工作自检	
检查绿化工作		检查绿化工作		
	审批	提出奖惩建议		
		实施奖惩		
		结束		

编修部门		签发人		签发日期	

第 4 章 物业保洁绿化服务

4.8.2 绿化管理执行程序、工作标准、考核指标、执行规范

任务 名称	执行程序、工作标准与考核指标
制定 标准	**执行程序** **1. 确定绿化范围** 　根据小区或大厦物业管理的服务范围、管理目标等因素，物业公司总经理会同其他部门负责人确定小区或大厦的绿化范围。 **2. 制定"绿化管理标准"** 　环境管理部借鉴同行业优秀物业公司先进的管理方法，同时收集业主对小区或大厦绿化管理的建议，制定出符合本物业公司的"绿化管理标准"。 **工作重点** "绿化管理标准"内容清晰且便于操作。 **工作标准** 在＿＿＿个工作日内完成物业"绿化管理标准"的制定工作。
实施 绿化	**执行程序** **1. 打造物业绿地** 　环境管理部划分特定区域打造物业绿地，为业主提供一个优美、清新的环境。 **2. 选择绿化植物** 　环境管理部根据地区特色、本物业公司的绿地规划和绿化标准等选择绿化植物。 **3. 加强绿化宣传** 　环境管理部需加强绿化宣传工作，增强小区或大厦业主人参与小区或大厦绿化美化、爱护花草的意识，促进小区或大厦的绿化建设，营造舒适的宜居环境。 **4. 配备和培训绿化人员** ☆环境管理部根据环境绿化的工作量，并结合公司编制配备环境绿化管理人员。 ☆环境管理部对绿化人员实施培训，确保其熟悉绿化工作的要点。 **5. 完成各区域绿化工作** 　绿化人员依照作业标准及作业指导书，完成所负责区域的绿化工作。 **工作重点** 　根据小区或大厦的特点，确定绿化植物配置的方式。 **工作标准** ☆打造物业绿地时，至少需考虑地面绿化、侧面绿化、顶层绿化等方面的内容。 ☆绿化宣传可通过广播、板报、橱窗等多种形式进行。 **考核指标** 此项工作的考核指标是绿地率，应不低于＿＿＿%，其公式如下。 $$绿地率 = \frac{绿化覆盖面积}{区域总面积} \times 100\%$$
检查 绿化 工作	**执行程序** **1. 检查绿化工作** ☆阶段性的绿化工作完成后，环境管理部主管需要对绿化人员的工作进行检查。 ☆环境管理部会同物业公司其他部门对绿化工作进行检查。

物业管理 流程设计与工作标准

任务名称	执行程序、工作标准与考核指标
检查绿化工作	**2.提出奖惩建议** ☆环境管理部根据检查结果对绿化工作进行评分并据此提出奖惩建议。 ☆环境管理部将拟订的奖惩建议提交总经理审批。 **工作重点** 　严格执行绿化检查规定。
	工作标准
	☆确保绿化区域无人为损坏的现象发生。 ☆奖惩措施恰当。

执行规范
"绿化管理标准""绿地养护管理规范""环境绿化人员岗位考核标准及奖惩办法""绿化养护考核评分表""绿化养护检查表""绿化工作检查表"。

第4章 物业保洁绿化服务

4.9 绿化外包流程设计与工作执行

4.9.1 绿化外包流程设计

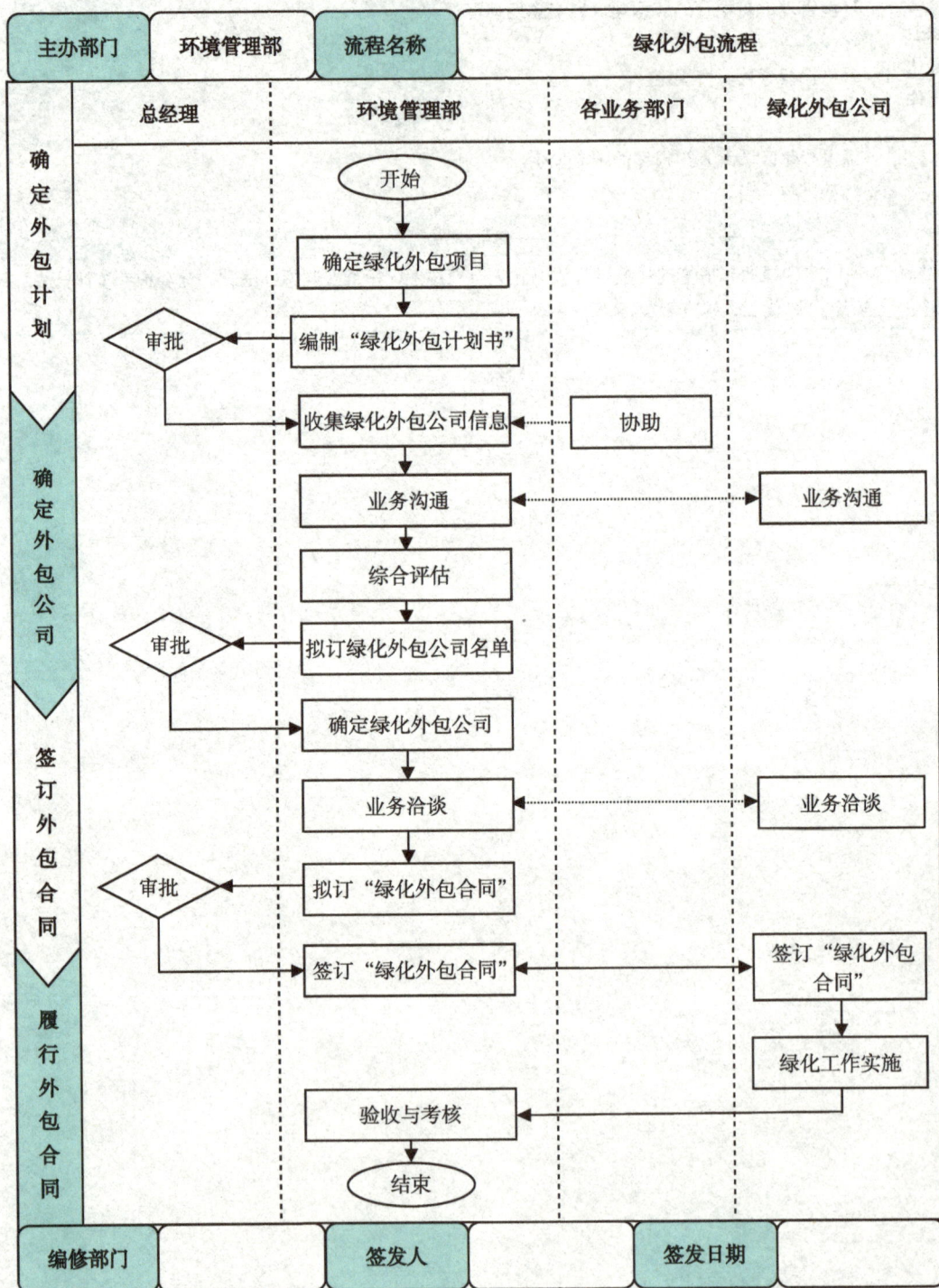

主办部门	环境管理部	流程名称	绿化外包流程

	总经理	环境管理部	各业务部门	绿化外包公司
确定外包计划		开始		
		确定绿化外包项目		
	审批	编制"绿化外包计划书"		
		收集绿化外包公司信息	协助	
确定外包公司		业务沟通		业务沟通
		综合评估		
	审批	拟订绿化外包公司名单		
		确定绿化外包公司		
签订外包合同		业务洽谈		业务洽谈
	审批	拟订"绿化外包合同"		
		签订"绿化外包合同"		签订"绿化外包合同"
履行外包合同				绿化工作实施
		验收与考核		
		结束		

编修部门		签发人		签发日期	

4.9.2 绿化外包执行程序、工作标准、考核指标、执行规范

任务名称	执行程序、工作标准与考核指标
确定外包计划	**执行程序** **1.确定绿化外包项目** 　环境管理部根据年度环境绿化计划和物业公司绿化工作实际需要，确定绿化外包项目。 **2.编制"绿化外包计划书"** ☆绿化外包项目确定后，环境管理部经理进行"绿化外包计划书"的编制工作。 ☆环境管理部将"绿化外包计划书"提交总经理审批。 **工作重点** 　编制的"绿化外包计划书"符合公司实际情况且具有较强的可操作性。 **工作标准** ☆在确定绿化外包项目前，环境管理部需要对公司的业务监控能力、经营成本等因素进行分析。 ☆"绿化外包计划书"的内容应包括外包需求分析、外包内容、具体实施程序等方面。 ☆____个工作日内完成"绿化外包计划书"的编制工作。 **考核指标** 　计划的完备性：即重要内容无缺失。
确定外包公司	**执行程序** **1.收集绿化外包公司信息** ☆"绿化外包计划书"经总经理审批通过后，环境管理部着手选择绿化外包公司。 ☆环境管理部需做好对外包绿化公司基本信息的收集工作。 **2.业务沟通** 　环境管理部就本物业辖区的绿化外包工作与外包绿化公司进行沟通。 **3.综合评估** 　经过资料收集、业务沟通等环节，环境管理部在已掌握的信息的基础上对选定的几家绿化外包公司进行综合评估。 **4.拟订绿化外包公司名单** 　环境管理部根据综合评估的结果，拟订____家绿化外包公司并报总经理审批。 **工作重点** 　选择性价比高的绿化外包公司。 **工作标准** ☆需收集的信息包括绿化外包公司的基本情况、信誉情况、服务报价等方面。 ☆评估的内容包括绿化外包公司的业务能力、公司资质、价格水平、服务水平等方面。
签订外包合同	**执行程序** **1.确定绿化外包公司** 　总经理对环境管理部提交的绿化外包公司的信息进行审批，确定绿化外包公司名单。 **2.业务洽谈** 　环境管理部与选定的绿化外包公司就合作细节进行洽谈，双方达成初步的合作意向。 **3.拟定"绿化外包合同"** ☆根据洽谈的结果，环境管理部拟订"绿化外包合同"。 ☆环境管理部将拟订好的"绿化外包合同"提交总经理审批。

任务名称	执行程序、工作标准与考核指标
签订外包合同	**4. 签订"绿化外包合同"** 双方达成一致意见，环境管理部与绿化外包公司签订"绿化外包合同"。 **工作重点** 确保签订的合同合法合规。 **工作标准** ☆洽谈目的明确，重点突出。 ☆合同签订及时。 **考核指标** 此项工作的考核指标是合同签订差错率，应少于____%，其公式如下。 $$合同签订差错率 = \frac{出现差错的合同数}{签订合同的总数量} \times 100\%$$
履行外包合同	**执行程序** **1. 绿化工作实施** ☆绿化外包公司负责依照合同的约定做好绿化工作。 ☆绿化外包公司需要管理好本公司的员工，确保员工遵守物业公司的规定。 **2. 验收与考核** ☆环境管理部需要对绿化外包公司的工作进行监督，并及时对其交付的工作结果进行验收。 ☆环境管理部需要对绿化外包公司的工作情况进行考核，根据考核结果制订下一阶段绿化外包工作的计划。 **工作重点** 确保绿化外包公司的工作结果符合本物业公司的绿化工作要求。 **工作标准** ☆及时指出绿化工作中存在的问题。 ☆要求绿化外包公司在规定的时间内对存在的问题进行整改。 **考核指标** 此项工作的考核指标是外包合同履约率，应达到____%，其公式如下。 $$外包合同履约率 = \frac{已履行的合同份数}{应履行的合同份数} \times 100\%$$

执行规范
"绿化外包计划书""绿化外包合同""绿化服务标准""绿化养护记录表""绿化养护检查表"。

物业管理 流程设计与工作标准

4.10 绿化工作考评流程设计与工作执行

4.10.1 绿化工作考评流程设计

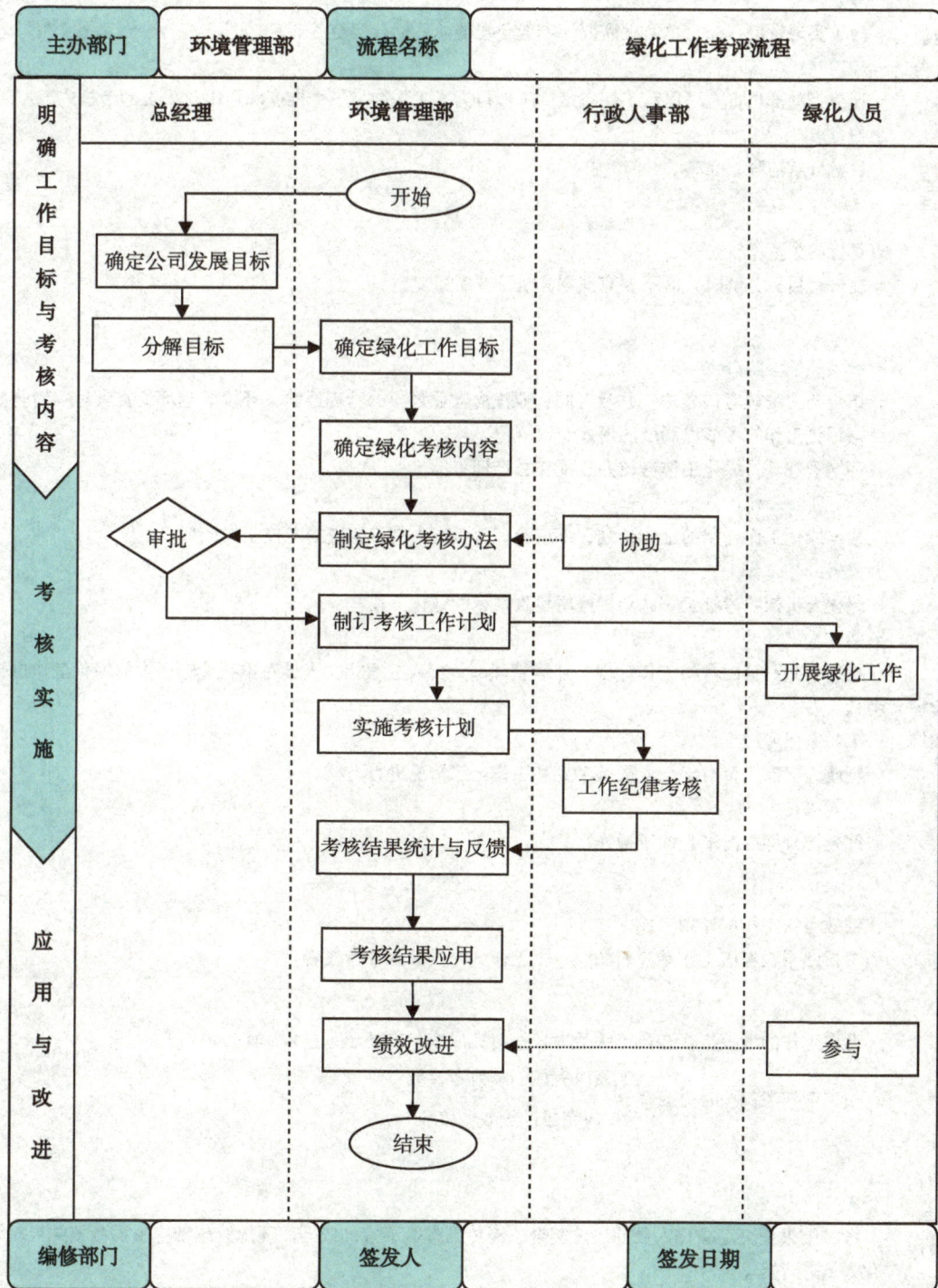

主办部门	环境管理部	流程名称	绿化工作考评流程

	总经理	环境管理部	行政人事部	绿化人员
明确工作目标与考核内容		开始		
	确定公司发展目标			
	分解目标 →	确定绿化工作目标		
		确定绿化考核内容		
	审批 ←	制定绿化考核办法 ←	协助	
考核实施		制订考核工作计划		
				开展绿化工作
		实施考核计划		
			工作纪律考核	
		考核结果统计与反馈		
应用与改进		考核结果应用		
		绩效改进 ←		参与
		结束		

编修部门		签发人		签发日期	

第 4 章 物业保洁绿化服务

/ 113 /

4.10.2　绿化工作考评执行程序、工作标准、考核指标、执行规范

任务名称	执行程序、工作标准与考核指标
明确工作目标与考核内容	**执行程序** **1.分解目标** 为了实现发展目标，总经理需要将物业公司的总目标分解至各业务部门。 **2.确定绿化考核内容** 环境管理部负责人可以从工作态度、工作行为、工作结果三个维度确定绿化人员的考核内容。 **工作重点** 目标分解清晰、完整。 **工作标准** ☆目标的个数不宜过多。 ☆在进行目标分解时，既不要有遗漏，也不要有重复。
考核实施	**执行程序** **1.制定绿化考核办法** ☆结合公司绩效考核办法，并参考同行业优秀物业公司的管理经验，环境管理部负责人对本物业公司绿化工作的考核以制度的形式予以规范。 ☆环境管理部将绿化工作考核办法提交总经理审批。 **2.制订考核工作计划** 根据绿化工作当期的工作计划，环境管理部负责人制订相应的考核工作计划。 **3.开展绿化工作** 绿化人员依照考核工作计划做好所负责区域的绿化工作。 **4.实施考核计划** 根据事先制订的考核工作计划，环境管理部负责人组织相关人员对本物业辖区内的绿化工作进行考核。 **5.工作纪律考核** 行政人事部负责对绿化人员的考勤和工作纪律情况进行考核。 **工作重点** 绩效评分标准清晰且便于操作。 **工作标准** ☆绩效考核工作按计划完成。 ☆考核结果在考核工作结束后的____个工作日内反馈至被考核者。 **考核指标** 此项工作的考核指标是员工绩效考核按时完成率，应高于____%，其公式如下。 $$员工绩效考核按时完成率 = \frac{及时完成的绩效考核数}{应完成的绩效考核数} \times 100\%$$
应用与改进	**执行程序** **1.考核结果应用** 考核结果是决定绿化人员的绩效奖金、岗位调整等事宜的依据。环境管理部应根据考核结果对绿化人员进行奖惩。

物业管理 流程设计与工作标准

任务名称	执行程序、工作标准与考核指标
应用 与 改进	**2.绩效改进** 　　环境管理部对绿化工作的考核结果进行分析，找出当前绿化工作中的不足之处，并制定有效的改进措施。 **工作重点** 　　确保绩效改进措施切实可行。
	工作标准
	☆考核奖惩实施及时。 ☆绩效改进方案在＿＿＿个工作日内编制完成。

执行规范
"绿化养护工作考核表""绩效管理制度""绩效改进工作实施办法""绩效改进计划表""绩效改进方案"。

第 4 章　物业保洁绿化服务

4.11.1 清洁药品使用和保管流程设计

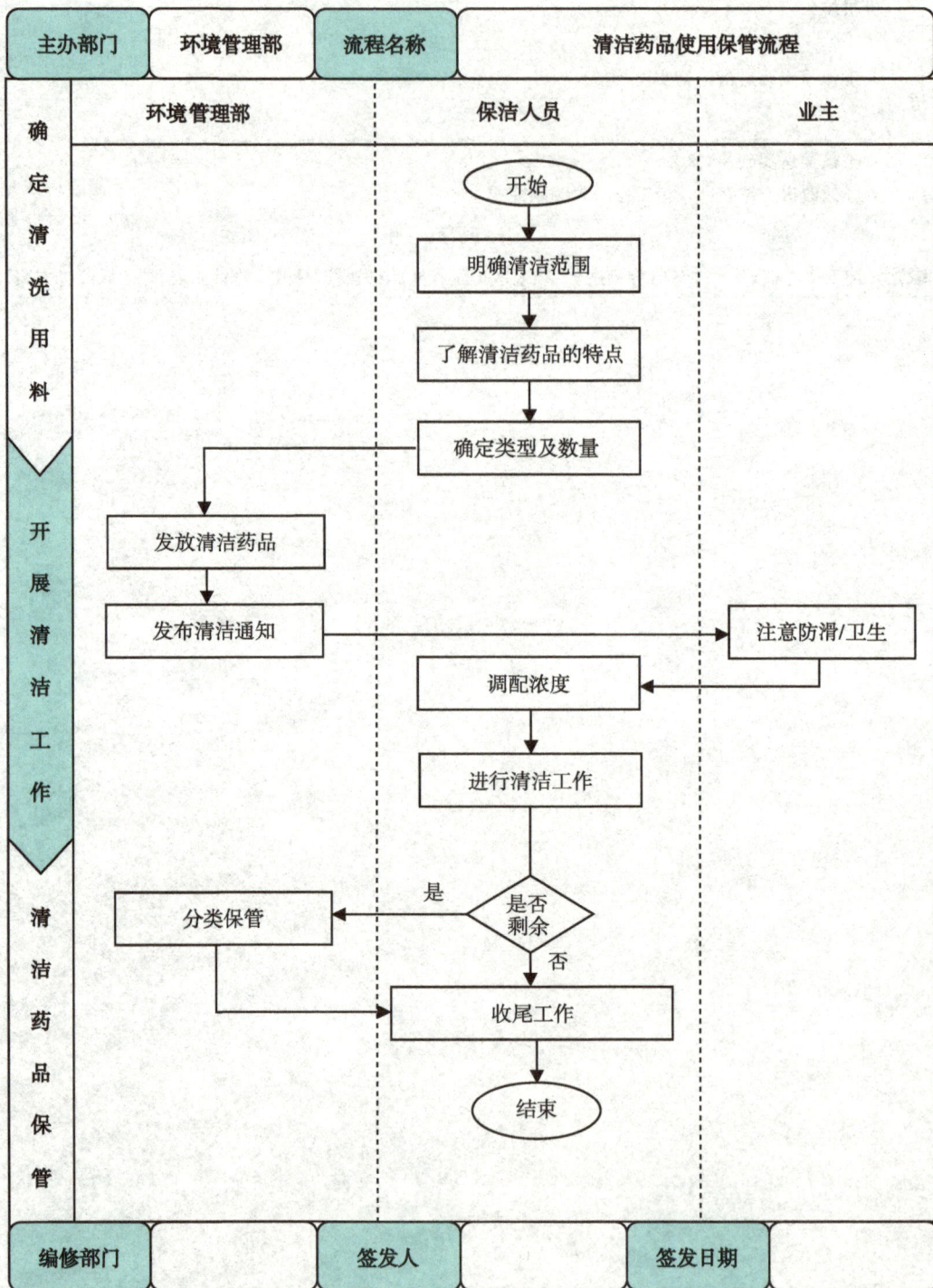

主办部门	环境管理部	流程名称	清洁药品使用保管流程

左侧纵向标签：确定清洗用料　开展清洁工作　清洁药品保管

环境管理部	保洁人员	业主

流程图：

开始
↓
明确清洁范围
↓
了解清洁药品的特点
↓
确定类型及数量
↓（环境管理部）
发放清洁药品
↓
发布清洁通知 → 注意防滑/卫生
↓
调配浓度 ←
↓
进行清洁工作
↓
是否剩余
- 是 → 分类保管
- 否 → 收尾工作
↓
收尾工作
↓
结束

编修部门		签发人		签发日期	

物业管理 流程设计与工作标准

4.11.2 清洁药品使用和保管执行程序、工作标准、考核指标、执行规范

任务名称	执行程序、工作标准与考核指标
确定清洗用料	**执行程序**
	1.明确清洁范围
	保洁人员依据工作计划明确需要清洁的区域。
	2.确定类型及数量
	保洁人员根据清洁区域的特点确定清洁药品的类型及数量。
	工作重点
	根据清洁对象的特点，合理选用清洁药品。
	工作标准
	保洁人员需了解清洁药品的主要品类及其特点。
开展清洁工作	**执行程序**
	1.发放清洁药品
	保洁人员前往环境管理部领取清洁药品。
	2.发布清洁通知
	视情况向业主发布小区或大厦清洁的通知。
	3.调配浓度
	保洁人员根据说明书或作业规程，合理调配清洁药品的浓度，必要时可穿戴橡胶手套等防护用具。
	工作重点
	正确使用保洁清洁药品。
	工作标准
	事前需明确地告知保洁人员使用清洁药品的注意事项。
	考核指标
	保洁服务满意度：即通过满意度调查结果得出。
清洁药品保管	**执行程序**
	1.分类保管
	保洁人员将剩余的清洁药品交还至环境管理部，由环境管理部对其进行分类保管。
	2.收尾工作
	☆保洁人员将保洁过程中产生的垃圾统一收拾到垃圾袋中，保洁工作结束后一起处理。
	☆再次检查责任区域的卫生状况，发现问题应及时处理。
	工作重点
	☆妥善保管清洁药品。
	☆清洁药品的放置需做到方便存放和取用。
	工作标准
	清洁工作结束后，将剩余的清洁药品交还至环境管理部。
执行规范	
"物业公司清洁药品保管使用标准""物品领用管理制度""物品领用登记表""卫生检查表"。	

第 4 章 物业保洁绿化服务

4.12 清洁设备操作和保养流程设计与工作执行

4.12.1 清洁设备操作和保养流程设计

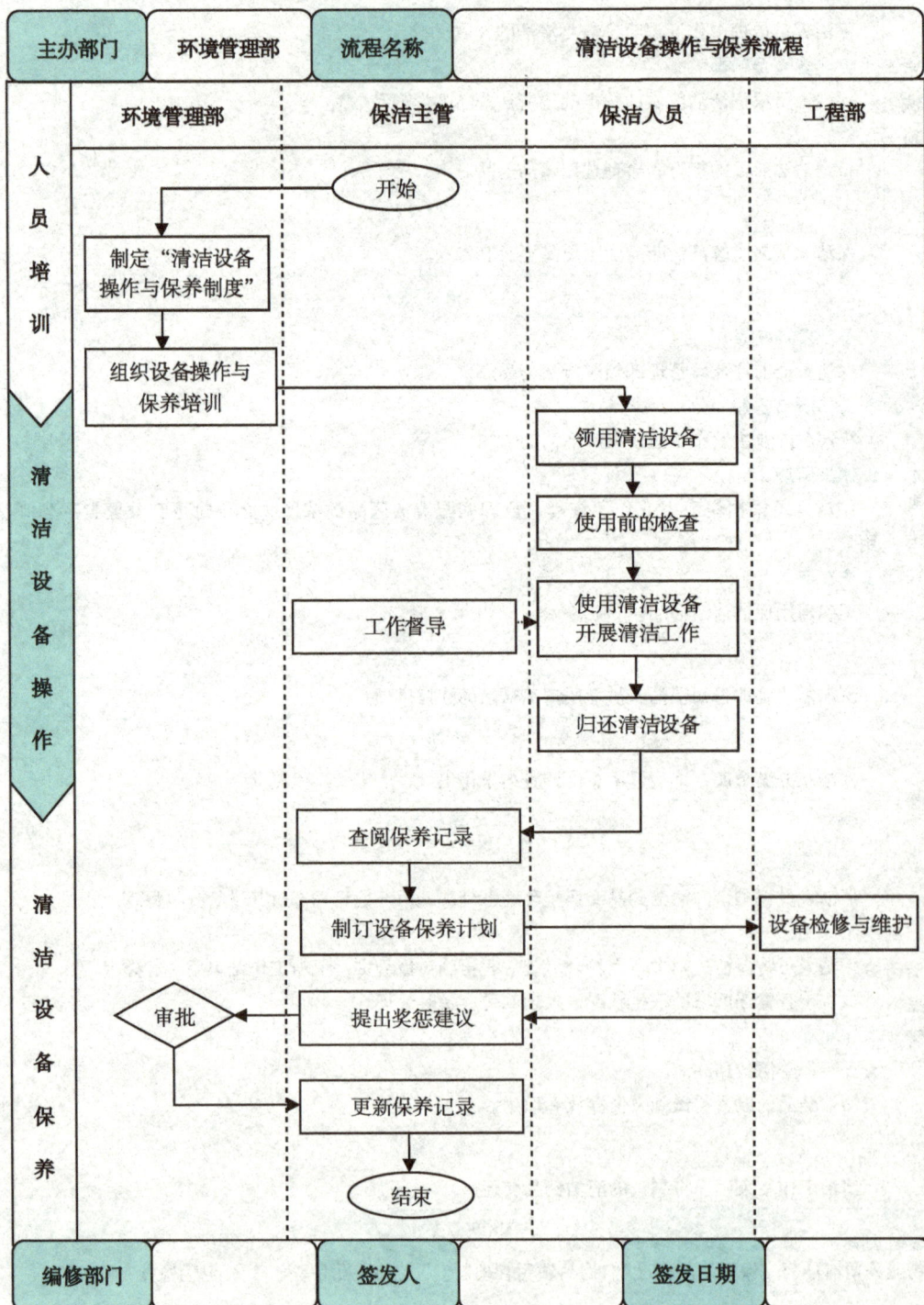

主办部门	环境管理部	流程名称	清洁设备操作与保养流程

	环境管理部	保洁主管	保洁人员	工程部
人员培训		开始		
	制定"清洁设备操作与保养制度"			
	组织设备操作与保养培训			
清洁设备操作			领用清洁设备	
			使用前的检查	
		工作督导	使用清洁设备开展清洁工作	
			归还清洁设备	
清洁设备保养		查阅保养记录		
		制订设备保养计划		设备检修与维护
	审批	提出奖惩建议		
		更新保养记录		
		结束		

编修部门		签发人		签发日期	

物业管理 流程设计与工作标准

4.12.2　清洁设备操作和保养执行程序、工作标准、考核指标、执行规范

任务名称	执行程序、工作标准与考核指标
人员培训	**执行程序** **1.制定"清洁设备操作与保养制度"** 　环境管理部制定本物业公司的"清洁设备操作与保养制度"，并组织实施。 **2.组织设备操作与保养培训** 　环境管理部组织保洁人员就清洁设备的操作与保养进行培训。 **工作重点** 　保洁人员经过培训，知道如何使用清洁设备。 **工作标准** ☆"清洁设备操作与保养制度"的内容完善，发布及时。 ☆培训工作按计划完成。 **考核指标** 此项工作的考核指标是培训考核达标率，应不低____%，其公式如下。 $$培训考核达标率 = \frac{培训考核达标人数}{培训的总人数} \times 100\%$$
清洁设备操作	**执行程序** **1.领用清洁设备** 　清洁设备由物业公司环境管理部统一管理。在开展清洁工作之前，保洁人员需要到清洁设备存放处领取清洁设备。 **2.使用前的检查** 　领用清洁设备的保洁人员自行检查设备的完好程度。 **3.使用清洁设备开展清洁工作** 　保洁人员负责依据作业规程进行清洁设备的操作，并运用清洁设备完成所负责区域的清洁工作。 **4.工作督导** ☆保洁主管做好对保洁人员的业务指导，并检查其设备使用情况。 ☆保洁主管每天应检查保洁人员的工作记录，发现设备有异常情况时应及时报修，并做好记录。 **工作重点** ☆清洁设备如发生故障，不得强行继续操作。 ☆保持设备整洁，及时消除跑、冒、滴、漏情况。 **工作标准** ☆使用清洁设备前后都应检查其状况，发现问题应及时处理。 ☆归还清洁设备时，须保证设备完好无损，内外干净。如有损坏，应及时报修，并在领用表上注明损坏情况。 **考核指标** 此项工作的考核指标是设备完好率，应高于____%，其公式如下。 $$设备完好率 = \frac{完好设备台数}{设备总台数} \times 100\%$$

任务 名称	执行程序、工作标准与考核指标
清洁 设备 保养	**执行程序** **1.制订设备保养计划** 　保洁主管根据清洁设备的使用状况及之前的保养记录，制订下一阶段的设备保养计划。 **2.设备检修与维护** 　工程部通过擦拭、清扫、润滑、调整等方法对清洁设备进行护理，以使清洁设备的性能处于最佳状态。 **工作重点** ☆环境管理部针对不同的设备制定相应的保养标准。 ☆保养工作可与员工的奖惩挂钩，以调动员工的工作积极性。 **工作标准** ☆严格依照操作规程进行清洁设备的保养工作。 ☆所有清洁设备应有专人保管，并存放在合适的位置。 **考核指标** 　此项工作的考核指标是设备保养完成率，应不低于____%，其公式如下。 $$设备保养完成率 = \frac{实际保养台数}{计划保养台数} \times 100\%$$
执行规范	
"清洁设备操作与保养制度""清洁设备领用登记表""设备运行记录""清洁设备保养记录表"。	

第5章 物业停车服务

5.1 物业停车服务流程设计

5.1.1 流程设计的目的

随着物业管理工作的深化，停车管理已成为物业服务的重要内容。物业公司对停车服务工作进行流程管理的目的如下。

1. 维护物业公司辖区内的停车秩序，避免发生安全事故。

2. 规范物业辖区停车服务管理，提升服务品质。

5.1.2 流程结构设计

物业停车服务流程结构设计主要包括停车场管理流程、车辆出入管理流程、车位租赁流程等，具体如图5-1所示。

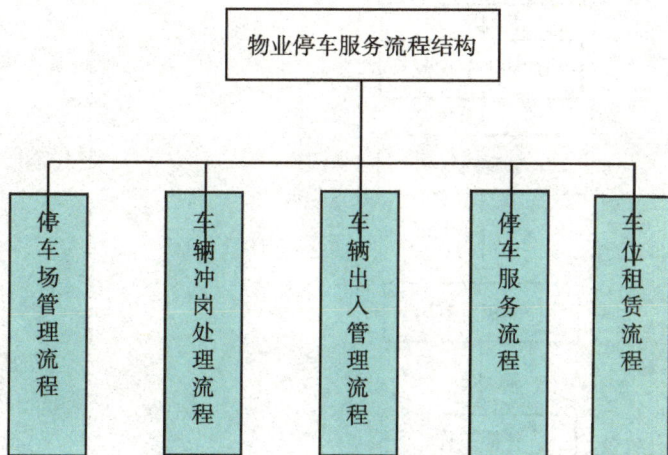

```
              ┌──────────────────┐
              │ 物业停车服务流程结构 │
              └──────────────────┘
        ┌────────┬────────┬────────┬────────┐
    ┌───┴──┐ ┌───┴──┐ ┌───┴──┐ ┌───┴──┐ ┌───┴──┐
    │停    │ │车    │ │车    │ │停    │ │车    │
    │车    │ │辆    │ │辆    │ │车    │ │位    │
    │场    │ │冲    │ │出    │ │服    │ │租    │
    │管    │ │岗    │ │入    │ │务    │ │赁    │
    │理    │ │处    │ │管    │ │流    │ │流    │
    │流    │ │理    │ │理    │ │程    │ │程    │
    │程    │ │流    │ │流    │ │      │ │      │
    │      │ │程    │ │程    │ │      │ │      │
    └──────┘ └──────┘ └──────┘ └──────┘ └──────┘
```

图 5-1 物业停车服务流程结构设计

5.2 停车场管理流程设计与工作执行

5.2.1 停车场管理流程设计

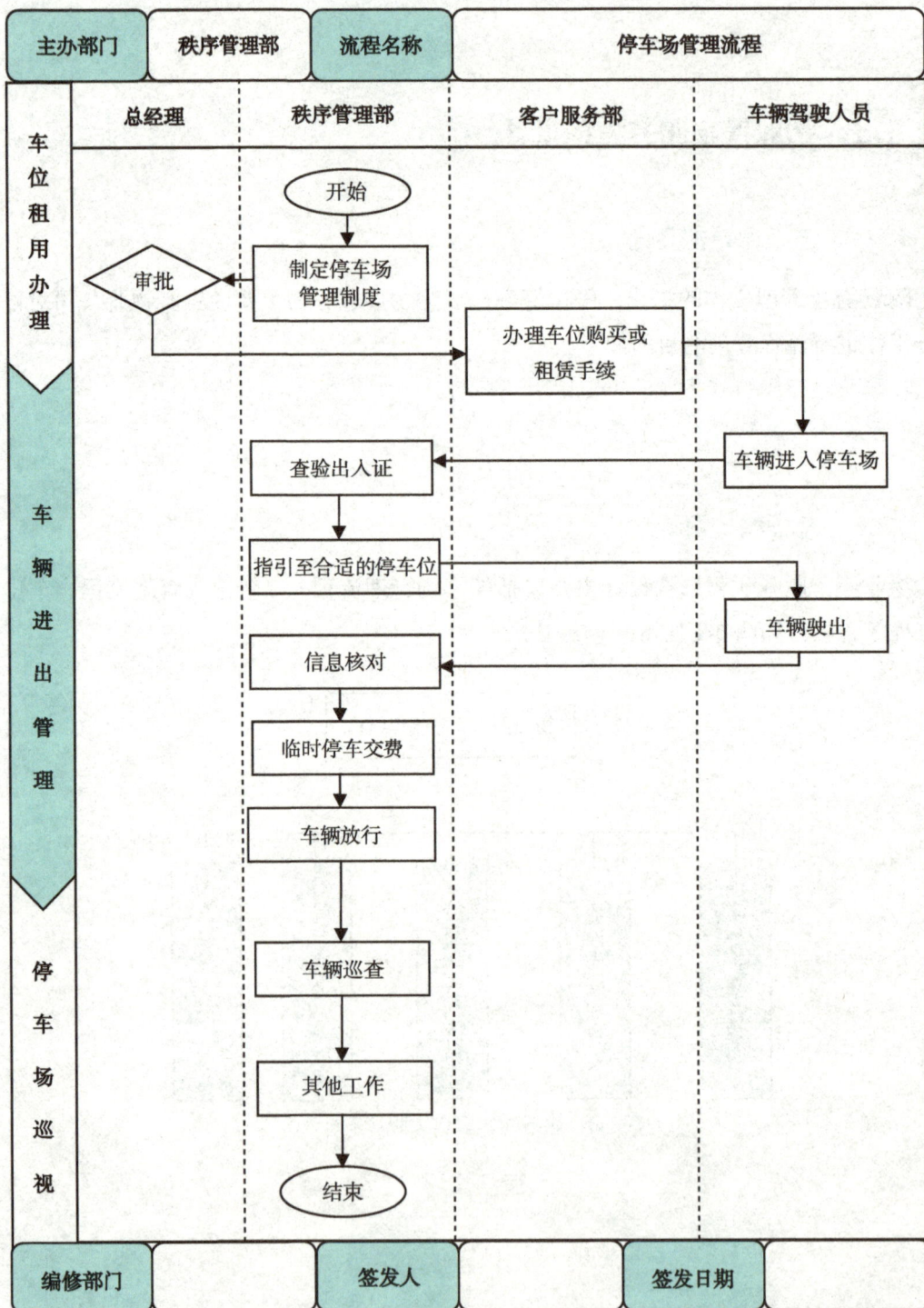

主办部门	秩序管理部	流程名称	停车场管理流程

	总经理	秩序管理部	客户服务部	车辆驾驶人员

车位租用办理

开始

制定停车场管理制度 → 审批

办理车位购买或租赁手续 → 车辆进入停车场

车辆进出管理

查验出入证

指引至合适的停车位

车辆驶出

信息核对

临时停车交费

车辆放行

停车场巡视

车辆巡查

其他工作

结束

编修部门		签发人		签发日期	

物业管理流程设计与工作标准

5.2.2 停车场管理执行程序、工作标准、考核指标、执行规范

任务名称	执行程序、工作标准与考核指标
车位租用办理	**执行程序** **1. 制定停车场管理制度** ☆为规范物业公司辖区内的停车管理工作，秩序管理部应制定停车场管理制度。 ☆将制定好的停车场管理制度提交总经理审批。 **2. 办理车位购买或租赁手续** 　业主想要购买或租用物业公司的停车位，需持相关资料到客户服务部办理车位购买或租赁手续。 **工作重点** 　停车场管理制度内容完善，可操作性强。 **工作标准** ☆在_____个工作日内完成停车场管理制度的制定工作。 ☆车位购买或租赁手续办理规范。
车辆进出管理	**执行程序** **1. 车辆进入停车场** ☆当有车辆驶入停车场时，停车场管理员应迅速指引车辆慢行。 ☆对于已设岗并启用智能系统的小区或大厦的停车场，车辆驾驶人员应凭停车场的智能 IC 卡刷卡出入。 ☆对于未启用智能系统的小区或大厦停车场，车辆驾驶人员应凭客户服务部提供的停车证出入。 **2. 指引至合适的停车位** 　对于外来的临停车辆，停车场管理员询问车辆进入事由，核实信息后发放"临时车辆停放服务凭证"，道闸开启后，停车场管理员指引车辆驶入指定的临停区域。 **3. 车辆驶出** 　当有车辆驶出停车场时，若发现可疑现象，停车场管理员应上前礼貌地询问。若无疑义，应放行；若有疑义，则及时通知主管，并灵活应对。 **工作重点** 　若 IC 卡刷卡异常，应及时查明原因，协助车辆顺利通过。 **工作标准** ☆业主要将车辆停放于物业公司的停车场内，需提供车辆的完整信息。若期间车辆信息发生变化，应及时到客户服务部办理变更手续。 ☆没有固定车位的车辆不得停放在固定车位。 ☆提醒车辆驾驶人员锁好车门和车窗，并将车内的贵重物品随身带走。 **考核指标** ☆信息记录的完备性：即要求记录的内容都登记在内。 ☆收费差错次数应控制在_____次以内。
停车场巡视	**执行程序** **1. 车辆巡查** 　停车场管理员需检查停车场内的车辆状况，发现漏水、漏油、未关好车门和车窗等现象时应及时处理，并通知车主。

任务名称	执行程序、工作标准与考核指标
停车场巡视	**2.其他工作** 　　停车场管理员需随时保持停车场标识、标志的完好，保持停车场的卫生清洁，协助保洁人员维护停车场的整体清洁。 **工作重点** 　　对发现的问题及时进行处理或向上级报告。
	工作标准
	☆车辆应停放在指定的停车位，不得占用公共通道或他人的车位。 ☆严禁在车位处搭建或安装原有设施以外的设施。
	执行规范
	"停车场巡视记录表""车辆出入登记表""停车场车辆进出情况登记表""停车管理服务费收取标准""临停车辆收费明细表""临时车辆停放服务凭证""车位使用服务协议书""停车场车位租用协议书"。

5.3 车辆冲岗处理流程设计与工作执行

5.3.1 车辆冲岗处理流程设计

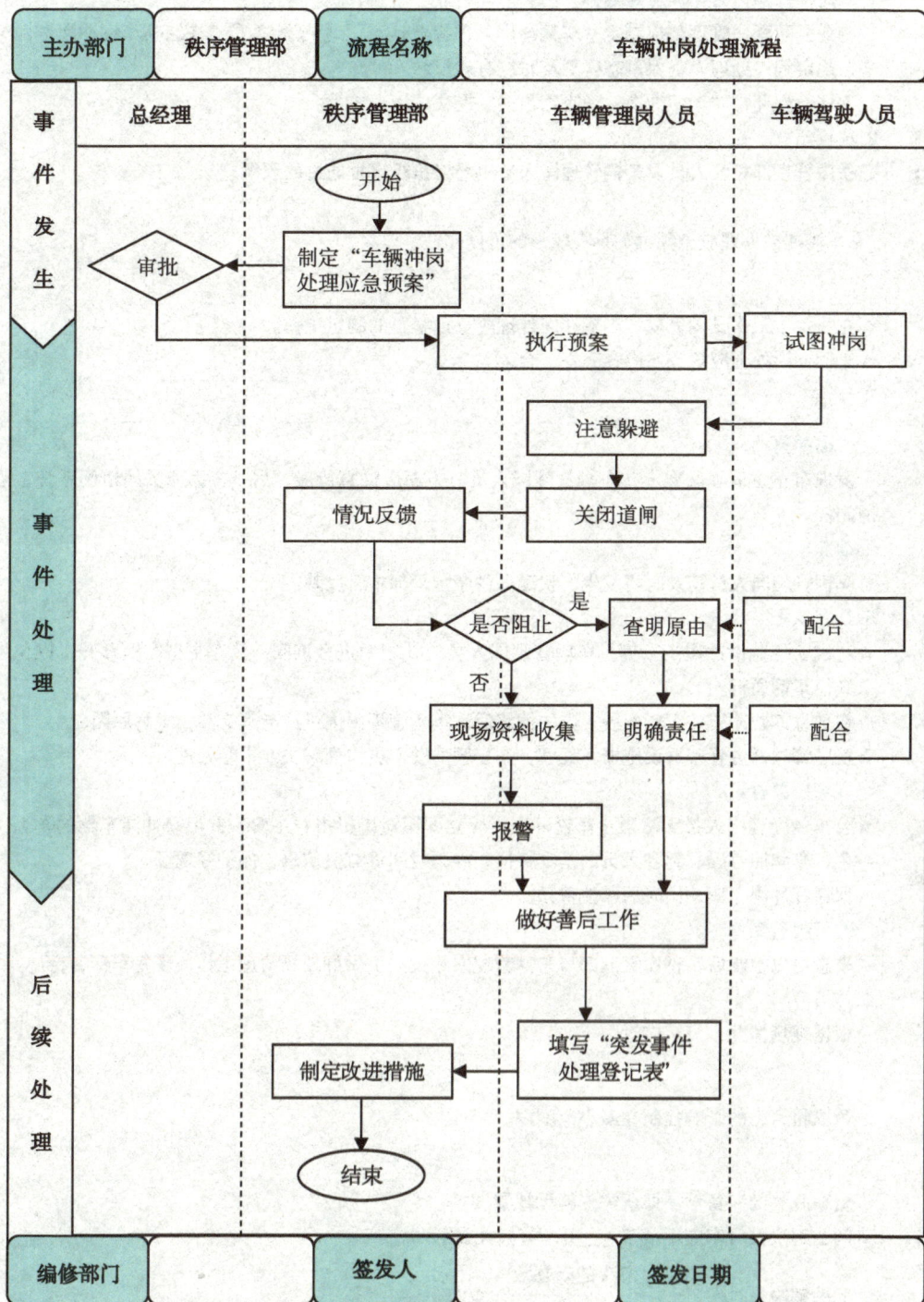

主办部门	秩序管理部	流程名称	车辆冲岗处理流程

事件发生 / 事件处理 / 后续处理	总经理	秩序管理部	车辆管理岗人员	车辆驾驶人员

事件发生

开始 → 制定"车辆冲岗处理应急预案" → 审批

事件处理

审批 → 执行预案 → 试图冲岗

试图冲岗 → 注意躲避 → 关闭道闸 → 情况反馈

情况反馈 → 是否阻止

是否阻止（是）→ 查明原由 ← 配合

是否阻止（否）→ 现场资料收集

查明原由 → 明确责任 ← 配合

现场资料收集 → 报警

报警 → 做好善后工作

明确责任 → 做好善后工作

后续处理

做好善后工作 → 填写"突发事件处理登记表" → 制定改进措施 → 结束

编修部门		签发人		签发日期

5.3.2 车辆冲岗处理执行程序、工作标准、考核指标、执行规范

任务名称	执行程序、工作标准与考核指标
事件发生	<div align="center">执行程序</div>**1.制定"车辆冲岗处理应急预案"** ☆物业公司秩序管理部应制定"车辆冲岗处理应急预案",便于相关员工在遇到车辆冲岗事件时能按规定程序处理,确保事态得到及时、有效控制。 ☆秩序管理部将"车辆冲岗处理应急预案"提交总经理审批。 **2.执行预案** 秩序管理部相关人员及车辆管理岗人员应严格执行审批通过的预案。 **工作重点** "车辆冲岗处理应急预案"具有较强的可操作性。 <div align="center">工作标准</div>☆在____个工作日内完成"车辆冲岗处理应急预案"的制定工作。 ☆车辆冲岗处理应急预案内容完备、合理。
事件处理	<div align="center">执行程序</div>**1.试图冲岗** 发现有车主欲硬闯岗卡,车辆管理岗人员一方面应注意躲避,另一方面应关闭道闸系统,落下道闸杆。 **2.情况反馈** 车辆管理岗人员需及时将发生的状况向秩序管理部主管反映。 **3.是否阻止** ☆若成功拦截欲冲岗的车辆,车辆管理岗人员应礼貌地进行询问,请车主把车辆移开,以免影响其他车辆通行。 ☆在平息欲硬冲岗的车辆驾驶人员的情绪后,车辆管理岗人员应与其交涉,了解原因。 ☆秩序管理部主管查看设施损坏程度,与车辆驾驶人员协商解决或报警处理。 **4.现场资料收集** ☆若车辆管理岗人员无法阻止车辆冲岗,应立即用对讲机报告主管,并记录冲岗车辆的车型、颜色、车牌照号码、驾驶人员的基本特征、冲岗时间等有关信息,保护好现场。 ☆保存好冲岗车辆冲岗时的监控视频。 **5.做好善后工作** 事态得以控制后,秩序管理部与车辆管理岗相关人员做好现场清理工作,恢复车辆通行。 **工作重点** 根据现场情况,灵活应对。 <div align="center">工作标准</div>争取将事态的影响控制在最小范围内。 <div align="center">考核指标</div>☆资料收集的完备性:即所需资料无缺漏。 ☆问题解决及时率应不低于____%,其公式如下。 $$问题解决及时率 = \frac{及时解决的问题数}{需要解决的问题数} \times 100\%$$

任务 名称	执行程序、工作标准与考核指标
后续 处理	**执行程序** **1.填写"突发事件处理登记表"** 　　上述事件处理完毕后，车辆管理岗人员将事件处理经过记录在"突必事件处理登记表"中。 **2.制定改进措施** 　　总结此次事件，找出工作中的不足之处并制定改进措施。 **工作重点** 　　制定的改进措施切实可行。 **工作标准** ☆信息登记及时、完整。 ☆提出的改进措施不少于＿＿＿条。
执行规范	
"车辆冲岗处理应急预案""事件情况登记表""突发事件处理登记表""车辆出入登记表""停车场车辆进出情况登记表"。	

第 5 章　物业停车服务

5.4 车辆出入管理流程设计与工作执行

5.4.1 车辆出入管理流程设计

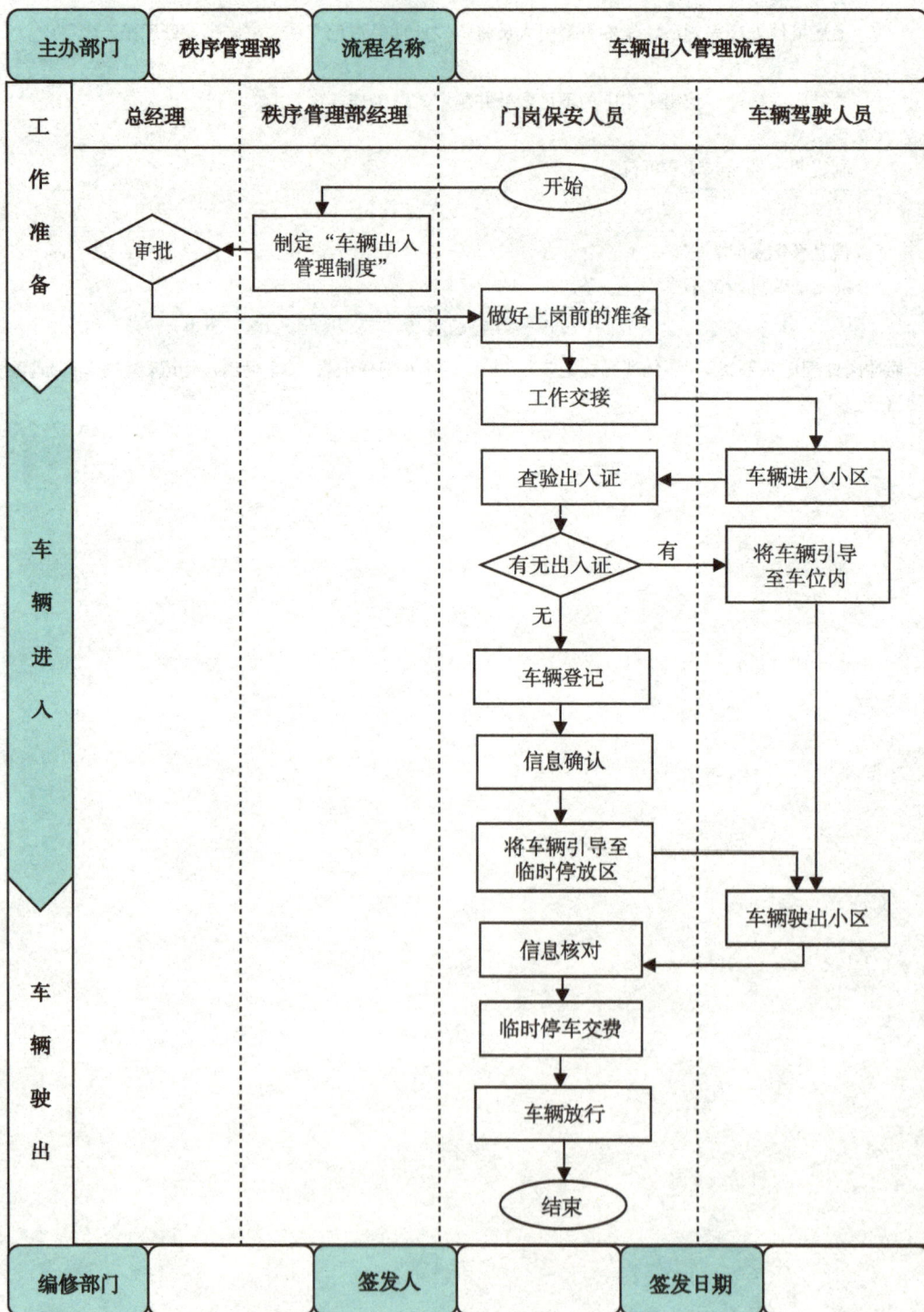

主办部门	秩序管理部	流程名称	车辆出入管理流程

	总经理	秩序管理部经理	门岗保安人员	车辆驾驶人员

工作准备

开始

制定"车辆出入管理制度"

审批

做好上岗前的准备

工作交接

查验出入证 ← 车辆进入小区

车辆进入

有无出入证 —有→ 将车辆引导至车位内

无

车辆登记

信息确认

将车辆引导至临时停放区

车辆驶出小区

信息核对

车辆驶出

临时停车交费

车辆放行

结束

编修部门		签发人		签发日期	

物业管理 流程设计与工作标准

5.4.2　车辆出入管理执行程序、工作标准、考核指标、执行规范

任务名称	执行程序、工作标准与考核指标
工作准备	**执行程序** **1. 做好上岗前的准备** 　接班人员做好上岗准备，按规定着装，携带值勤用品，准时接班。 **2. 工作交接** 　门岗保安人员严格遵守交接班制度，在规定的时间交接班。 **工作重点** 　门岗保安人员因故不能值勤时，必须提前办理请假手续。 **工作标准** 　交班人员应告知本班值班状况，并交代需要继续处理的事项。
车辆进入	**执行程序** **1. 查验出入证** ☆车辆出入本物业公司辖区时，门岗保安人员需查看车辆驾驶人员是否携带车辆出入证及其他证件。 ☆属小区或大厦业主的车辆，刷卡进入，门岗保安人员需通知车库巡逻岗，将车辆引导至停车位。 **2. 车辆登记** 　属临时进入物业公司辖区的车辆，门岗保安人员需登记其信息。 **3. 信息确认** 　根据车辆驾驶人员提供的信息，门岗保安人员需联系相关业主以核实信息。 **工作重点** 　做好登记与信息确认工作。 **工作标准** ☆门岗保安人员需熟悉车辆指引的各种动作。 ☆信息登记清晰、完整。 **考核指标** ☆信息登记的完备性：即所要求的信息都予以登记。 ☆记录的准确性：即内容无差错。
车辆驶出	**执行程序** **1. 车辆驶出小区** 　车辆驶出小区时，门岗保安人员应主动协助业主完成刷卡作业。 **2. 临时停车交费** 　对于临时停车者，门岗保安人员依据物业公司规定的标准向其收取停车费，并对其配合表示感谢。 **3. 车辆放行** 　核对无误后，门岗保安人员开启挡车栏放行。 **工作重点** 　杜绝乱收费。

任务名称	执行程序、工作标准与考核指标
车辆驶出	**工作标准** ☆若临时进出的车辆不按规定交费，门岗保安人员应耐心细致地做好解释工作，避免与车辆驾驶人员发生冲突，情况复杂的话立即报主管处理。 ☆对所有进出物业辖区的车辆进行检查（车窗、轮胎等），并做好记录。 **考核指标** 收费差错次数应控制在____次以内。

执行规范
"车辆出入管理制度""车辆出入登记表""车辆停放登记表""车辆临时停车收费表""固定车位登记表"。

5.5 停车服务流程设计与工作执行

5.5.1 停车服务流程设计

主办部门	秩序管理部	流程名称	停车服务流程

	总经理	秩序管理部	车辆管理岗人员	车辆驾驶人员

前期设计 / 停放服务管理 / 停放收费管理

```
                    开始
                     ↓
    审批  ←——  制定"车辆停放管理制度"
      ↓
      └——————————→  执行制度
                       ↓
                     执勤上岗 ——————→
                       ↑                    ↓
          是        是否有凭证  ←——————  车辆驶入
          |            ↓ 否
          |      发放临时停放凭证
          |            ↓
          └———→  引导车辆入位 ——————→
                                           ↓
                                        车辆驶出
                                           ↓
                     信息核对  ←——————————┘
                       ↓
              收取临时停车费或停车续费告知
                       ↓
                     工作记录
                       ↓
                     结束
```

编修部门		签发人		签发日期	

第 5 章　物业停车服务

5.5.2 停车服务执行程序、工作标准、考核指标、执行规范

任务 名称	执行程序、工作标准与考核指标
前期 设计	<div align="center">执行程序</div>**1. 制定"车辆停放管理制度"** 　　为规范本物业公司辖区的车辆停放管理，秩序管理部需制定完善的"车辆停放管理制度"，并将其提交总经理审批。 **2. 执勤上岗** 　　车辆管理岗人员穿着本公司配发的工作服、佩戴服务牌证，在规定的时间内开始工作。 **工作重点** 　　"车辆停放管理制度"内容完备、可执行性强。 <div align="center">工作标准</div>☆在____个工作日内完成"车辆停放管理制度"的制定工作。 ☆停车场出入口显著位置需标识统一的停车场标志牌、投诉监督电话等信息。 ☆保持停车区域内交通标志、标线清晰和完整，场地整洁，道路畅通。
停放 服务 管理	<div align="center">执行程序</div>**1. 车辆驶入** ☆车辆出入本物业公司辖区时，车辆管理岗人员应查验其是否携带物业公司发放的车辆出入证或 　其他凭证。 ☆进入本物业公司辖区的业主车辆应凭停车场的智能 IC 卡刷卡出入。 **2. 发放临时停放凭证** 　　外来车辆驶入本物业公司辖区停车区域时，车辆管理岗人员需对其信息进行登记，发放"车辆临时停车凭证"，外来车辆凭此证出入物业公司辖区。 **3. 引导车辆入位** 　　停车场管理人员见有车辆驶入停车场时，应迅速指引车辆慢行，并协助车辆驾驶人员将车辆停放在指定的车位处。 **工作重点** 　　注意检查车辆是否载有易燃、易爆等危险物品。 <div align="center">工作标准</div>☆车辆管理岗人员在查验车辆出入证时，应使用礼貌用语。 ☆车辆应按物业公司的规定和要求停放于指定的位置。 ☆所有出入物业公司辖区停车场的车辆，需爱护停车场内的设施设备。
停放 收费 管理	<div align="center">执行程序</div>**1. 信息核对** ☆车辆驶出停车场时，车辆管理岗人员需核对其与之前驶入时登记的信息是否一致。 ☆若发现可疑现象，应及时拦截，并报告秩序管理部主管。 **2. 收取临时停车费或停车续费告知** ☆对于临时停放的车辆，车辆管理岗人员依照本物业公司的规定向其收取车辆停放服务费用。 ☆对于业主的车辆，若车位使用费马上到期，车辆管理岗人员需告知业主，便于业主续费。 **3. 工作记录** 　　车辆管理岗人员需做好当天的工作记录，便于与下一班人员进行工作交接。

任务 名称	执行程序、工作标准与考核指标
停放 收费 管理	**工作重点** 　确保停车收费设施、自动收费停车设施、信息化设备等的正常使用。 **工作标准** ☆严格依照物业公司的停车收费标准收费。 ☆收取停车费后应出具发票。 **考核指标** ☆记录的完备性：即要求记录的内容都登记在内。 ☆收费差错次数应控制在____次以内。
执行规范	
"车辆停放管理制度""车辆出入登记表""停车场车辆进出情况登记表""车辆临时停放凭证""停车管理服务费收取标准""临停车辆收费明细表"。	

5.6 车位租赁流程设计与工作执行

5.6.1 车位租赁流程设计

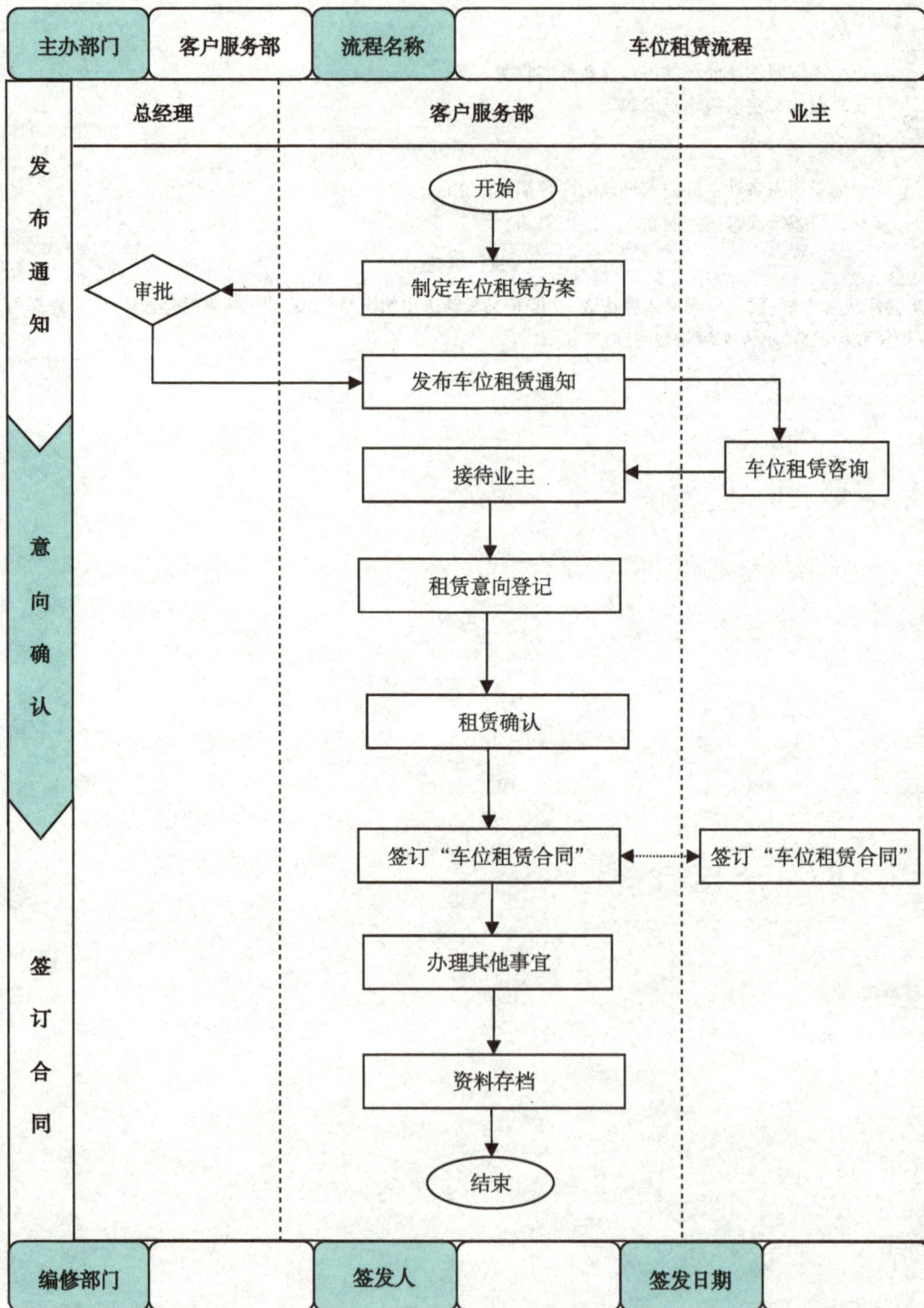

主办部门	客户服务部	流程名称	车位租赁流程

	总经理	客户服务部	业主

发布通知

意向确认

签订合同

```
                         ( 开始 )
                            │
                            ▼
   ◇审批◇ ◄───────  制定车位租赁方案
      │
      └────────►  发布车位租赁通知 ──────────┐
                            │                │
                            ▼                ▼
                       接待业主 ◄───────  车位租赁咨询
                            │
                            ▼
                      租赁意向登记
                            │
                            ▼
                       租赁确认
                            │
                            ▼
              签订"车位租赁合同" ◄┈┈┈┈► 签订"车位租赁合同"
                            │
                            ▼
                      办理其他事宜
                            │
                            ▼
                       资料存档
                            │
                            ▼
                        ( 结束 )
```

编修部门		签发人		签发日期	

5.6.2 车位租赁执行程序、工作标准、考核指标、执行规范

任务名称	执行程序、工作标准与考核指标
发布通知	**执行程序** **1. 制定车位租赁方案** ☆客户服务部制定小区或大厦的车位租赁方案。 ☆车位租赁方案制定完成后提交总经理审批。 **2. 发布车位租赁通知** 　客户服务部通过小区或大厦的公告栏、业主群、电梯处等渠道发布小区或大厦车位租赁通知。 **工作重点** 　车位租赁方案需充分考虑可能出现的问题，并提前制定预防措施。 **工作标准** ☆在＿＿个工作日内完成车位租赁方案的制定工作。 ☆小区或大厦车位租赁通知发布及时、准确。
意向确认	**执行程序** **1. 接待业主** ☆客户服务部工作人员接待前来办理车位租赁的业主。 ☆接待人员应告知业主车位租赁的手续需由业主本人办理。 **2. 租赁意向登记** ☆客户服务部工作人员在办理车位租赁事宜前，应先确认业主的信息。 ☆有车位租赁意向的业主，应至客户服务部填写"车位租赁意向登记表"。 **3. 租赁确认** 　客户服务部工作人员在核对业主的相关信息后，还需查询小区或大厦车位使用现状，确保有空置车位可用于租赁。 **工作重点** 　明确业主的租赁意向。 **工作标准** ☆礼貌地请业主出示相关证件，并核对业主的信息。 ☆及时核对登记的信息，确保内容准确。 **考核指标** ☆接待服务满意度评价：即根据满意度调查结果得出。 ☆信息登记的完整性：即需要登记的信息都有记录。
签订合同	**执行程序** **1. 签订"车位租赁合同"** 　确认业主租赁车位后，客户服务部工作人员指导业主签订"车位租赁合同"，确定车辆、车位信息及租赁期限等内容。 **2. 办理其他事宜** ☆"车位租赁合同"签订后，客户服务部工作人员需要为租赁车位的业主办理车辆出入证。 ☆租赁车位的业主需要依照合同的约定交纳车位使用费。 ☆车位租赁手续办理完成后，客户服务部需要将车位租赁信息及时反馈至秩序管理部。

任务名称	执行程序、工作标准与考核指标
签订合同	**3.资料存档** 客户服务部将业主的车位租赁信息（如"车位租赁合同"）整理存档。 **工作重点** 提醒业主仔细阅读合同内容。 **工作标准** ☆合同签订及时、准确。 ☆"车位出租登记表"应每日更新。 **考核指标** ☆手续办理的规范性：即依照公司的规定办理。 ☆合同签订差错率，应小于____%，其公式如下。 $$合同签订差错率 = \frac{出现差错的合同数}{签订合同的总数量} \times 100\%$$

执行规范
"物业公司收费管理制度""车位租赁意向登记表""车位出租登记表""车位租赁合同""车位租赁协议""车位租赁信息汇总表"。

物业管理 流程设计与工作标准

第6章 业主纠纷调解

6.1 业主纠纷调解服务流程设计

6.1.1 流程设计的目的

在实际生活中，业主与业主之间、业主与租户之间或租户与租户之间会因各种问题发生矛盾，若业主或租户找物业公司投诉，本着邻里和睦的目的，物业公司应出面调解。

面对各种各样的业主或邻里纠纷，为了达到规范化管理的目的，物业公司有必要通过构建规范的流程对物业公司员工的行为进行管理。物业公司对业主之间的纠纷进行流程管理的目的如下。

1. 明确调解工作的步骤、程序。

2. 规范员工的言行举止。

3. 明确工作重点和任务要求，不断提高员工预防和解决纠纷的能力和水平。

6.1.2 流程结构设计

结合物业公司辖区业主纠纷发生频率较高的事件，本章选取了漏水纠纷调解、公共空间占用纠纷调解、高空抛物纠纷调解和打架斗殴事件处理四类纠纷（见图6-1）。

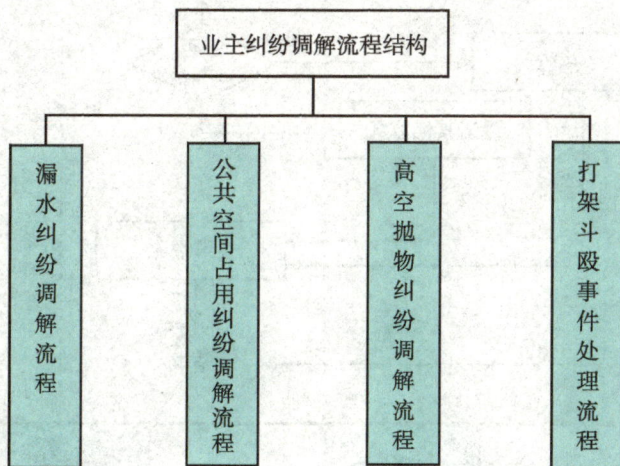

图 6-1 业主纠纷调解流程结构设计

6.2.1 漏水纠纷调解流程设计

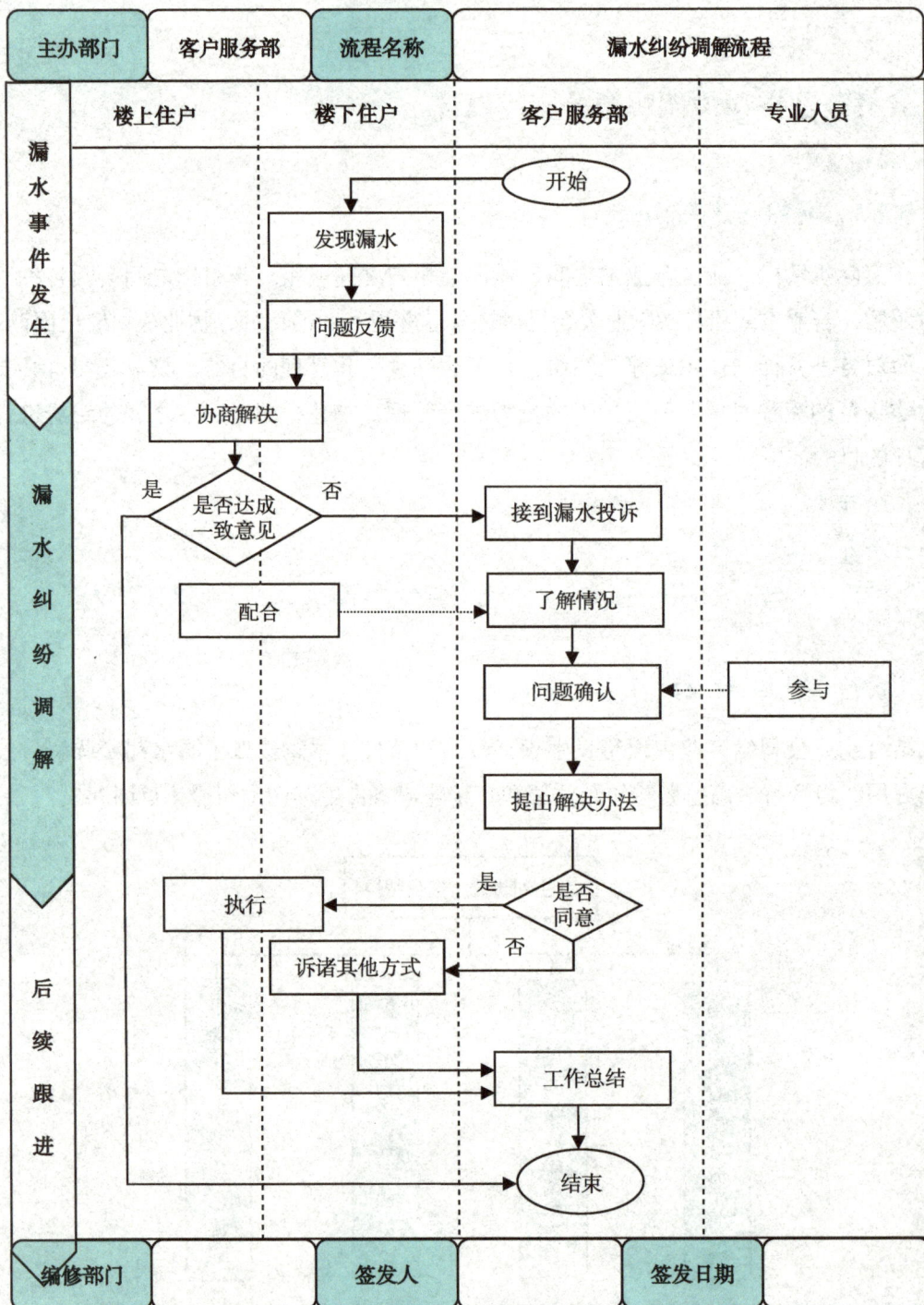

主办部门	客户服务部	流程名称	漏水纠纷调解流程

流程图:

- 主办部门侧栏（竖排）:漏水事件发生 → 漏水纠纷调解 → 后续跟进
- 泳道:楼上住户 | 楼下住户 | 客户服务部 | 专业人员

开始 → 发现漏水 → 问题反馈 → 协商解决 → 是否达成一致意见

- 是 → （返回）
- 否 → 接到漏水投诉 → 了解情况 → 问题确认（专业人员：参与）→ 提出解决办法 → 是否同意
  - 配合
  - 是 → 执行
  - 否 → 诉诸其他方式

→ 工作总结 → 结束

编修部门		签发人		签发日期	

6.2.2 漏水纠纷调解执行程序、工作标准、考核指标、执行规范

任务名称	执行程序、工作标准与考核指标
漏水事件发生	**执行程序**
	1. 发现漏水 　　在发现房屋漏水后，作为受损方的业主一方面收集现场资料，如拍照、录像等；另一方面找楼上的业主进行协商。 **2. 协商解决** 　　若问题不严重，双方协商解决，则事情结束；若未能得到解决，受损方可以向物业公司投诉。 **工作重点** 　　做好因漏水对受损方产生的影响或造成损失证据的收集工作。
	工作标准
	业主行使权利时不得损害其他业主的合法权益。
漏水纠纷调解	**执行程序**
	1. 了解情况 ☆接到投诉后，客户服务部相关人员到双方楼层或家中了解情况。 ☆客户服务部相关人员可通过现场查看、询问等方式了解事件的概况。 **2. 问题确认** 　　了解情况后，确认此次漏水的原因；必要时，请专业的维修人员协助解决。 **3. 提出解决办法** 　　查明漏水原因后，客户服务部根据双方业主的意见，提出解决办法。 **工作重点** 　　明确漏水原因并提出合理的解决办法。
	工作标准
	楼上业主因装修房屋、设备老化、不当用水等造成对楼下业主的侵害，应赔偿受损方的损失。
	考核指标
	反馈及时性：即接到投诉后＿＿＿＿分钟内给予反馈。
后续跟进	**执行程序**
	1. 执行 　　根据沟通的结果，双方采取有效的措施解决漏水问题。 **2. 诉诸其他方式** 　　若双方未能达成一致意见或达成的意见得不到有效落实，受损方可诉诸其他方式，如起诉等。 **工作重点** 　　物业公司应督促责任者尽快采取措施解决漏水问题。
	工作标准
	物业公司应积极配合受损方解决漏水纠纷。
	执行规范
	"投诉记录表""漏水事故报告""事件记录表""工作总结表""回访记录表"。

第 6 章｜业主纠纷调解

6.3.1 公共空间占用纠纷调解流程设计

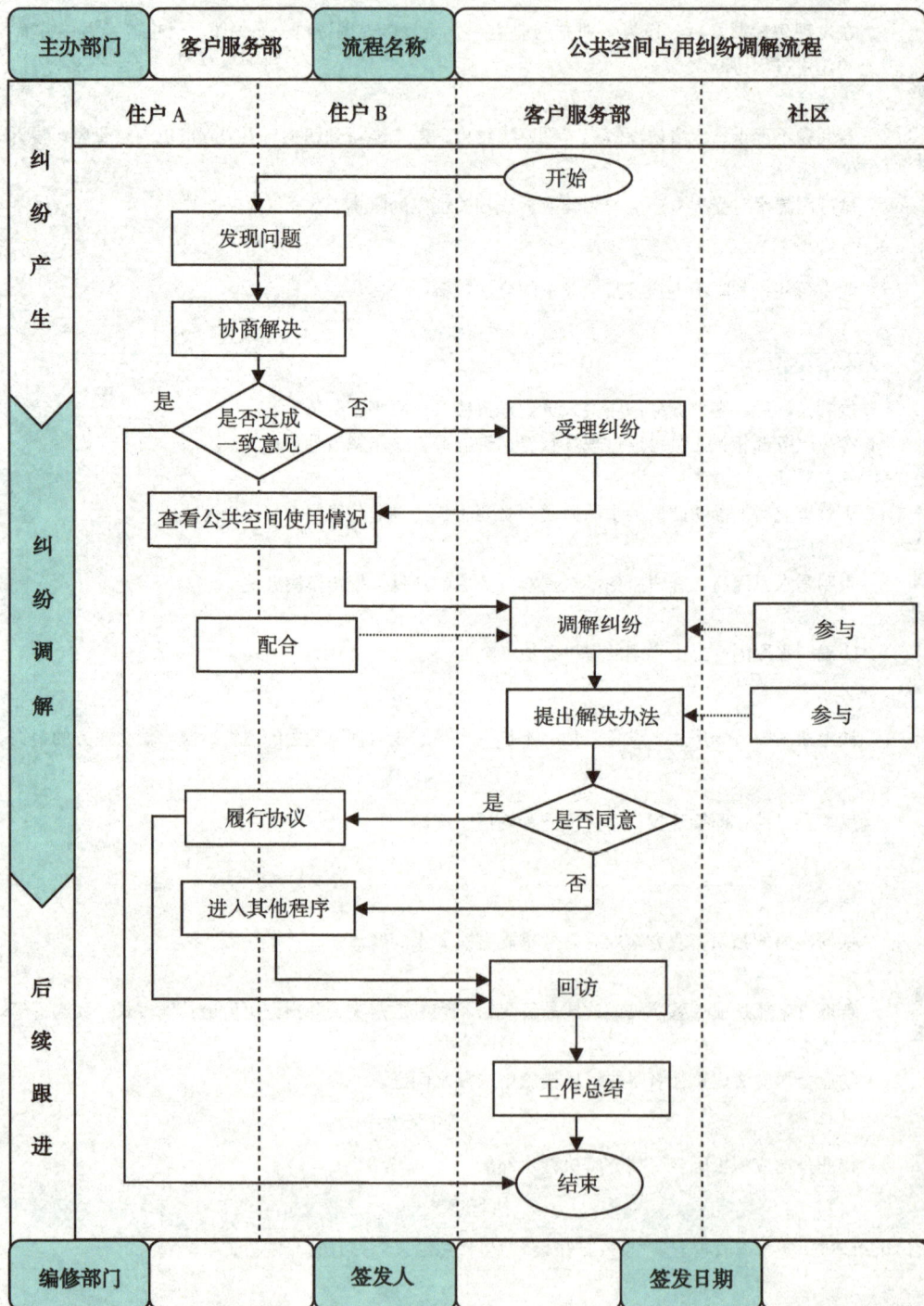

主办部门	客户服务部	流程名称	公共空间占用纠纷调解流程

	住户 A	住户 B	客户服务部	社区

纠纷产生

开始

发现问题

协商解决

是否达成一致意见 是 / 否

受理纠纷

查看公共空间使用情况

纠纷调解

配合 —— 调解纠纷 —— 参与

提出解决办法 —— 参与

是否同意 是 / 否

履行协议

进入其他程序

后续跟进

回访

工作总结

结束

编修部门		签发人		签发日期	

物业管理 流程设计与工作标准

6.3.2　公共空间占用纠纷调解执行程序、工作标准、考核指标、执行规范

任务名称	执行程序、工作标准与考核指标
纠纷产生	**执行程序** **1. 发现问题** 　业主发现公共空间被占用且严重影响自己的工作或生活时，作为受损方的业主一方面收集现场资料，如拍照、录像等；另一方面与占用公共空间的业主进行协商。 **2. 协商解决** ☆若问题不严重，双方协商解决，则事情结束。 ☆若公共空间占用问题未能得到解决，受损方可以向物业公司投诉。 **工作重点** ☆明确被占用的空间是否是业主共有的。 ☆双方分清责任，协商解决纠纷。 **工作标准** ☆业主行使权利时不得损害其他业主的合法权益。 ☆业主、物业公司不得擅自占用公共空间、场地，因占用公共空间给其他业主造成妨碍或损失的，应当停止侵害，排除妨碍，赔偿损失。
纠纷调解	**执行程序** **1. 受理纠纷** ☆客户服务部接到业主的公共空间占用纠纷投诉时，应主动调解纠纷，进行劝解，防止矛盾激化。 ☆客户服务部可通过现场查看、询问等方式了解事件的概况。 **2. 提出解决办法** ☆了解情况后，客户服务部根据双方业主的意见，提出解决办法。 ☆必要时，可请社区人员参与调解纠纷。 **3. 履行协议** ☆双方达成一致意见，占用公共空间的业主及时撤回自己的物品，使公共空间恢复原状。 ☆若给对方造成了损失，根据双方达成的一致意见，占用方赔偿对方损失。 **工作重点** 　化解因公共空间被占用产生的纠纷。 **工作标准** ☆客户服务部应热情接待投诉的业主，做好记录，耐心倾听。 ☆业主应积极配合物业公司对公共空间被占用情况的调查工作。 **考核指标** ☆反馈及时性：即接到投诉后____分钟内给予反馈。 ☆投诉问题解决率，应不低于____%，其公式如下。 $$投诉问题解决率 = \frac{解决的投诉问题数}{投诉问题总数} \times 100\%$$

任务名称	执行程序、工作标准与考核指标
后续跟进	**执行程序** **1.进入其他程序** 　若双方未达成一致意见，或者达成的意见得不到有效落实，受损方可诉诸其他方式（如起诉等），以维护自身的权益。 **2.回访** ☆客户服务部要做好回访工作，及时了解协议的执行情况。 ☆若未达成协议或未执行协议，客户服务部要积极配合维护受损方权益的工作。 **工作重点** 　及时跟进公共空间被占用纠纷的处理情况。 **工作标准** ☆物业公司要及时制止业主占用公共空间的行为。 ☆客户服务部需对纠纷调解工作进行总结，便于日后改进工作。

执行规范
"投诉记录表""业主纠纷调解记录表""事件处理报告""事件记录表""工作总结表""回访记录表"。

物业管理 流程设计与工作标准

6.4 高空抛物纠纷调解流程设计与工作执行

6.4.1 高空抛物纠纷调解流程设计

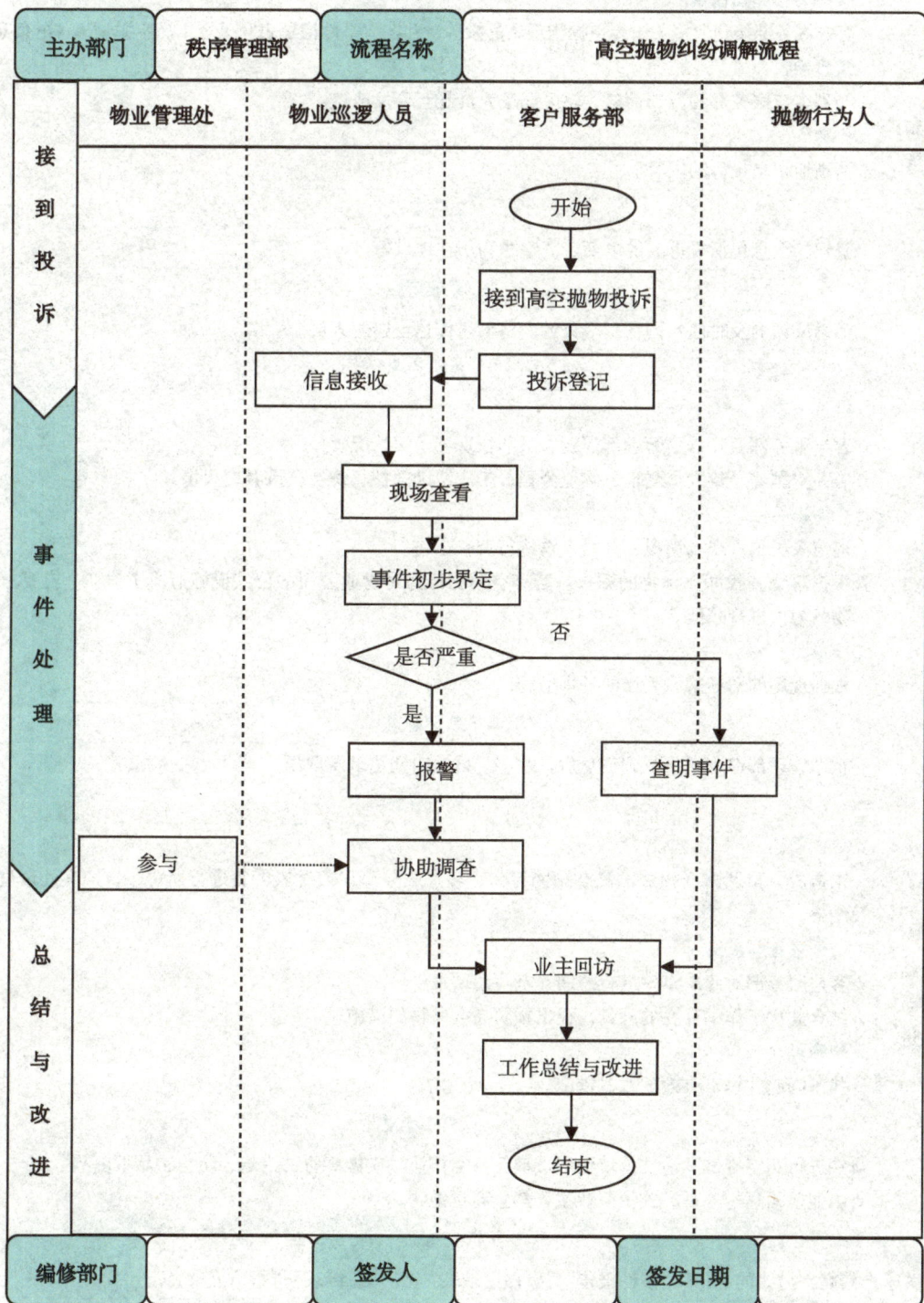

主办部门	秩序管理部	流程名称	高空抛物纠纷调解流程

	物业管理处	物业巡逻人员	客户服务部	抛物行为人

接到投诉

事件处理

总结与改进

```
                                        ┌─────────┐
                                        │  开始   │
                                        └────┬────┘
                                             ↓
                                    ┌──────────────┐
                                    │ 接到高空抛物投诉 │
                                    └──────┬───────┘
                                             ↓
                  ┌──────────┐        ┌──────────┐
                  │  信息接收  │ ←──── │  投诉登记  │
                  └────┬─────┘        └──────────┘
                       ↓
                  ┌──────────┐
                  │  现场查看  │
                  └────┬─────┘
                       ↓
                  ┌──────────┐
                  │ 事件初步界定 │
                  └────┬─────┘
                       ↓                        否
                  ◇是否严重◇ ──────────────────────┐
                       │ 是                          │
                       ↓                             ↓
                  ┌──────────┐        ┌──────────┐
                  │   报警    │        │  查明事件  │
                  └────┬─────┘        └────┬─────┘
      ┌──────┐         ↓                    │
      │ 参与  │┈┈┈→┌──────────┐            │
      └──────┘     │  协助调查  │            │
                   └────┬─────┘            │
                        ↓                   │
                   ┌──────────┐            │
                   │  业主回访  │ ←─────────┘
                   └────┬─────┘
                        ↓
                   ┌──────────────┐
                   │  工作总结与改进  │
                   └──────┬───────┘
                          ↓
                     ┌─────────┐
                     │  结束   │
                     └─────────┘
```

编修部门		签发人		签发日期	

6.4.2　高空抛物纠纷调解执行程序、工作标准、考核指标、执行规范

任务名称	执行程序、工作标准与考核指标
接到投诉	**执行程序** 1. 接到高空抛物投诉 　　客户服务部接到业主关于高空抛物现象的投诉，并在"事件记录表"上登记高空抛物事件的信息。 2. 信息接收 　　接到客户服务部的反馈信息，辖区巡逻人员赶至事发地点。 **工作重点** 　　清晰地记录投诉的内容。 **工作标准** 　　登记的信息包括投诉人的电话、高空抛物所在地点等。 **考核指标** 　　信息反馈的及时性：即在＿＿分钟内将信息传达至巡逻人员。
事件处理	**执行程序** 1. 现场查看 ☆客户服务部通知秩序管理部巡逻人员前往现场了解情况。 ☆若高空抛物导致人员受伤，物业公司员工应协助救护，情节严重者应报警。 2. 查明事件 ☆巡逻人员记录现场情况，并对事情进行调查走访。 ☆根据落物查找高空抛物的源头。若高空抛物行为对物业公司的公共设施造成了损坏，应要求抛物行为人进行赔偿。 **工作重点** 　　根据现场的情形采取妥当的处理措施。 **工作标准** 　　秩序管理部巡逻人员收到信息后，在＿＿分钟内到达事发现场。
总结与改进	**执行程序** 1. 业主回访 　　未造成人员及财产损失的高空抛物行为，客户服务部当天对投诉者进行回访，告知其处理过程及结果。 2. 工作总结与改进 ☆客户服务部对此次事件进行总结并撰写总结报告。 ☆结合此次工作中存在的问题，提出预防高空抛物的措施。 **工作重点** 　　找出问题并提出有效的改进措施。 **工作标准** ☆在进行高空维修、清洗外墙面和玻璃等高空作业时应做好防护措施，防止物品不慎坠落。 ☆物业公司通过各种方式提醒业主，禁止高空抛物。
执行规范	"关于严禁高空抛物的通知""事件报告""事件记录表""工作总结表""回访记录表"。

物业管理 流程设计与工作标准

6.5 打架斗殴事件处理流程设计与工作执行

6.5.1 打架斗殴事件处理流程设计

主办部门	秩序管理部	流程名称	打架斗殴事件处理流程

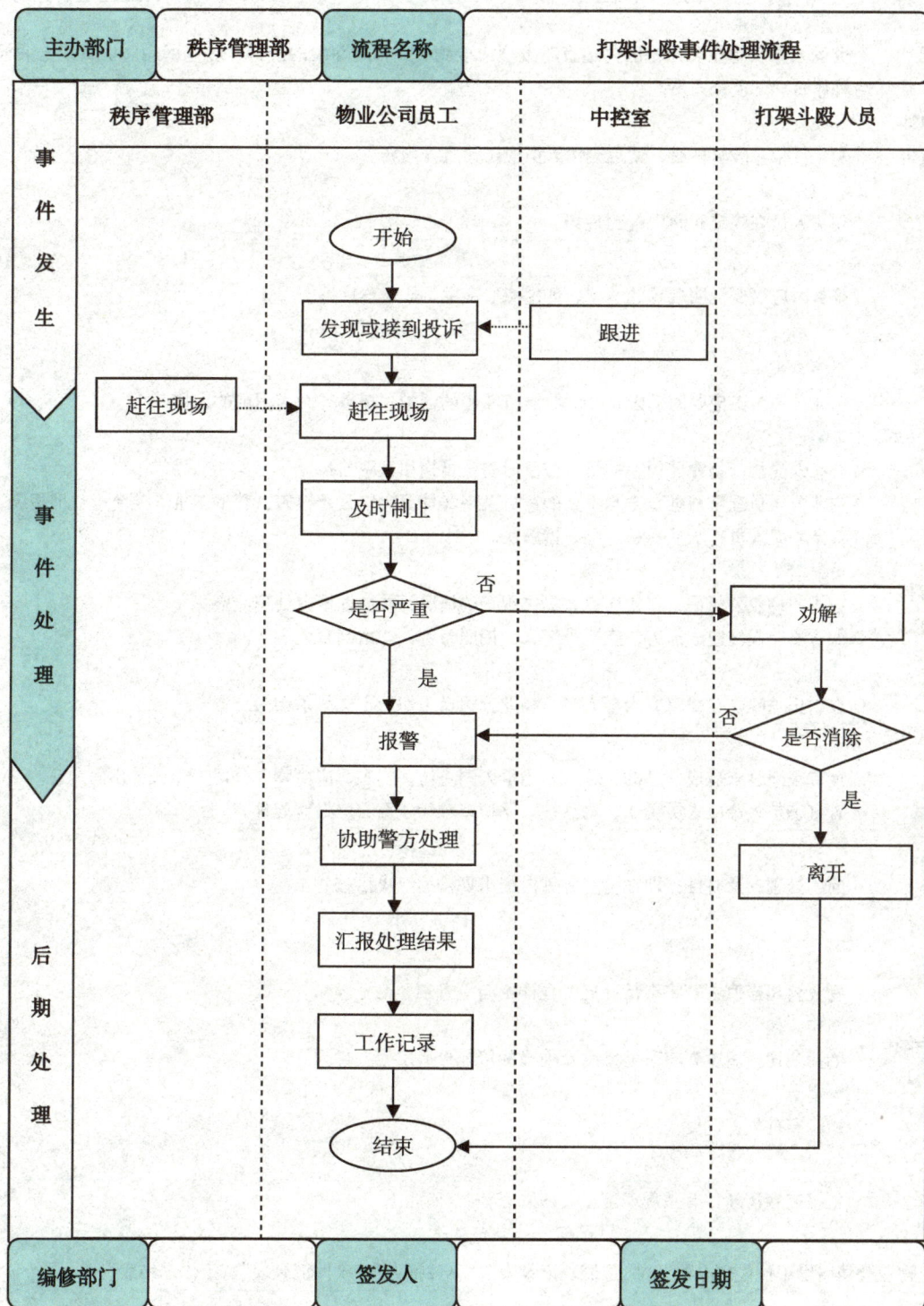

编修部门		签发人		签发日期	

6.5.2 打架斗殴事件处理执行程序、工作标准、考核指标、执行规范

任务 名称	执行程序、工作标准与考核指标
事件 发生	**执行程序** **1. 发现或接到投诉** 　巡逻人员在物业公司辖区内巡查时发现或接到有人打架斗殴的投诉，应立即用对讲机或电话报告秩序管理部值班人员。 **2. 赶往现场** 　发生打架斗殴事件后，就近当值人员应迅速赶往现场。 **工作重点** 　相关人员在规定时间内赶到现场。 **工作标准** 　报告时应简要说明现场的情况，如地点、人数、斗殴程度等。
事件 处理	**执行程序** **1. 及时制止** 　物业公司员工应及时劝阻打斗，收缴打斗用的器械，疏散并劝离围观的人群。 **2. 劝解** ☆若有人受伤，物业公司相关员工应及时将伤员送往医院治疗。 ☆物业公司员工可根据双方当事人的意见及现场情况决定是否报警，若事态难以控制应立即报警。 ☆打架斗殴人员若听从劝解，则事情解决。 **3. 协助警方处理** ☆在场的物业公司员工如实向警方提供现场的情况，并协助警方处理此事。 ☆如对物业设施造成损害，应记录下来，拍照备查，并由当事人签字。 **工作重点** 　在制止争吵、斗殴双方当事人时，物业公司员工切记不能恶语相向。 **工作标准** ☆情节轻微且未造成伤害的，若双方当事人同意协商解决，应由物业公司工作人员出面调解。 ☆若事态扩大造成人员受伤、物品被毁等情节较为严重，应报警处理。 **考核指标** 　问题处理的及时性：即在____分钟内提出妥善的解决措施。
后期 处理	**执行程序** **1. 汇报处理结果** 　物业公司当值主管将事情处理过程详细向主管领导汇报。 **2. 工作记录** 　物业公司当值主管将事件发生及处理的情况形成书面文件。 **工作重点** 　跟踪事件处理进度。 **工作标准** 　汇报内容清晰，有条理；记录的内容完整、准确。
执行规范	
"物业公司突发事件处理办法""岗位值班记录表""事件报告""事件记录表""工作总结表"。	

7.1　物业费收取管理流程设计

7.1.1　流程设计的目的

物业公司向业主提供服务时，应当按照规定收取物业费，并向业主说明服务项目、收费标准等信息。与物业费有关的问题涉及物业费收取、物业费催缴等。

对物业费收取这一模块的工作进行流程设计的目的如下。

1. 规范物业服务收费行为，提高物业服务收费的透明度。

2. 明确双方的权利与义务，维护业主和物业公司的合法权益。

3. 促进物业费收缴工作有序进行，确保物业服务工作的有序开展。

7.1.2　流程结构设计

围绕物业费收取工作中的重点与难点，本章选取了三个重点环节进行流程设计，具体内容如图 7-1 所示。

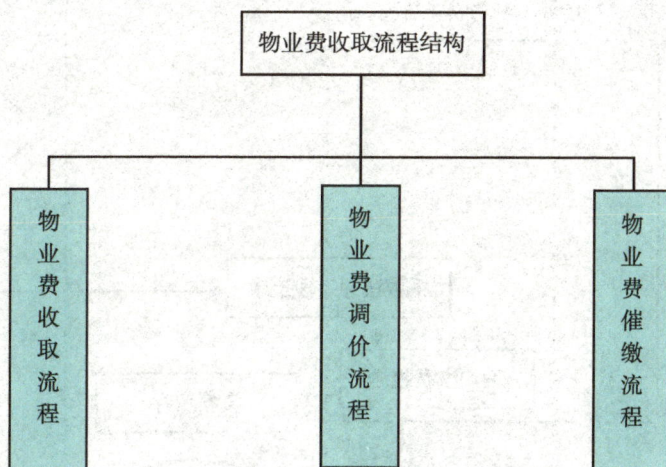

图 7-1　物业费收取流程结构设计

7.2 物业费收取流程设计与工作执行

7.2.1 物业费收取流程设计

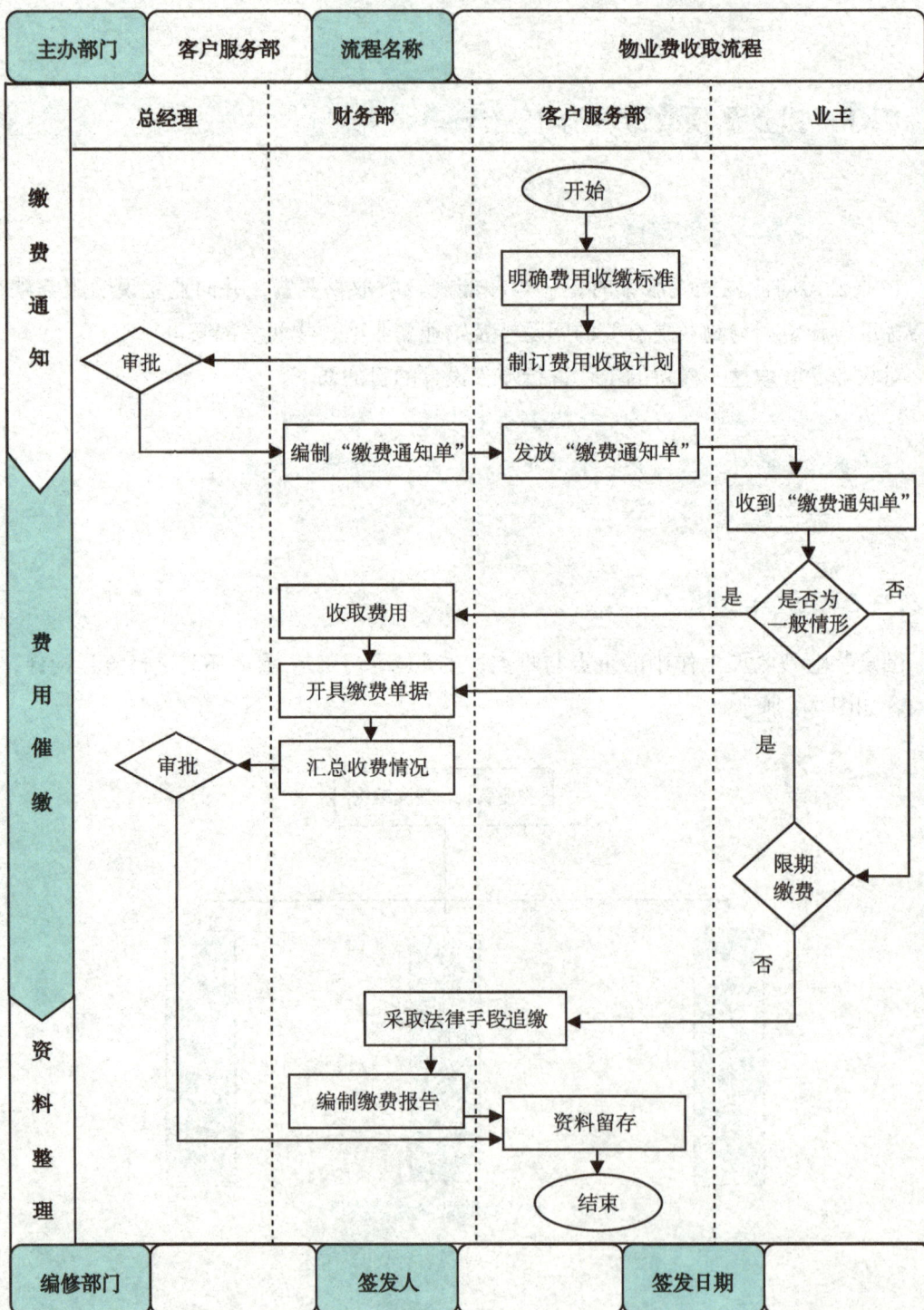

主办部门	客户服务部	流程名称	物业费收取流程

	总经理	财务部	客户服务部	业主

缴费通知

开始
↓
明确费用收缴标准
↓
制订费用收取计划 → 审批
↓
审批 → 编制"缴费通知单" → 发放"缴费通知单"
↓
收到"缴费通知单"
↓
是否为一般情形（是/否）

费用催缴

收取费用 ← 是
↓
开具缴费单据
↓
汇总收费情况 → 审批
↓
限期缴费（是/否）
↓
采取法律手段追缴

资料整理

编制缴费报告 → 资料留存
↓
结束

编修部门	签发人	签发日期

物业管理 流程设计与工作标准

148

7.2.2 物业费收取执行程序、工作标准、考核指标、执行规范

任务 名称	执行程序、工作标准与考核指标
缴费 通知	**执行程序** **1.制订费用收取计划** 客户服务部在每次收取物业费的前一个月制订费用收取计划。 **2.编制"缴费通知单"** 财务部于开始收费前的____日前编制"缴费通知单",并将其提交至客户服务部。 **3.发放"缴费通知单"** 物业公司于每季度首月____日向业主发出"缴费通知单",业主依照管理费账单上注明的缴费日期及金额缴费。 **工作重点** 业主若对收取的物业费有疑问,物业公司需对其收费标准、开销情况等向业主进行详细的说明。 **工作标准** 物业公司应严格履行"物业服务协议",为业主提供质价相符的服务。
费用 催缴	**执行程序** **1.收到"缴费通知单"** 业主收到"缴费通知单"后,在通知单上注明的期限内去客户服务部交物业费。 **2.汇总收费情况** 财务部根据收费情况编制物业费收取情况汇总表,并将其提交总经理审批。 **3.限期缴费** 针对收到"缴费通知单"未交费的业主,客户服务部限业主____日内交物业费。 **4.采取法律手段追缴** 逾期____日不交物业费者,物业公司将采取法律手段进行追缴。 **工作重点** 避免出现因配套设施不完善(如线上缴费系统故障、服务不到位)等原因影响物业费的收取。 **工作标准** 客户服务人员应于____日内完成物业费的催缴工作。 **考核指标** 票据开具的准确性:即无错误之处。
资料 整理	**执行程序** **1.编制缴费报告** 财务部定期编制物业费收取报告。 **2.资料留存** 客户服务部将账单、收费单等有关凭证分别收入业主资料袋。 **工作重点** 根据收费情况,提出合理的有利于催缴的措施。 **工作标准** 于每月____日前完成物业费收取报告的编制工作,并保管好业主的缴费信息。
执行规范	
"物业服务收费管理办法""物业服务协议""缴费通知单"。	

第 7 章 | 物业费收取

7.3 物业费调价流程设计与工作执行

7.3.1 物业费调价流程设计

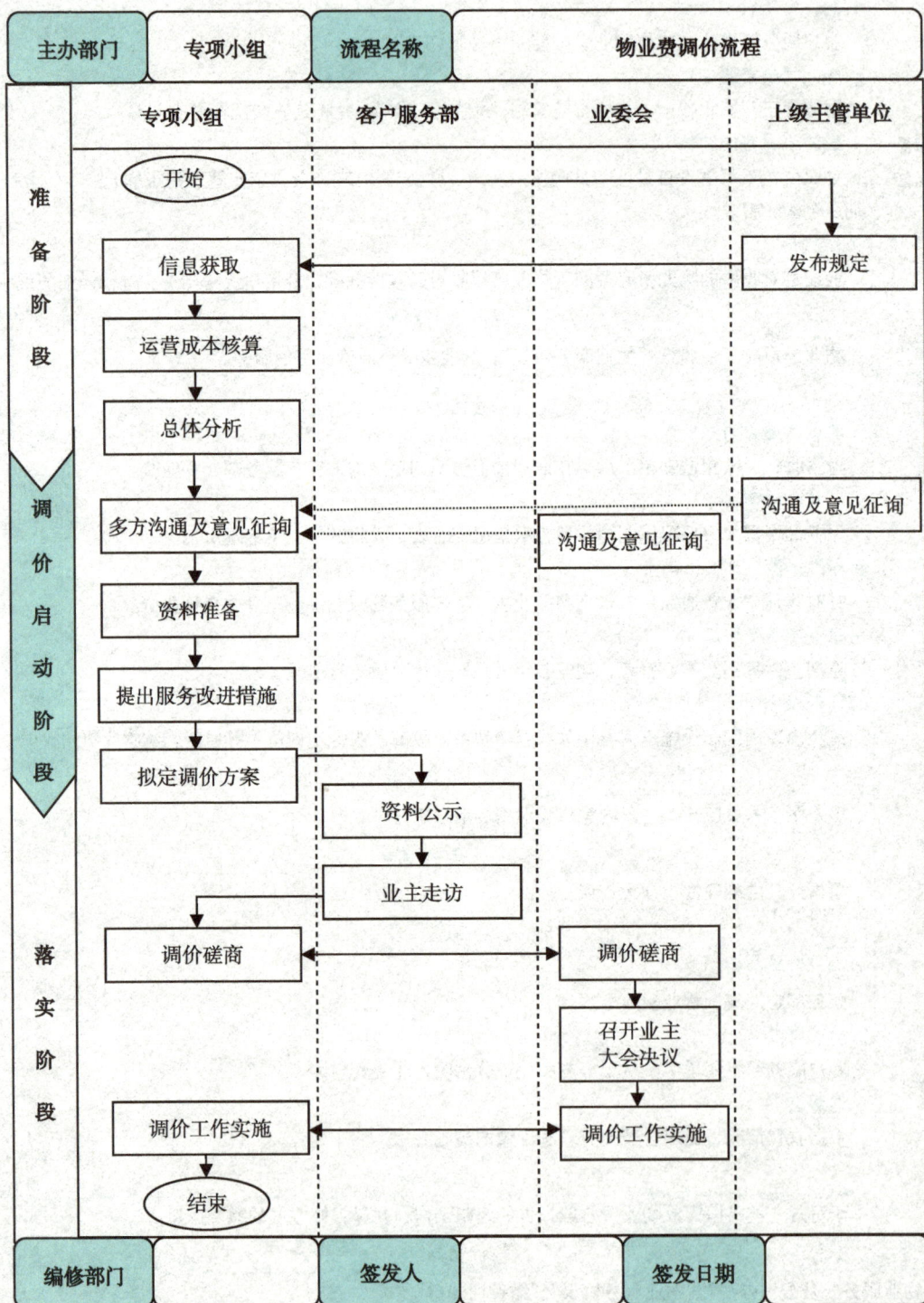

主办部门	专项小组	流程名称	物业费调价流程

	专项小组	客户服务部	业委会	上级主管单位
准备阶段	开始 → 信息获取 → 运营成本核算 → 总体分析			发布规定
调价启动阶段	多方沟通及意见征询 → 资料准备 → 提出服务改进措施 → 拟定调价方案	沟通及意见征询	沟通及意见征询	沟通及意见征询
落实阶段	调价磋商 → 调价工作实施 → 结束	资料公示 → 业主走访	调价磋商 → 召开业主大会决议 → 调价工作实施	

编修部门		签发人		签发日期	

7.3.2　物业费调价执行程序、工作标准、考核指标、执行规范

任务名称	执行程序、工作标准与考核指标
准备阶段	**执行程序** **1. 信息获取** ☆物业公司需要了解当地关于物业服务费用管理的规定，并按照规定行事。 ☆由物业公司领导牵头，各业务部门负责人组成专项小组，主导物业费调价的实施工作。 **2. 运营成本核算** 专项小组仔细核算物业公司的年度运营成本，评估当前的物业费能否满足运营要求。 **3. 总体分析** 专项小组需要对年度运营成本进行分析，分析工作需要从公司和业主两个方面进行。 **工作重点** 物业费的调价应符合相关规定。 **工作标准** 对物业公司的分析包括提供的服务如何、是否符合行业规定、是否符合合同约定等。对业主的分析则包括业主缴费意愿、业主缴费能力、业主满意度等。 **考核指标** ☆核算的及时性：即在规定时间内完成。 ☆核算的准确性：即核算结果无差错。
调价启动阶段	**执行程序** **1. 多方沟通及意见征询** 物业费拟调价期间，物业公司专项小组应与主管部门、业委会沟通，并积极听取对方的意见。 **2. 资料准备** 专项小组应整理出"物业服务成本控制举措""物业服务成本增长情况"等一系列资料，便于向业委会及业主公示。 **3. 提出服务改进措施** 通过对公司整体运营情况的分析及与其他主体沟通时反馈的问题，物业公司着手改进工作中的不足之处，并提出有针对性的改进措施。 **工作重点** 在调价期间对每个环节的工作均清晰记录。 **工作标准** ☆拟定的调价方案的内容包括调费背景分析、项目经营状况与业主满意度分析、拟调整的物业费单价测算结果及定价建议、品质提升方案等。 ☆制定的调价方案，还需做好分工，列好计划，责任到人。
落实阶段	**执行程序** **1. 资料公示** ☆在小区或大厦内公示物业费调价的有关资料。 ☆发布即将上调物业费的通知。

任务名称	执行程序、工作标准与考核指标
落实阶段	**2. 业主走访** ☆就物业费调价的理由、幅度、实施阶段等与业主进行沟通。 ☆记录业主反馈的意见和建议。 **3. 调价磋商** 　根据业主的意见，专项小组就物业费调价事宜同业委会磋商。 **4. 召开业主大会决议** 　各方对物业费调价磋商达成一致意见，业委会将磋商结果及重新拟定的"物业服务协议"提交业主大会表决。 **5. 调价工作实施** 　业主大会表决通过并公示后，物业公司与业主签订补充协议或者重新签订"物业服务协议"，执行新的物业费收取标准。 **工作重点** 　采取分组、分区域的形式对业主进行全覆盖式的拜访，收集业主的反馈意见。

工作标准
公示的资料包括物业管理行业的现状调查情况、本小区或大厦物业服务费收支情况等。

执行规范
"物业服务成本控制举措""物业服务成本增长情况""物业服务费调价方案""物业服务协议"。

7.4 物业费催缴流程设计与工作执行

7.4.1 物业费催缴流程设计

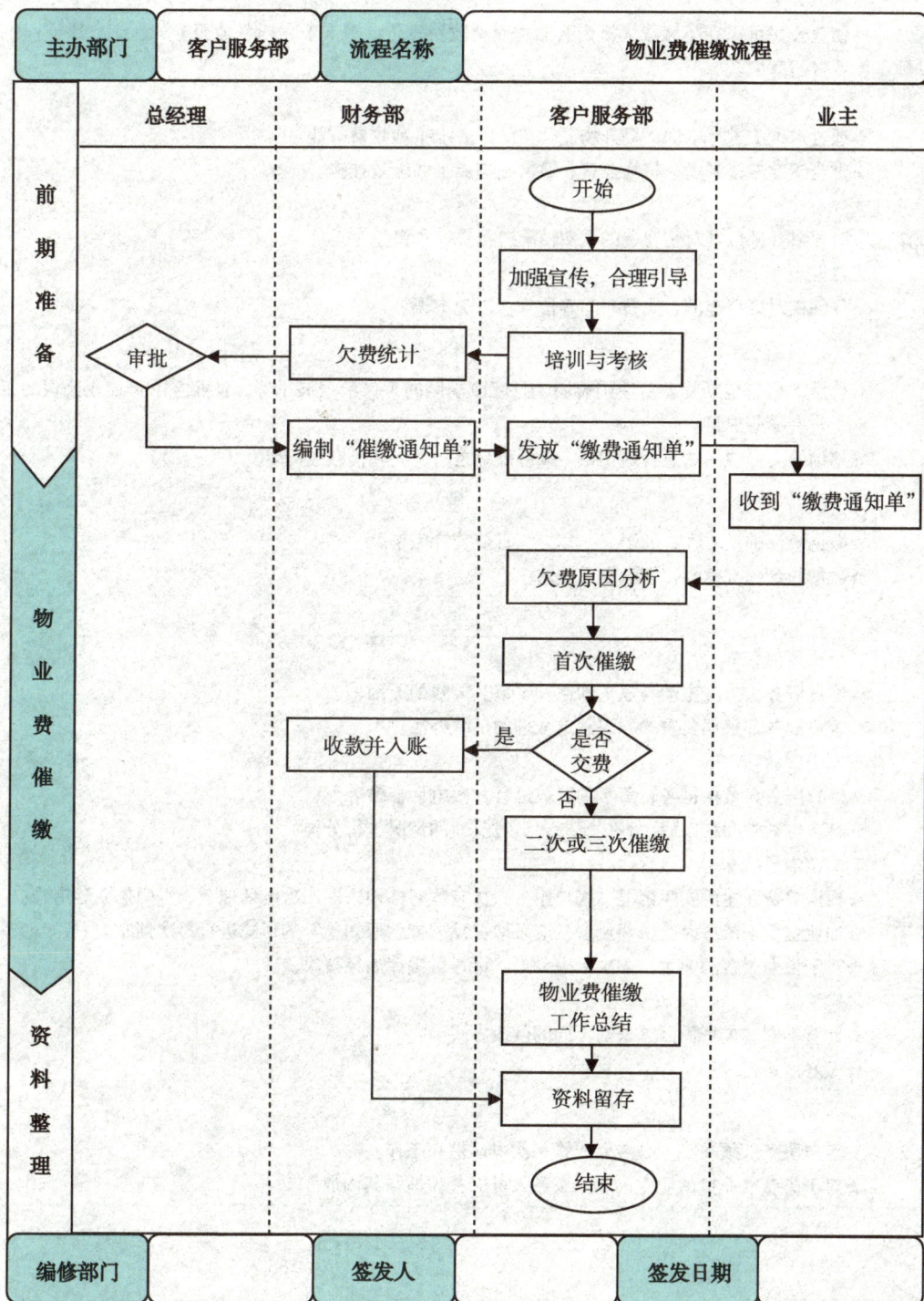

主办部门	客户服务部	流程名称	物业费催缴流程	
	总经理	财务部	客户服务部	业主

前期准备

开始

加强宣传，合理引导

培训与考核 ← 欠费统计 ← 审批

编制"催缴通知单" → 发放"缴费通知单"

收到"缴费通知单"

物业费催缴

欠费原因分析

首次催缴

收款并入账 ← 是 ← 是否交费

否

二次或三次催缴

物业费催缴工作总结

资料整理

资料留存

结束

编修部门		签发人		签发日期	

7.4.2 物业费催缴执行程序、工作标准、考核指标、执行规范

任务名称	执行程序、工作标准与考核指标
前期准备	**执行程序** **1.加强宣传，合理引导** 　　物业公司可以在小区或大厦内张贴物业费收费宣传，提高业主对物业服务的认识，增强业主交物业费的意识。 **2.培训与考核** ☆通过对员工进行培训，提升物业公司的服务水平和收费技能。 ☆健全绩效考核制度，将物业费收缴情况与员工的绩效挂钩。 **3.欠费统计** 　　公司财务部负责对物业费的欠费情况进行统计和汇总。 **工作重点** 　　仔细核对欠费金额、欠费时间等信息，以免有误。 **工作标准** ☆公示的内容包括物业费使用说明、月度或季度的工作汇报展示等，让业主了解物业公司的服务工作有哪些成果。 ☆培训的内容包括物业管理知识、投诉处理技巧、欠款催缴技巧等。 **考核指标** ☆数据统计的及时性：即于＿＿月＿＿日前统计完毕。 ☆数据统计的准确性：即数据无差错。
物业费催缴	**执行程序** **1.欠费原因分析** ☆客户服务人员应主动与业主沟通，了解其欠费的原因。 ☆客户服务部根据欠费的原因制定合理的催缴办法。 **2.首次催缴** ☆客户服务人员根据各自负责的区域进行首次电话催缴。 ☆首次电话催缴结束后，客户服务人员对反馈的情况进行分类。 **3.二次或三次催缴** ☆根据欠费业主的实际情况，客户服务人员有针对性地采取二次电话催缴、上门催缴等措施。 ☆如业主仍未能按时交纳物业费，应采取派发"催款通知单"的形式进行再次催缴。 ☆对于长期欠费的业主，多次催缴无果，可通过法律途径解决。 **工作重点** ☆针对不同的欠费原因，采取不同的催缴方式。 ☆做好催缴记录。 **工作标准** ☆客户服务部须在＿＿日内完成第一次电话催缴工作。 ☆对于欠缴物业费的业主，客户服务人员应礼貌地与其沟通。

（续）

任务 名称	执行程序、工作标准与考核指标
物业费 催缴	**考核指标** 此项工作的考核指标为物业费收缴率，应达到____%，其公式如下。 $$物业费收缴率 = \frac{已收金额}{应收金额} \times 100\%$$
资料 整理	**执行程序** **1. 物业费催缴工作总结** 　客户服务部对过去一阶段的物业费催缴工作进行总结，分析收费难的主要原因，并制订有效的改进计划。 **2. 资料留存** 　客户服务部将账单、收费单等相关凭证分别收入业主的资料袋。 **工作重点** 　提出合理且有利于催缴的措施。 **工作标准** ☆在____日内完成总结报告的编制工作。 ☆业主缴费的资料保管完好。
执行规范	
"缴费通知单""催缴通知单""物业费催缴记录表""二次催缴通知书"。	

第 7 章 物业费收取

第❽章 物业设备管理

8.1 物业设备管理流程设计

8.1.1 流程设计的目的

物业设备是指附属于房屋建筑的各类设备的总称，它是发挥物业功能和实现物业价值的物质基础和必要条件。物业设备管理主要指物业公司的工程管理人员正确使用、保养与维修设备，使之保持最佳的运行状态，从而为业主提供一个舒适、安全的环境。

企业对物业设备管理工作进行流程设计的目的如下。

1. 规范对物业设备的管理，充分发挥设备的使用功能，降低物业公司的管理运营成本。
2. 不断提升物业公司的技术水平与管理水平。

8.1.2 流程结构设计

不同的物业设备有不同的特点，因此物业设备管理的范围和内容也各不相同。本章从设备运行的角度，采用递进式的关系构建了一套流程体系，具体内容如图 8-1 所示。

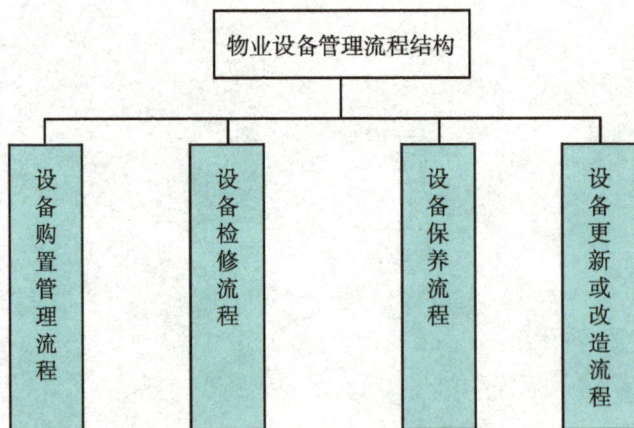

图 8-1　物业设备管理流程结构设计

8.2　设备购置管理流程设计与工作执行

8.2.1　设备购置管理流程设计

主办部门	工程部	流程名称	设备购置管理流程

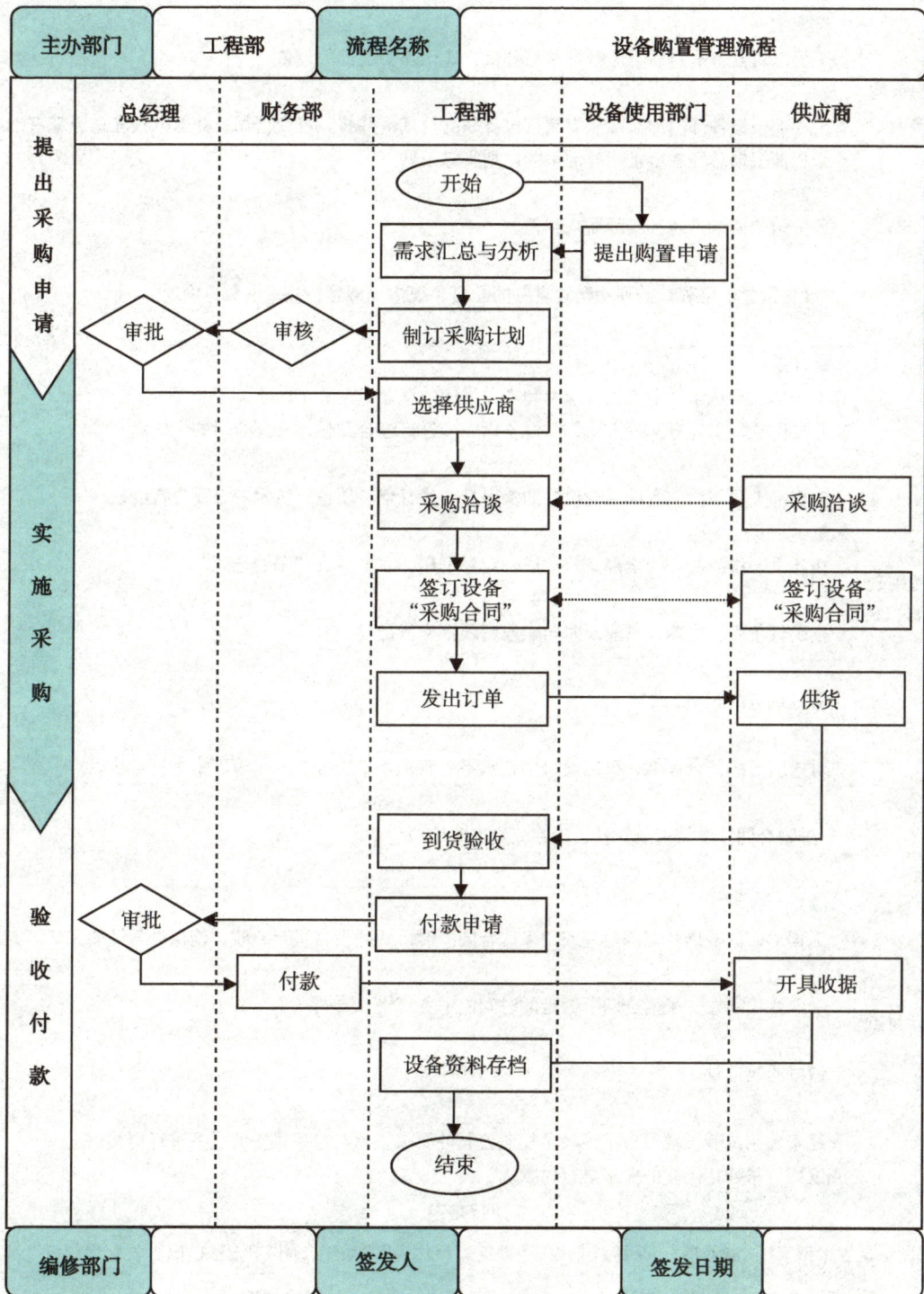

编修部门	签发人	签发日期

8.2.2 设备购置管理执行程序、工作标准、考核指标、执行规范

任务名称	执行程序、工作标准与考核指标
提出采购申请	**执行程序**
	1.提出购置申请 设备使用部门根据实际工作需要提出设备购置申请，并将"设备购置申请表"提交至工程部。 **2.需求汇总与分析** 工程部对设备购置需求进行汇总与分析，确认需要购置的设备。 **3.制订采购计划** ☆工程部根据各部门的实际需要制订设备采购计划，并将其提交公司财务部审核和总经理审批。 ☆工程部根据总经理审批通过的采购计划实施采购。 **工作重点** 分析请购需求是否和实际需求相符。
	工作标准
	"设备购置申请表"需列明购置设备的品名、规格、型号、技术参数等内容。
实施采购	**执行程序**
	1.选择供应商 ☆工程部人员从市场上收集供应商和产品供应信息。 ☆通过沟通、实地考察等方式，对设备供应商进行综合评估，选择合适的供应商。 **2.采购洽谈** 工程部人员与供应商就采购设备的价格、交货日期、质量、技术等方面进行洽谈。 **3.签订设备"采购合同"** 在就采购作业所需的全部条款达成一致意见后，双方签订"采购合同"。 **4.发出订单** 发出订单后，采购人员应及时向供应商跟催交货进度。 **工作重点** 做好供应商评估工作。
	工作标准
	对供应商的综合评估，可以通过生产水平、管理水平、服务水平等因素进行考核。
	考核指标
	"采购合同"签订的及时性：即在规定的时间内完成。
验收付款	**执行程序**
	1.到货验收 工程部人员根据"请购单"或"采购合同"对采购的设备进行验收，确保设备性能完好。 **2.付款** 采购款项须按"采购合同"约定的时间由财务部统一支付。 **工作重点** 做好验收记录。
	工作标准
	☆经安装调试若发现设备不能满足物业公司的要求，须与设备供应商联系进行更换。 ☆依照"采购合同"的要求进行付款。
	执行规范
	"设备购置申请表""请购单""采购计划表""供应商评估表""采购合同""设备检修验收管理制度"。

8.3.1　设备检修流程设计

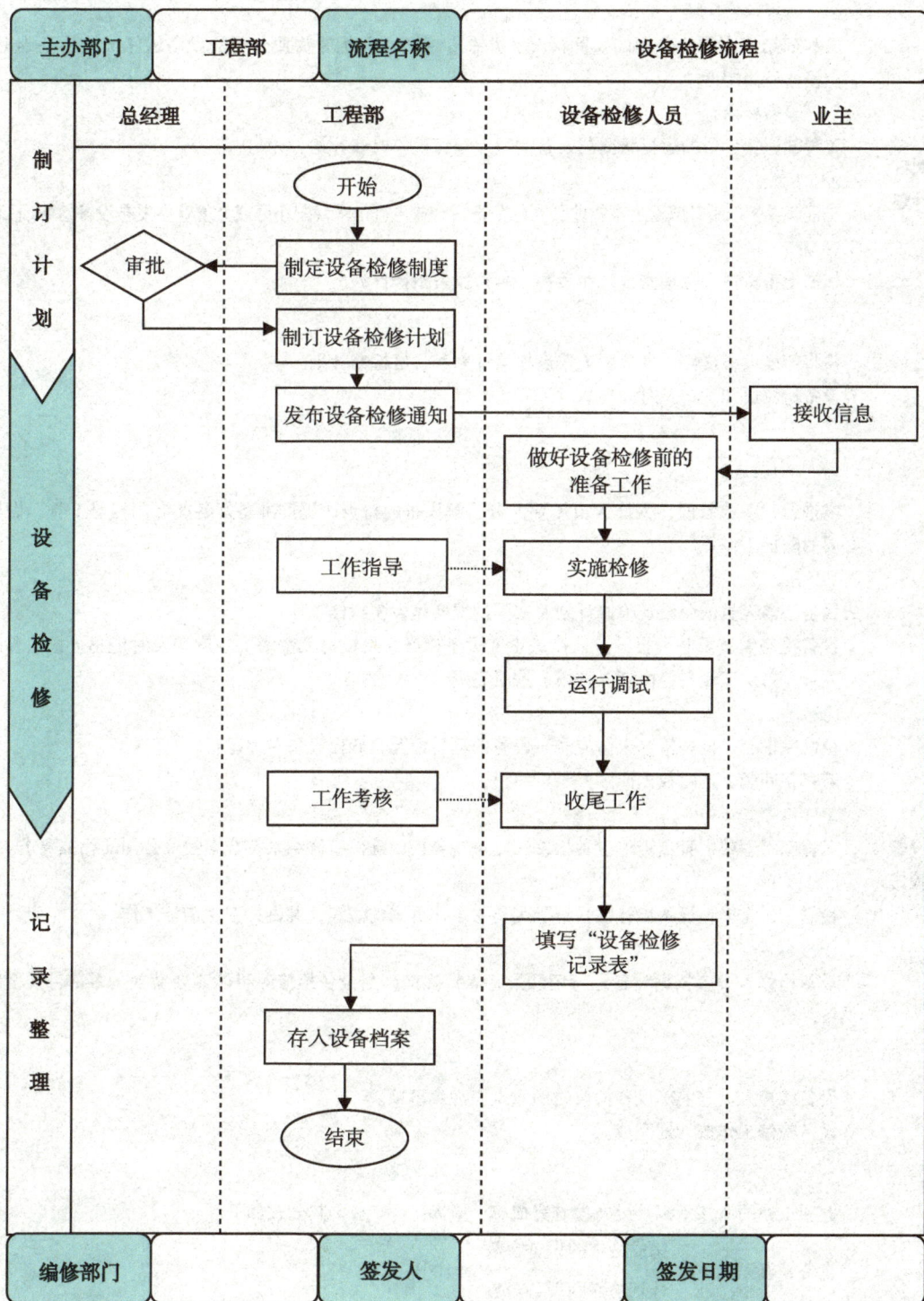

主办部门	工程部	流程名称	设备检修流程

	总经理	工程部	设备检修人员	业主
制订计划		开始		
	审批	制定设备检修制度		
		制订设备检修计划		
		发布设备检修通知		接收信息
设备检修			做好设备检修前的准备工作	
	工作指导		实施检修	
			运行调试	
	工作考核		收尾工作	
记录整理			填写"设备检修记录表"	
		存入设备档案		
		结束		

编修部门		签发人		签发日期	

8.3.2 设备检修执行程序、工作标准、考核指标、执行规范

任务名称	执行程序、工作标准与考核指标
制订计划	**执行程序** **1.制定设备检修制度** 　　工程部结合本物业公司的实际情况，并在参考同行业优秀物业公司的设备检修经验的基础上，制定设备检修制度。 **2.制订设备检修计划** 　　工程部根据设备的运行状况与设备的特点制订设备检修计划。 **3.发布设备检修通知** 　　工程部或客户服务部通过本物业公司的公告栏、业主群等平台向小区或大厦业主发布设备检修通知。 **工作重点** 　　根据设备特性，合理安排工作负荷，制订设备检修计划。 **工作标准** ☆需将年度设备检修计划分解为季度检修计划和月度检修计划。 ☆设备检修通知发布及时。
设备检修	**执行程序** **1.做好设备检修前的准备工作** 　　在进行设备检修前，检修人员需要充分了解设备的特点，提前准备好各类专用检修工具，做好必要的防护工作等。 **2.实施检修** ☆设备检修人员依照设备检修计划及实际情况实施设备检修工作。 ☆设备检修人员及时上报设备检修进度及设备检修结果，对无法解决的问题及时汇总上报工程部主管，以保证设备检修任务按质、按时完成。 **3.运行调试** ☆检修完毕后，设备检修人员应测试设备的运转情况，确保设备有序运行。 ☆若存在问题，及时找出原因并予以解决。 **4.工作考核** 　　工程部经理或主管负责对设备检修工作进行考核，确保检修结果符合本物业公司的相关要求。 **5.收尾工作** 　　检修工作完毕，设备检修人员清除因检修工作拆卸的垃圾，并做好卫生清洁工作。 **工作重点** 　　设备检修人员应根据设备运行记录及特点，提前判断设备检修时可能需要替换的零部件并及时储备。 **工作标准** ☆设备维检人员需明确设备检修时的重点与注意事项。 ☆设备检修工作按计划完成。 **考核指标** 　　此项工作的考核指标是设备检修完成率，应高于____%，其公式如下。 $$设备检修完成率 = \frac{完成检修的设备台数}{计划检修的设备台数} \times 100\%$$

（续）

任务 名称	执行程序、工作标准与考核指标
记录 整理	**执行程序** **1.填写"设备检修记录表"** 　设备检修人员根据检修计划及其执行情况，填写"设备检修记录表"。 **2.存入设备档案** 　工程部做好设备检修资料的存档工作。 **工作重点** 　按要求填写"设备检修记录表"。 **工作标准** 设备检修资料完整、无缺失。
执行规范	
"设备检修规程""设备检修实施细则""设备检修计划表""设备运行记录""设备检修记录表"。	

8.4.1 设备保养流程设计

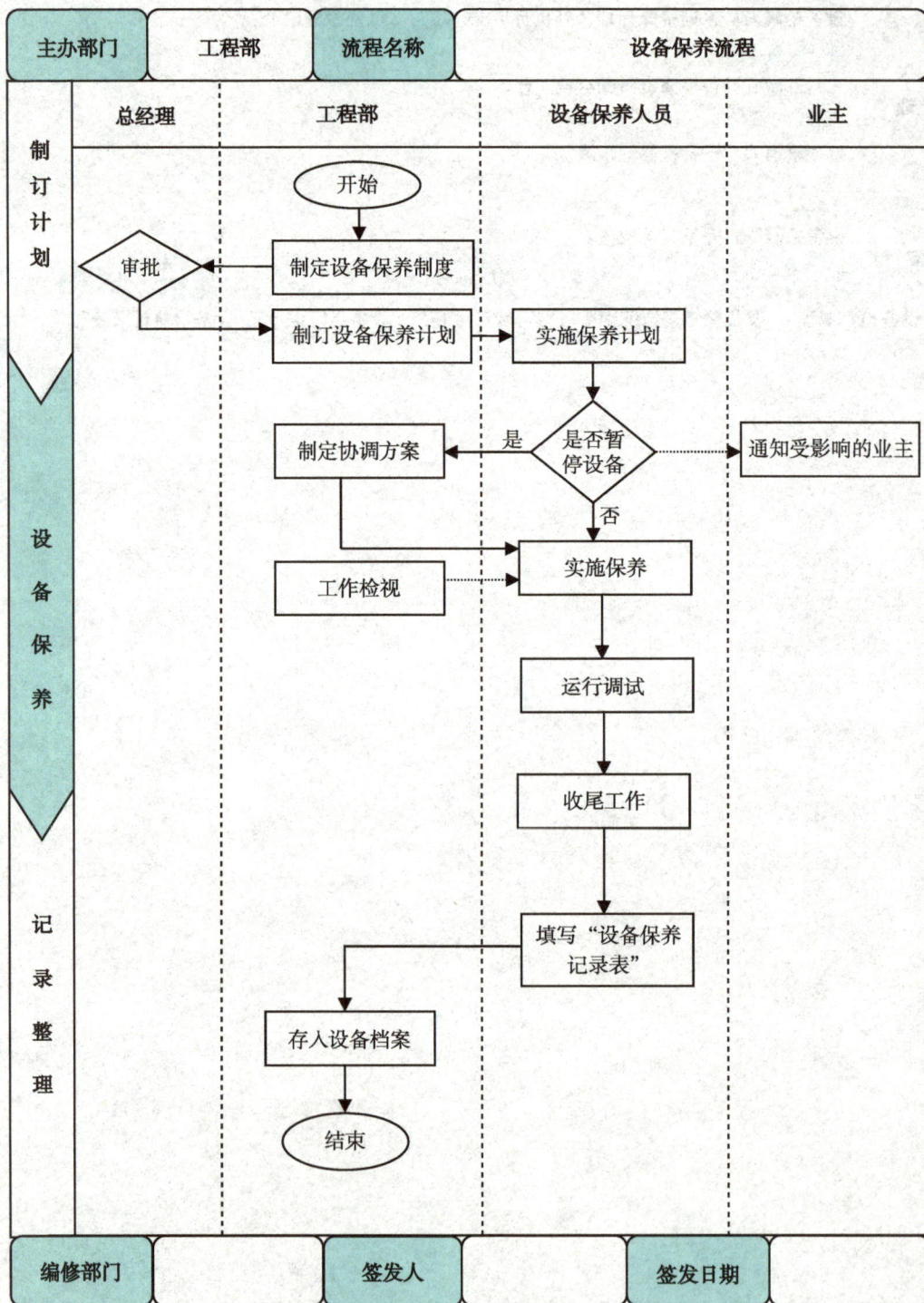

主办部门	工程部	流程名称	设备保养流程

	总经理	工程部	设备保养人员	业主

制订计划

开始

制定设备保养制度

审批

制订设备保养计划 → 实施保养计划

设备保养

制定协调方案 ← 是 — 是否暂停设备 ┈┈ 通知受影响的业主

否

工作检视 ┈┈ 实施保养

运行调试

收尾工作

填写"设备保养记录表"

记录整理

存入设备档案

结束

编修部门		签发人		签发日期	

8.4.2　设备保养执行程序、工作标准、考核指标、执行规范

任务名称	执行程序、工作标准与考核指标
制订计划	**执行程序** **1. 制定设备保养制度** 　　工程部结合本物业公司的实际情况，并在参考同行业优秀物业公司设备保养经验的基础上，制定设备保养制度。 **2. 制订设备保养计划** 　　工程部制订设备保养计划，并将设备的保养工作落实到具体的工作人员。 **工作重点** 　　制订的计划要符合本物业公司的实际情况，此外还要制作"设备保养记录表"。 **工作标准** ☆设备保养制度需对设备保养要求与标准进行明确的说明。 ☆保养计划分为年度保养计划、季度保养计划和月度保养计划。
设备保养	**执行程序** **1. 实施保养计划** ☆设备保养人员根据制订的保养计划，做好保养前的准备工作。 ☆若设备因保养需要暂停工作，工程部人员需事先通知受影响的业主，并制定协调方案，尽可能地减少对业主的影响。 **2. 实施保养** 　　设备保养人员根据保养计划与要求，做好设备的保养工作。 **3. 运行调试** ☆设备保养人员根据保养后设备的运转情况，检查和判断设备的保养效果。 ☆若存在问题，及时找出原因并予以解决。 **4. 工作检视** 　　工程部主管应不定时巡视设备保养情况，对重要设备的保养情况进行检查。 **5. 收尾工作** 　　保养工作完毕，设备保养人员清除因保养工作产生的垃圾，并做好卫生清洁工作。 **工作重点** 　　严格执行设备保养制度，若保养过程中发现问题应及时处理。 **工作标准** ☆若更换零部件需要提前说明。 ☆设备保养后要进行调试，确保运行正常后再投入使用。 **考核指标** 　　此项工作的考核指标为设备保养完成率，应高于____%，其公式如下。 $$设备保养完成率 = \frac{完成保养的设备台数}{设备总台数} \times 100\%$$

任务 名称	执行程序、工作标准与考核指标
记录 整理	**执行程序** **1.填写"设备保养记录表"** 　设备保养人员根据保养计划及执行情况填写"设备保养记录表"。 **2.存入设备档案** 　工程部做好设备保养资料的存档工作。 **工作重点** 　及时将"设备保养记录表"提交至主管。 **工作标准** "设备保养记录表"填写清晰、完整。
执行规范	
"设备保养规程""设备保养实施细则""设备保养计划表""设备运行记录""设备保养记录表"。	

8.5 设备更新或改造流程设计与工作执行

8.5.1 设备更新或改造流程设计

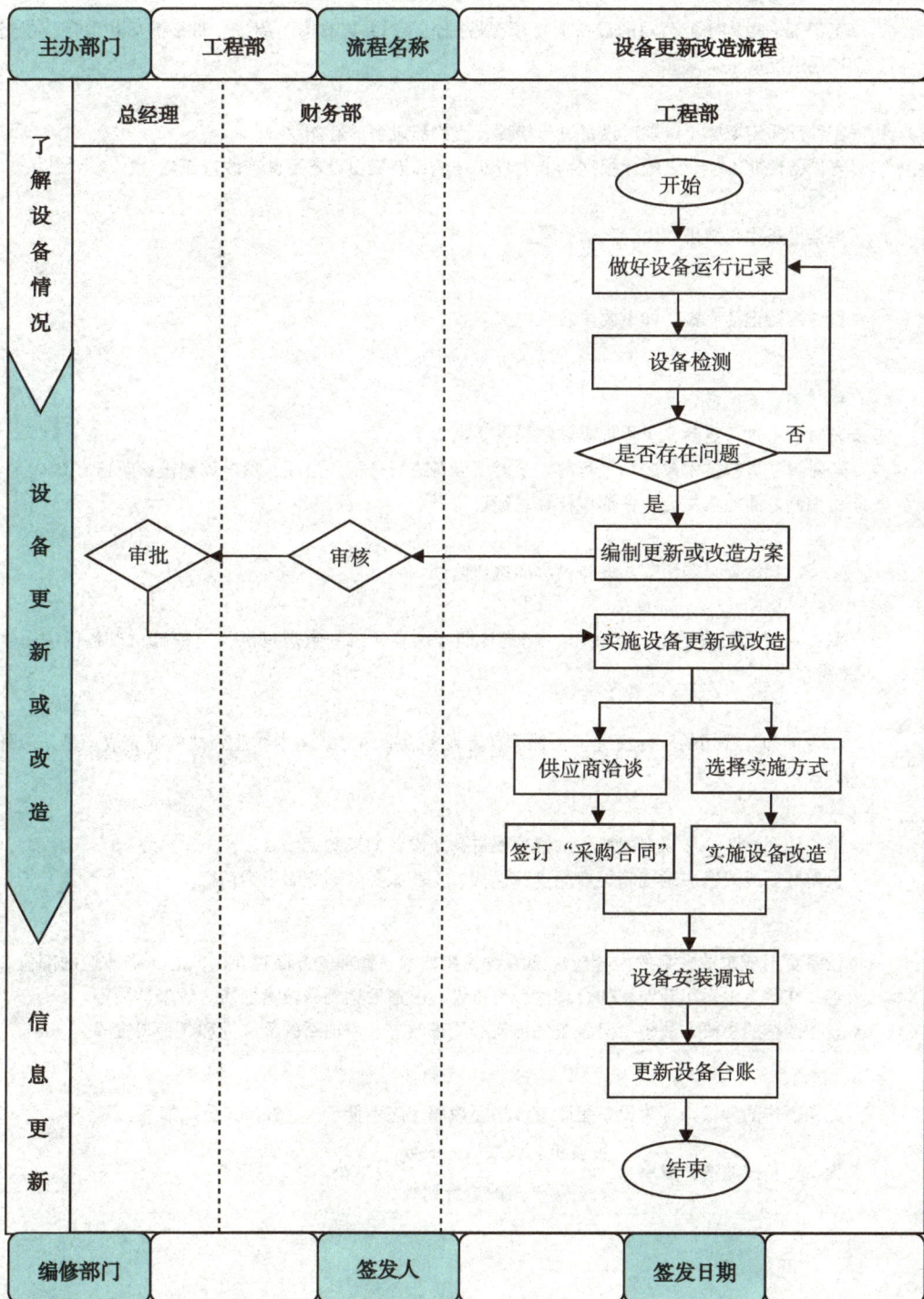

主办部门	工程部	流程名称	设备更新改造流程

	总经理	财务部	工程部

了解设备情况

开始

做好设备运行记录

设备检测

是否存在问题 — 否

是

编制更新或改造方案 → 审核 → 审批

设备更新或改造

实施设备更新或改造

供应商洽谈 / 选择实施方式

签订"采购合同" / 实施设备改造

设备安装调试

更新设备台账

信息更新

结束

编修部门		签发人		签发日期	

第 8 章 物业设备管理

8.5.2 设备更新或改造执行程序、工作标准、考核指标、执行规范

任务 名称	执行程序、工作标准与考核指标
了解 设备 情况	**执行程序** **1. 做好设备运行记录** 　　工程部需对本物业公司的设备运行情况做好记录，并以日志、周报、月报的形式保存设备运行和使用情况的记录。 **2. 设备检测** ☆工程部需定期或不定期对设备进行检测，以判断设备的性能状况。 ☆若设备性能不佳，工程部根据物业管理工作的需要提出设备更新或改造需求。 **工作重点** 　　根据设备检测结果做出合理的决策。 **工作标准** 　　设备运行记录完整：即重要内容无缺失。
设备 更新 或 改造	**执行程序** **1. 编制更新或改造方案** ☆若对设备进行更新，工程部需编制设备更新方案。 ☆若对设备进行技术改造，工程部先要对原设备进行分析、论证，然再编制设备改造方案。 ☆将编制好的方案提交财务部审核和总经理审批。 **2. 供应商洽谈** 　　工程部就设备采购事宜与设备供应商进行洽谈。 **3. 签订"采购合同"** 　　双方对采购设备的型号、价格、交货日期等内容达成一致意见后，工程部与设备供应商签订"采购合同"。 **4. 选择实施方式** 　　结合本物业公司的实际情况，工程部确定设备改造的方式是本物业公司内部完成还是采取外包的方式。 **工作重点** ☆严格依照物业公司规定的设备购置流程进行新设备的采购工作。 ☆设备更新或改造应围绕满足产品更新换代、提高服务效率等需求为目标。 **工作标准** ☆设备更新或改造方案的内容应包括原设备在技术、管理等方面存在的问题，需改造的部位和内容，在改造中运用新技术的合理性和可行性，改造后达到的技术性能，效果预测等。 ☆设备改造的主要方法包括对设备的结构做局部改进、添加新的零部件和各种装置等。 **考核指标** 　　此项工作的考核指标为设备更新或改造完成率，应不低于____%，其公式如下。 $$设备更新或改造完成率 = \frac{设备更新或改造完成数}{设备更新或改造计划数} \times 100\%$$

物业管理流程设计与工作标准

任务 名称	执行程序、工作标准与考核指标
信息 更新	**执行程序** ☆无论采取何种处理方式，工程部均应及时更新设备台账。 ☆工程部应及时将更新的设备台账信息反馈至财务部。 **工作重点** 　确保账物一致。 **工作标准** ☆设备台账更新及时：即在规定时间内完成。 ☆设备台账数据准确。 **考核指标** 　设备台账出错次数应少于＿＿次。
执行规范	
"设备更新改造管理办法""设备运行记录表""设备检查记录表""设备更新改造申请报告""采购合同""设备更新计划""设备改造外包协议书"。	

第 9 章　工程维保服务

9.1　工程维保服务流程设计

9.1.1　流程设计的目的

物业设备种类繁多，涉及面广，为保障业主的利益及设备操作人员的安全，物业公司需要制定工程维保的有关规定，此举的目的如下。

1. 规范维保人员的工作流程，确保工程维保工作过程中无安全责任事故。

2. 提高物业设备的完好率。

3. 确保物业设备有序运行，提升业主的满意度。

9.1.2　流程结构设计

物业的设备包括排水系统、电器系统等，各个系统中又拥有不同的设备，物业工程维保人员需要对这些设备进行维护与保养。本章对这些细分设备管理流程进行了设计，具体内容如图 9-1 所示。

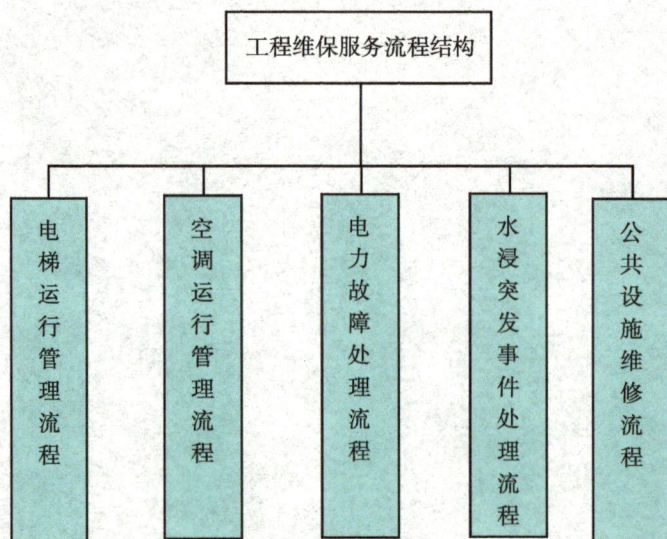

```
              工程维保服务流程结构
    ┌──────┬──────┬──────┬──────┬──────┐
  电梯运   空调运   电力故   水浸突   公共设
  行管理   行管理   障处理   发事件   施维修
  流程     流程     流程     处理     流程
                            流程
```

图 9-1　工程维保服务流程结构设计

9.2 电梯运行管理流程设计与工作执行

9.2.1 电梯运行管理流程设计

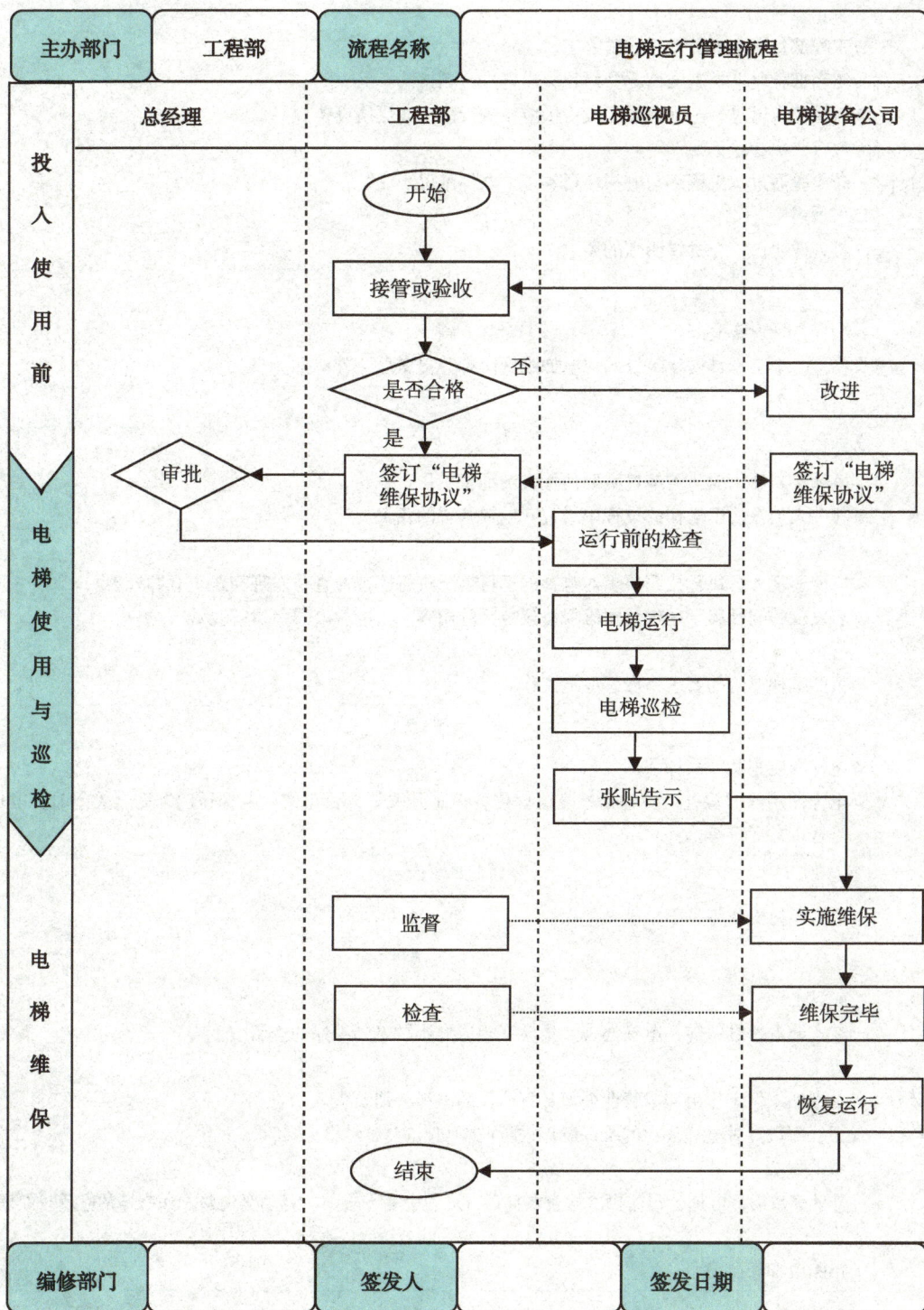

主办部门	工程部	流程名称	电梯运行管理流程

	总经理	工程部	电梯巡视员	电梯设备公司

投入使用前

电梯使用与巡检

电梯维保

开始

接管或验收

是否合格 —— 否 —— 改进

是

审批 ← 签订"电梯维保协议" ← 签订"电梯维保协议"

运行前的检查

电梯运行

电梯巡检

张贴告示

监督 ----> 实施维保

检查 ----> 维保完毕

恢复运行

结束

编修部门		签发人		签发日期	

9.2.2　电梯运行管理执行程序、工作标准、考核指标、执行规范

任务 名称	执行程序、工作标准与考核指标
投入 使用前	**执行程序** **1.接管或验收** ☆工程部负责电梯的接管或验收工作。 ☆工程部检验电梯安装情况并对相关设备进行测试。 ☆若检验未通过，工程部要求设备供应商进行改进或更换设备。 **2.签订"电梯维保协议"** 　若检验通过，工程部与电梯公司签订"电梯维保协议"。 **工作重点** 　签订的协议符合责权明晰的要求。 **工作标准** ☆确保电梯设备完好。 ☆在＿＿个工作日内将签订的"电梯维保协议"提交总经理审批。
电梯 使用 与 巡检	**执行程序** **1.电梯运行** ☆电梯投入使用前，需经过必要的检查和准备工作。 ☆相关人员在使用电梯的过程中需遵守电梯管理的相关规定。 **2.电梯巡检** ☆电梯巡视人员每日按照要求对电梯的运行情况进行巡视检查，发现问题应立即处理。 ☆若发现的问题属于电梯公司维保协议范围的内容，由电梯公司负责解决。 **工作重点** 　依照电梯巡检的要求，做好巡检工作。 **工作标准** ☆电梯内应张贴"乘梯须知"。 ☆电梯使用前的检查工作包括检查电梯内各控制开关等是否正常；电梯轿门未完全关闭时，电梯 　是否正常运行等。 **考核指标** 　电梯巡检次数每月不少于＿＿次。
电梯 维保	**执行程序** **1.张贴告示** 　在实施电梯维保前，电梯巡视人员应在相应处张贴电梯维保的告示。 **2.实施维保** ☆电梯的维保工作由与本物业公司签订协议的电梯公司负责。 ☆工程部负责对电梯公司的维保工作进行监督与检查。 **3.维保完毕** 　作业完成后，电梯公司需再次检查电梯运行过程中有无振动、晃动等现象，如有异常应及时处理。 **工作重点** 　消除电梯安全隐患。

任务名称	执行程序、工作标准与考核指标
电梯维保	**工作标准** ☆工程部负责制定电梯的维保规程、维修和保养计划，督促做好电梯周保、月保、半年保及年保工作。 ☆"电梯维保记录表"一式两份，工程部签字后交给物业公司一份，另一份由电梯公司带回存档。 **考核指标** ☆服务及时性：即在规定的时间内响应客户的服务需求。 ☆检修完成率，应高于____%，其公式如下。 $$检修完成率 = \frac{实际完成的检修次数}{计划完成的检修次数} \times 100\%$$
执行规范	
"电梯管理制度""电梯维保协议""乘梯须知""电梯巡检操作流程""电梯巡检记录表""电梯维保计划""电梯维保记录表"。	

第 9 章 工程维保服务

9.3 空调运行管理流程设计与工作执行

9.3.1 空调运行管理流程设计

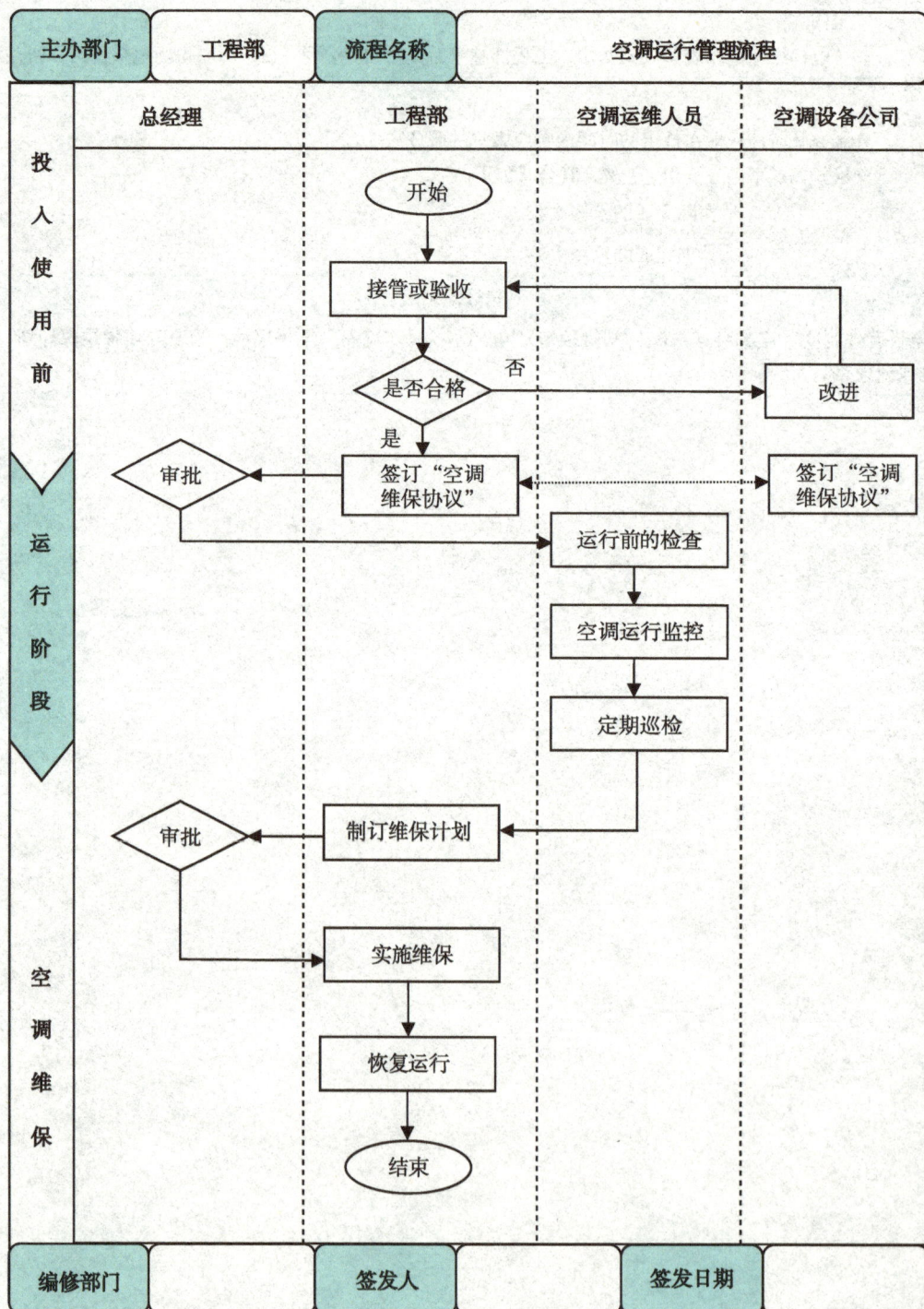

主办部门	工程部	流程名称	空调运行管理流程

	总经理	工程部	空调运维人员	空调设备公司

投入使用前

运行阶段

空调维保

开始

接管或验收

是否合格 —否→ 改进

是

审批 ← 签订"空调维保协议" 签订"空调维保协议"

运行前的检查

空调运行监控

定期巡检

审批 ← 制订维保计划

实施维保

恢复运行

结束

编修部门		签发人		签发日期	

9.3.2 空调运行管理执行程序、工作标准、考核指标、执行规范

任务名称	执行程序、工作标准与考核指标
投入使用前	**执行程序** **1.接管或验收** ☆工程部负责空调的接管或验收工作。 ☆工程部检验空调安装情况并对相关设备进行测试。 ☆若检验未通过，工程部要求设备供应商进行改进或更换设备。 **2.签订"空调维保协议"** 　若检验通过，工程部与空调公司签订"空调维保协议"。 **工作重点** 　签订的协议符合责权明晰的要求。 **工作标准** ☆确保空调设备完好。 ☆在＿＿＿个工作日内将签订的"空调维保协议"提交总经理审批。
运行阶段	**执行程序** **1.运行前的检查** ☆工程部空调运维人员严格做好空调设备运行前的检查工作，包括查看主机和副机的电源是否接通、查看电压表是否正常及各种信号指示灯是否正常等。 ☆仔细做好相关检查工作后，若一切正常，应按照设备启用规程启用设备。 **2.空调运行监控** ☆工程部空调运维人员严格依照规程要求开停和调节空调系统的各种设备。 ☆查看空调系统的运行参数是否在规定范围内，并做好空调的运行记录。 ☆设备巡视人员严格执行空调巡查规定，做好相关设备运行情况的记录工作。 ☆发现异常情况及设备故障应迅速查明原因、正确处理，及时报告有关领导和部门，认真做好记录。 **3.定期巡检** 　定期对空调系统和设备进行巡检，发现问题应及时处理。 **工作重点** ☆做好空调设备运行情况的记录工作。 ☆及时排除故障，确保空调系统正常运行。 **工作标准** ☆记录的内容应包括异常情况或故障现象、过程、缘由、处理方法、结果等。 ☆在巡视的过程中，主要巡视的内容包括检查电压表指示是否正常。 **考核指标** ☆巡检频率：即＿＿＿小时巡查一次。 ☆信息记录的完整性：即重要内容无缺失。

任务名称	执行程序、工作标准与考核指标
空调维保	**执行程序** **1. 制订维保计划** 　工程部将制订的"空调维保计划"提交总经理审批。 **2. 实施维保** ☆工程部依照审批通过的计划对空调系统机械部分及其他部位进行维保。 ☆委托外部单位对设备进行维保时，工程部需对其工作进行监督，并负责验收。 **工作重点** 　严格执行"空调维保计划"，在检查过程中若发现问题应及时处理。 **工作标准** ☆委托外部单位进行维保时，维保单位需将制订的维保计划报工程部审核，通过后方可施工。 ☆维保计划按时完成。 **考核指标** 　此项工作的考核指标为维保完成率，应高于____%，其公式如下。 $$维保完成率 = \frac{完成的维保项数}{计划完成的维保项数} \times 100\%$$
执行规范	

"空调系统管理规程""空调维保协议""空调系统运行记录""巡检记录表""空调维保计划""空调维保记录表"。

物业管理 流程设计与工作标准

9.4 电力故障处理流程设计与工作执行

9.4.1 电力故障处理流程设计

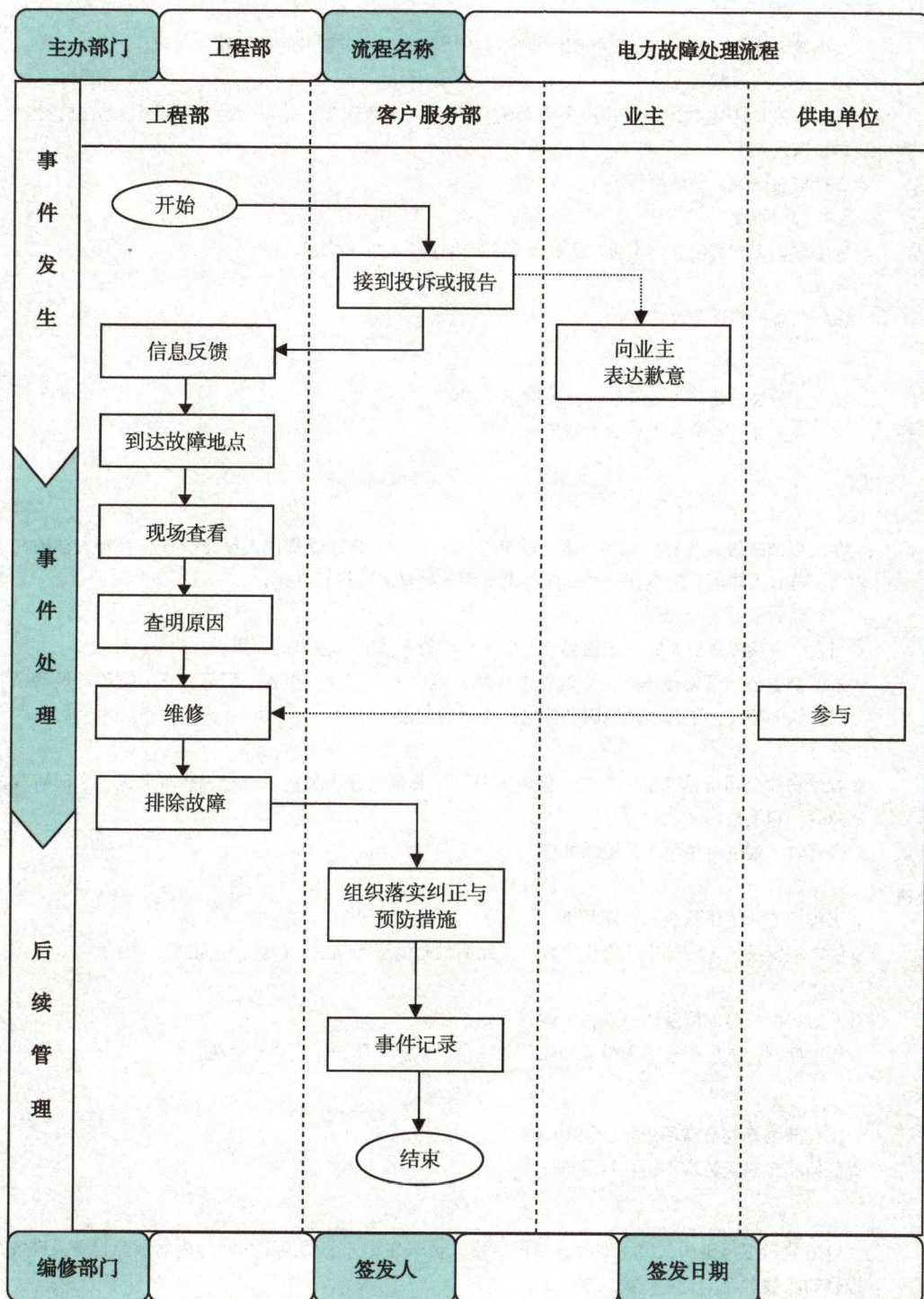

主办部门	工程部	流程名称	电力故障处理流程

	工程部	客户服务部	业主	供电单位

事件发生

开始 → 接到投诉或报告 ⋯⋯> 向业主表达歉意

信息反馈

事件处理

到达故障地点

现场查看

查明原因

维修 ⋯⋯> 参与

排除故障

后续管理

组织落实纠正与预防措施

事件记录

结束

编修部门		签发人		签发日期	

9.4.2　电力故障处理执行程序、工作标准、考核指标、执行规范

任务名称	执行程序、工作标准与考核指标
事件发生	**执行程序** **1. 信息反馈** 　接到投诉或报告后，客户服务部应将停电故障所影响的范围及时反馈给工程部。 **2. 向业主表达歉意** ☆对于突发的停电状况，客户服务人员应先向业主表达歉意，并表示会立即组织人员进行抢修，尽快恢复供电。 ☆保持信息畅通，做好解释工作。 **3. 到达故障地点** 　停电后，工程部应立即安排电工在最短的时间内到达故障地点。 **工作重点** 　做好信息的沟通与反馈工作。 **工作标准** ☆在＿＿＿分钟内将停电故障的情况反馈至工程部。 ☆维修人员在＿＿＿分钟内到达故障地点。
事件处理	**执行程序** **1. 现场查看** 　在工程部维修人员到达现场查看、检修故障的同时，秩序管理部人员需检查是否有人被困在电梯内，若有人被困，应依据公司制定的电梯困人处理流程进行处理。 **2. 查明原因** ☆当发生突然停电故障时，工程部应立即安排维修人员查找停电的原因。 ☆若属物业公司管辖范围外发生的停电故障，维修人员需及时报告工程部经理，工程部经理及时联系供电部门，了解故障原因和停电的大概时间段。 **3. 维修** ☆若属物业公司管辖范围内发生的停电故障，工程部维修人员应迅速查找故障原因，及时查找故障点，积极抢修。 ☆必要时，请供电单位人员协助处理。 **4. 排除故障** ☆工程部应快速排除故障，恢复供电。 ☆供电恢复后，工程部应检查供电设备及照明设施的运行情况，确保供电正常。 **工作重点** ☆及时查明故障原因及故障点，并做好抢修工作。 ☆停电期间，秩序管理部人员应加强公共秩序的维护，防止发生意外事故。 **工作标准** ☆工程部维修人员需积极配合供电单位人员的工作。 ☆任何非专职人员均不得自行维修。 **考核指标** 　电力故障维修延误次数（即考核期内维修人员未在物业公司规定的时间内对故障设备及时完成维修的次数）应少于＿＿＿次。

任务 名称	执行程序、工作标准与考核指标
后续 管理	**执行程序** **1.组织落实纠正与预防措施** 　客户服务部组织落实事故整改和预防措施，防止同类事故再次发生。 **2.事件记录** 　停电故障排除后，客户服务部应填写"应急服务记录表"。 **工作重点** 　在规定时间内完成纠正与预防措施的落实工作。 **工作标准** ☆明确完成的期限。 ☆记录全面、完整。

执行规范
"投诉记录表""停电事故报告""值班记录表""纠正与预防措施落实记录表""应急服务记录表"。

第 9 章　工程维保服务

9.5 水浸突发事件处理流程设计与工作执行

9.5.1 水浸突发事件处理流程设计

主办部门	工程部	流程名称	水浸突发事件处理流程

	工程部	当值领导	客户服务部	保洁人员
事件发生			开始 → 接到投诉或报告	
		收到信息 ← 接到投诉或报告		
		前往现场		
	查明原因 ← 现场查看	现场查看	协助、配合	
事件处理	维修 ←		协助、配合 ←	清洁工作
后续管理			提醒和告知 → 回访 → 做好记录 → 结束	

编修部门		签发人		签发日期	

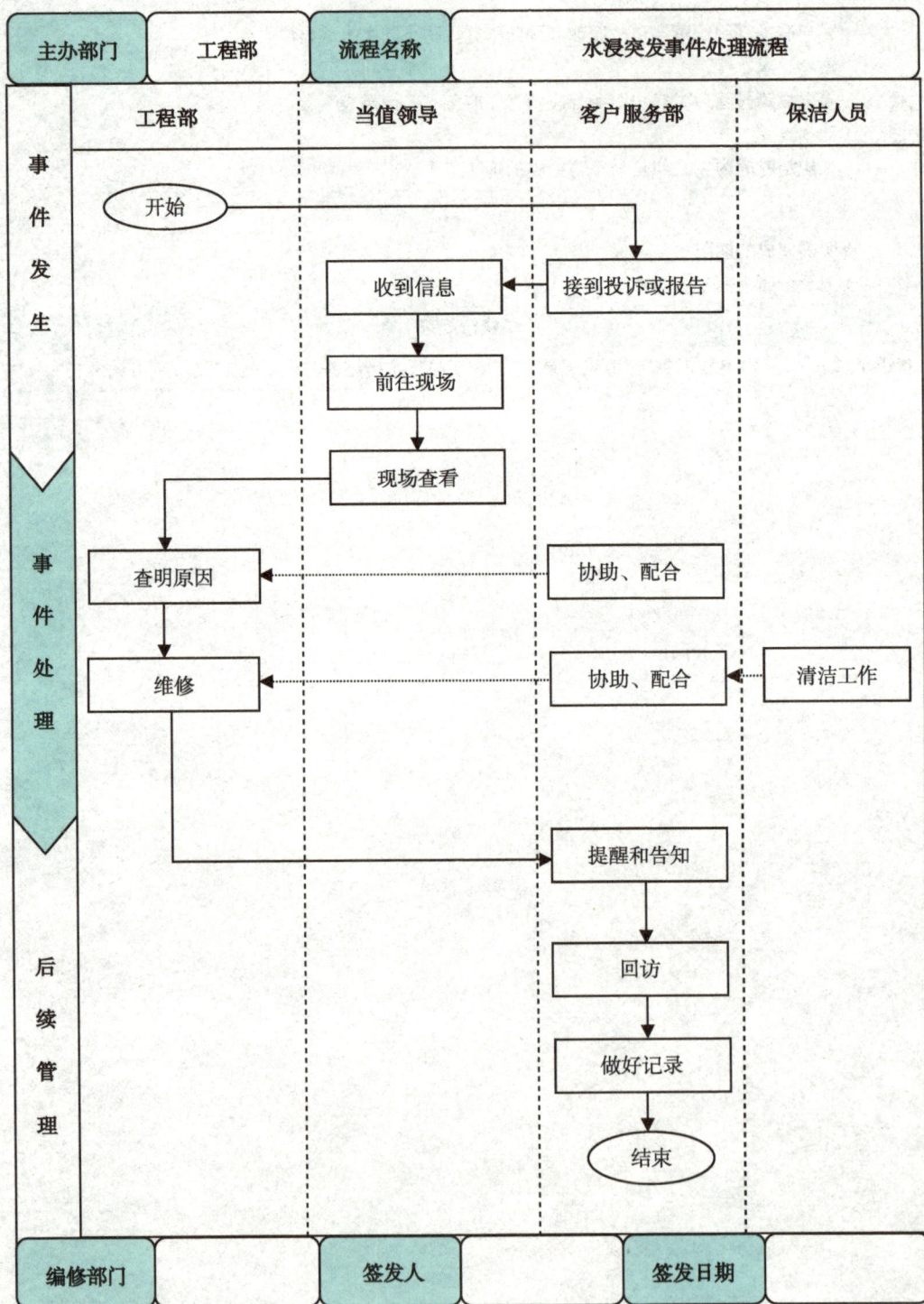

物业管理流程设计与工作标准

/ 178 /

9.5.2　水浸突发事件处理执行程序、工作标准、考核指标、执行规范

任务名称	执行程序、工作标准与考核指标
事件发生	**执行程序** **1.接到投诉或报告** 　接到小区或大厦水浸事件的投诉或报告后，客户服务部应立即将水浸地点、楼层、水源、水势情况向当值领导报告。 **2.前往现场** ☆当值领导、工程部相关人员和保安人员需在支援人员到达前尽量控制现场水势，防止水浸范围扩大。 ☆当值领导应及时通知工程部等相关人员前来现场处理。 **工作重点** 　一方面向业主做好解释工作，另一方面及时通知当值领导。 **工作标准** ☆突发性水浸事故包括水管阀门未关、供水管爆裂、生活污水管堵塞等导致的水浸事故。 ☆突发性水浸事故的信息来源包括业主的投诉、巡逻人员的发现等。 **考核指标** 　反馈的及时性：即____分钟内将信息反馈至负责人。
事件处理	**执行程序** **1.现场查看** ☆当值领导及保安人员抵达现场后应检查漏水位置，设法制止漏水。 ☆观察漏水位置附近的环境，查看漏水是否影响其他设备。 **2.维修** ☆工程部相关人员了解情况后，立即查明水浸原因，采取相应的措施（如关闭水泵、堵塞漏洞、疏通排水管道等），以解决水浸问题。 ☆必要时可请外部专业单位协助。 **3.协助、配合** ☆客户服务部组织公司各部门员工采取有效的措施，拦截和疏泄积水，防止水浸蔓延，尽可能减少水浸造成的损失。 ☆水浸中断后应立即通知保洁人员清扫积水，清理现场。 **工作重点** 　查明事件原因，采取有效解决措施。 **工作标准** ☆如果漏水可能会影响后期的保养和维修等，需拍照、录像，以备后续待查。 ☆工程部相关人员在操作时，应严格依照操作规程操作，防止因操作不当再次引发水浸事故。 ☆工程部相关人员积极组织人力利用沙包及可用物料防止水势蔓延，避免设备被水浸湿致使机件受损。 **考核指标** 　此项工作的考核指标为水浸事故解决率，应高于____%，其公式如下。 $$水浸事故解决率 = \frac{考核期内解决的水浸事故次数}{考核期内水浸事故发生总次数} \times 100\%$$

任务名称	执行程序、工作标准与考核指标
后续管理	**执行程序** **1. 提醒和告知** ☆在雨雪天气，客户服务部应根据气象部门的预报，在小区或大厦主要出入口做好天气情况公示和告知工作。 ☆物业公司需告知物业巡逻人员，在巡逻时应留意排水渠道是否有淤泥、杂物等，并随时进行清理疏通，以防堵塞。 **2. 回访** 若业主室内发生水浸事故，客户服务部应做好回访工作。 **工作重点** 做好水浸事故的预防工作。 **工作标准** ☆发生在业主室内的水浸事故，应在事故解决后____个工作日内做好回访工作。 ☆客户服务部将事情的经过清晰地记录下来。
执行规范	
"投诉记录表""水浸事故报告""水浸事件记录表""值班记录表""回访记录表"。	

9.6 公共设施维修流程设计与工作执行

9.6.1 公共设施维修流程设计

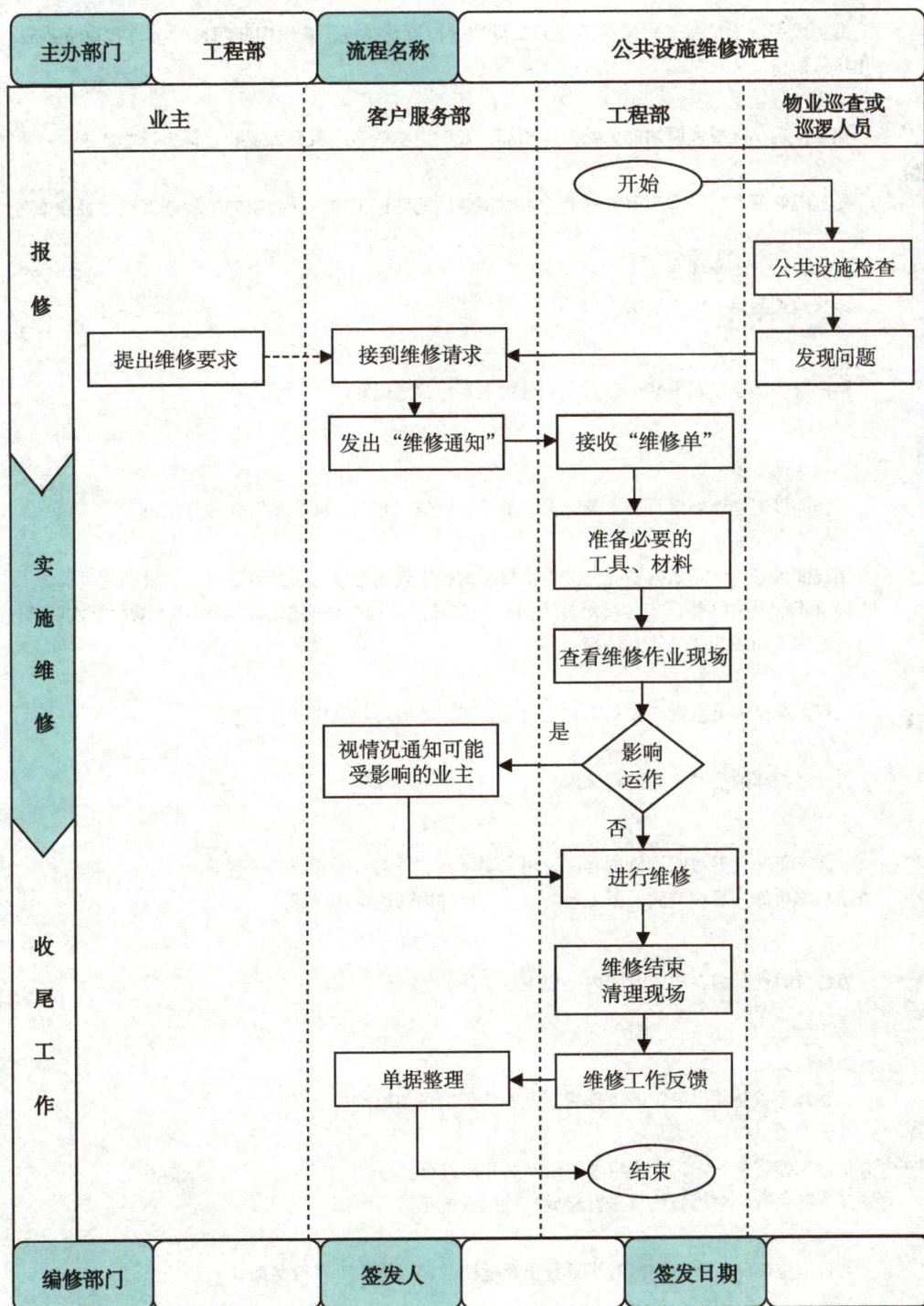

主办部门	工程部	流程名称	公共设施维修流程

	业主	客户服务部	工程部	物业巡查或巡逻人员

报修 / 实施维修 / 收尾工作

- 开始
- 公共设施检查
- 发现问题
- 提出维修要求 ┄→ 接到维修请求 ← 发现问题
- 发出"维修通知" → 接收"维修单"
- 准备必要的工具、材料
- 查看维修作业现场
- 影响运作?
  - 是 → 视情况通知可能受影响的业主
  - 否 → 进行维修
- 维修结束清理现场
- 单据整理 ← 维修工作反馈
- 结束

编修部门		签发人		签发日期	

第 9 章 工程维保服务

9.6.2 公共设施维修执行程序、工作标准、考核指标、执行规范

任务名称	执行程序、工作标准与考核指标
报修	**执行程序** **1. 发现问题** 　　巡逻或巡查人员每天对辖区内的公共设施进行检查巡视，若发现问题及时报告客户服务部，提出维修申请。 **2. 提出维修要求** 　　业主发现小区或大厦内的公共设施损坏，及时向物业客户服务部反映，提出维修要求。 **3. 接到维修请求** 　　接到维修请求后，客户服务部需做好维修请求的登记工作，并及时向工程部派发"维修单"。 **工作重点** ☆及时发出"维修通知"。 ☆维修地点明确、内容清晰。 **工作标准** 　　客户服务部在接到维修申请后＿＿＿分钟内发出维修通知。
实施维修	**执行程序** **1. 接收"维修单"** 　　工程部接到"维修单"后，及时派人员前去维修，并在"派工单"上做好记录。 **2. 查看维修作业现场** ☆工程部维修人员需依据物业公共设施损坏的程度判断维修工作是否影响公共设施的运行。 ☆如果不能及时维修，工程部维修人员应报告部门主管并说明原因，工程部主管根据实际情况进行处理，如找外部维修人员等。 **3. 进行维修** 　　工程部维修人员携带必要的工具与材料，对损坏的公共设施进行维修。 **工作重点** 　　及时对损坏的公共设施进行维修。 **工作标准** ☆"派工单"上需写明维修内容、所用主要材料、开工时间、完工时间等。 ☆工程部维修人员在接到"派工单"后＿＿＿分钟内到达维修现场。 **考核指标** 　　维修及时性：即在规定时间内完成维修工作。
收尾工作	**执行程序** **1. 维修结束清理现场** 　　工程部完成公共设施维修工作后应及时清理工作场地。 **2. 维修工作反馈** ☆维修工作结束后，工程部应及时通知客户服务部。 ☆工程部主管应对维修结果进行检验，确保设施正常运行。 **3. 单据整理** 　　客户服务部每天下班前应对当日开出及返回的"维修单"进行整理。

任务 名称	执行程序、工作标准与考核指标
收尾 工作	**工作重点** 对维修工作的结果进行检验。
	工作标准
	☆维修记录清晰、内容完整。 ☆维修工作结束后，及时将维修情况反馈至客户服务部。
执行规范	
"物业公用设施维护管理制度""物业维修管理制度""维修通知""维修单""派工单""设施维修记录表"。	

第10章 物业租赁代理服务

10.1 物业租赁代理服务流程设计

10.1.1 流程设计的目的

物业公司可以提供与大厦或小区的业主生活、工作相配套的多种便民和经营服务，而房屋租赁与代理服务是其中较常见的服务项目。

针对上述服务项目进行流程设计的目的如下。

1. 为业主提供高效、优质的服务，提升业主的满意度。

2. 通过开拓延伸服务，提升物业公司的经济效益。

10.1.2 流程结构设计

物业公司为辖区业主提供的服务除了一般性的服务（如环境卫生的管理、车辆管理、消防管理等），还包括具有针对性的专项服务和委托性的特约服务。这些服务包括代理中介服务、日常生活类服务等，对此本章选取了具有代表性的两项服务项目并对其进行了流程化设计，具体内容如图 10-1 所示。

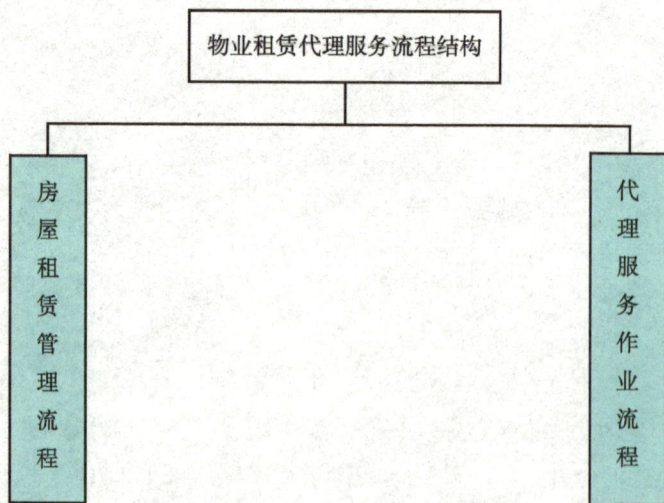

```
              物业租赁代理服务流程结构
              ┌───────────┴───────────┐
          房屋租赁管理流程            代理服务作业流程
```

图 10-1　物业租赁代理服务流程结构设计

10.2 房屋租赁管理流程设计与工作执行

10.2.1 房屋租赁管理流程设计

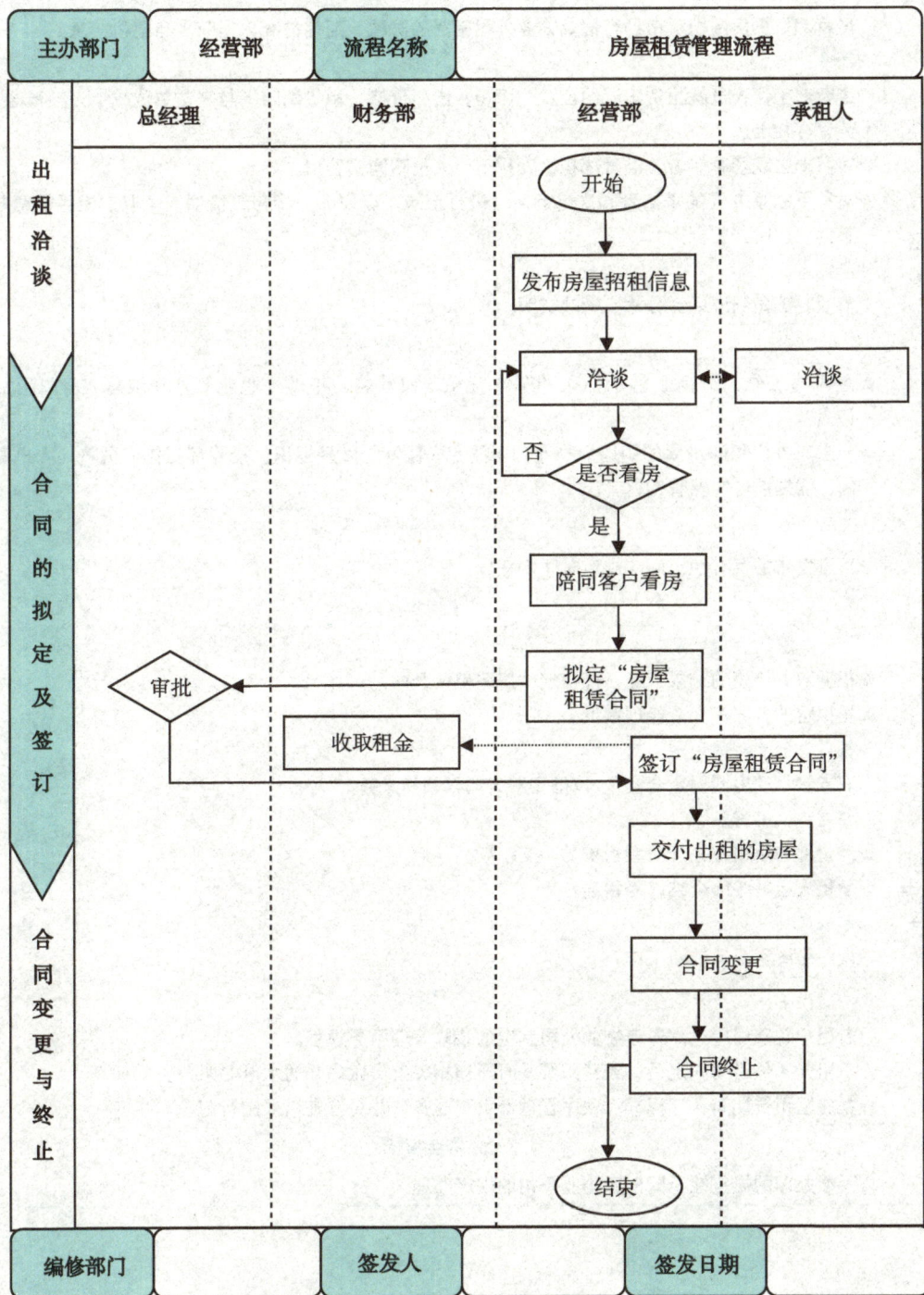

主办部门	经营部	流程名称	房屋租赁管理流程

	总经理	财务部	经营部	承租人
出租洽谈			开始	
			↓	
			发布房屋招租信息	
			↓	
			洽谈 ←┈┈→	洽谈
			↓	
			是否看房 （否）	
			↓ 是	
			陪同客户看房	
			↓	
合同的拟定及签订	审批 ←		拟定"房屋租赁合同"	
	↓	收取租金 ←┈┈	签订"房屋租赁合同"	
	└→		↓	
			交付出租的房屋	
			↓	
合同变更与终止			合同变更	
			↓	
			合同终止	
			↓	
			结束	

编修部门		签发人		签发日期	

第 10 章 物业租赁代理服务

10.2.2 房屋租赁管理执行程序、工作标准、考核指标、执行规范

任务名称	执行程序、工作标准与考核指标
出租洽谈	**执行程序** **1.发布房屋招租信息** 经营部根据房屋租赁市场行情及物业公司闲置的房屋、商铺情况，适时发布招租信息。 **2.洽谈** 经营部工作人员就租赁房屋的位置、面积、出租价格、租赁期限等与来访单位或个人进行洽谈。 **3.陪同客户看房** ☆对要求去现场看房者，经营部积极安排工作人员陪同其看房。 ☆对留下联系方式的来访者和来电询问者进行记录，以便进一步与其洽谈，争取达成租赁意向并签订"房屋租赁合同"。 **工作重点** 洽谈时需做到说话有分寸、谈吐文明。 **工作标准** ☆经营部工作人员需了解承租人的基本信息，如姓名、年龄、职业等，并填写"房屋租赁登记表"。 ☆暂未对外出租的房屋的钥匙，物业公司派专人保管并做好标识。经营部工作人员陪同客户看房前，需提前告知保管钥匙者。 **考核指标** 信息发布的及时性：即在规定时间内完成。
合同的拟定及签订	**执行程序** **1.拟定"房屋租赁合同"** ☆根据双方洽谈的结果，经营部拟定"房屋租赁合同"。 ☆将拟定的合同提交总经理审批。 **2.签订"房屋租赁合同"** 双方签订"房屋租赁合同"，以确定双方的权利和义务。 **3.交付出租的房屋** ☆经营部与承租方办理房屋租赁的验交手续。 ☆承租人至财务部交纳房租租金。 **工作重点** 做好房屋租金的催缴工作。 **工作标准** ☆若租户装修房屋，需遵守物业公司制定的装修管理服务规程。 ☆承租人入住时间确定后，经营部要及时通知相关人员做好开通水电等服务。 ☆在房屋租赁期间，工程部、秩序管理部负责巡查，并对巡查结果进行记录。 **考核指标** 手续办理的规范性：即依照物业公司的规定办理。

任务名称	执行程序、工作标准与考核指标
合同变更与终止	**执行程序**
	1.合同变更 　　在租赁合同执行期间，若涉及房屋出租价格、租用期限、交款日期等内容的变更，需依照合同的相关条文执行。 **2.合同终止** 　　合同的终止需依照合同的相关条文进行。 **工作重点** 　　承租人退房时，需检查房屋有无损坏。
	工作标准
	☆承租人迁出时，依照迁出服务规程执行。 ☆对租赁期满的租赁房屋，由经营部、秩序管理部收回租赁房屋及钥匙。
执行规范	
"房屋租赁登记表""房屋租赁合同""租赁情况一览表"。	

10.3 代理服务作业流程设计与工作执行

10.3.1 代理服务作业流程设计

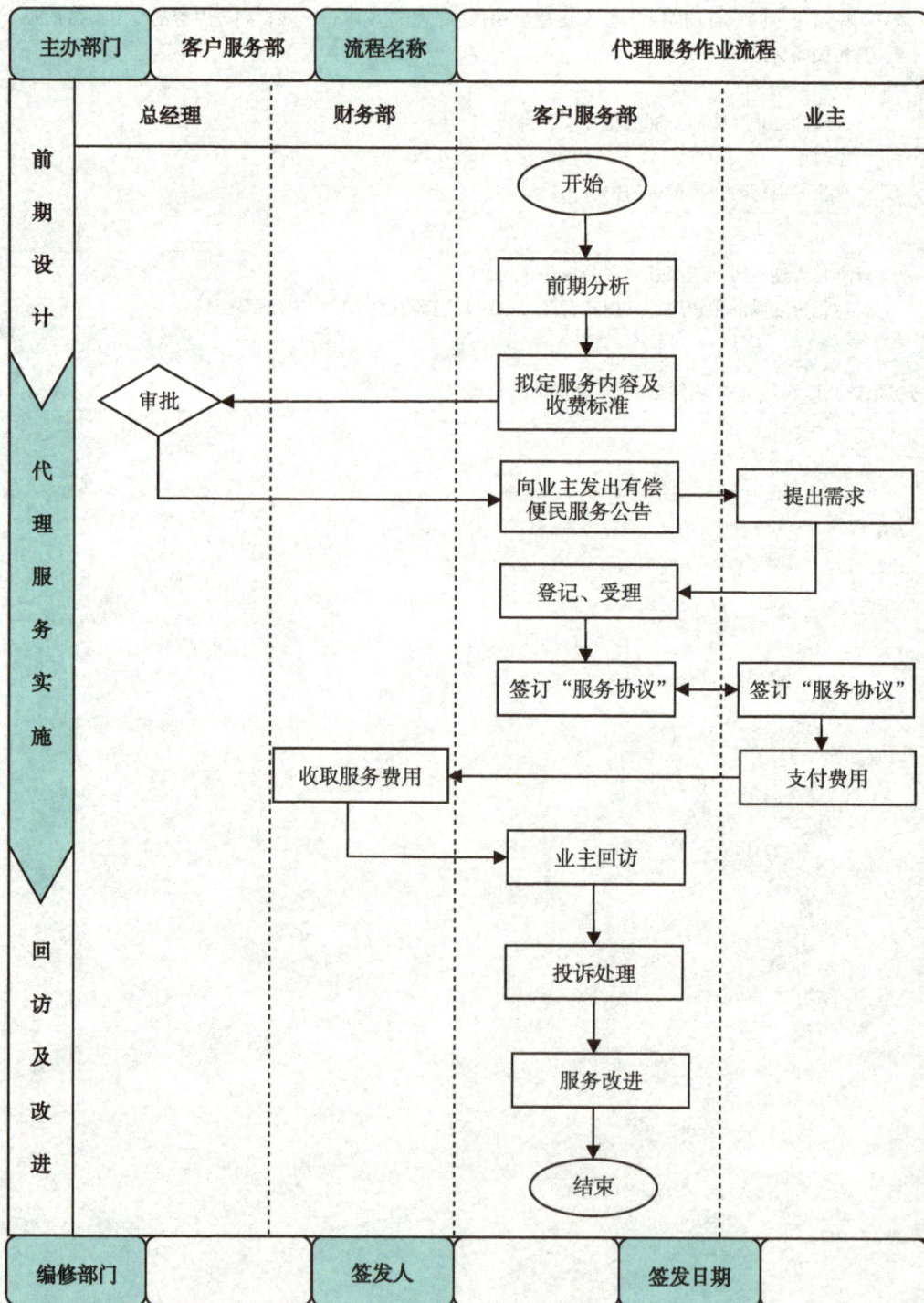

主办部门	客户服务部	流程名称	代理服务作业流程

	总经理	财务部	客户服务部	业主

前期设计

开始
↓
前期分析
↓
拟定服务内容及收费标准 → 审批

代理服务实施

审批 → 向业主发出有偿便民服务公告 → 提出需求
登记、受理 ← 提出需求
签订"服务协议" ↔ 签订"服务协议"
↓
收取服务费用 ← 支付费用
↓
业主回访

回访及改进

投诉处理
↓
服务改进
↓
结束

编修部门		签发人		签发日期	

10.3.2 代理服务作业执行程序、工作标准、考核指标、执行规范

任务名称	执行程序、工作标准与考核指标
前期设计	**执行程序** **1. 前期分析** 　客户服务部通过走访、电话沟通等方式进行前期分析，了解业主的代理服务需求。 **2. 拟定服务内容及收费标准** ☆客户服务部将业主的需求与本物业公司的实际情况、市场行情相结合，提出代理服务项目及服务收费标准。 ☆将拟定的服务内容及收费标准提交总经理审批。 **工作重点** 　明确服务的内容、项目与收费标准。 **工作标准** ☆此处的代理服务是指物业管理服务费中所包含的服务项目之外的便民有偿服务。 ☆代理服务的便民项目包括但不限于家庭清洁、洗衣服务等。 ☆在____个工作日内将拟定好的服务内容及收费标准提交总经理审批。
代理服务实施	**执行程序** **1. 向业主发出有偿便民服务公告** 　客户服务部将审批通过的代理服务内容及收费标准采用公告的形式告知业主。 **2. 提出需求** 　业主看到物业公司发布的代理服务或便民服务公告后，根据自己的需求与客户服务部联系。 **3. 登记、受理** ☆客户服务部对需要提供服务的业主的姓名、住址、服务项目进行登记。 ☆对订立长期服务协议的业主应按照协议内容为其提供服务，并建立业主服务档案。 **4. 签订"服务协议"** 　客户服务部及其他部门根据本物业公司与业主签订的"服务协议"为业主提供服务。 **5. 收取服务费用** 　根据"服务协议"的约定，财务部向业主收取服务费用。 **工作重点** 　服务费用收取及时、准确。 **工作标准** ☆公告的方式包括在小区或大厦宣传栏、公告栏张贴通知，或者在业主交流群里发布通知等。 ☆服务费用的收取可采取记账月结、预付等方式。 **考核指标** 　协议签订的及时性：即在规定的时间内完成。
回访及改进	**执行程序** **1. 业主回访** ☆客户服务中心主管应定期对开展的代理或便民服务项目进行回访。 ☆具体操作按物业公司制定的"业主回访管理制度"进行。

任务名称	执行程序、工作标准与考核指标
回访及改进	**2. 投诉处理** ☆在回访的过程中接到业主投诉时，应按"业主投诉处理标准作业程序"进行处理。 ☆客户服务部主管根据回访及投诉情况，处理便民服务过程中发生的问题，对难以处理的重大问题应报告主管领导。 **3. 服务改进** 根据业主反馈的信息，客户服务部做好改进工作。 **工作重点** 妥善处理投诉。 **工作标准** ☆分析业主的反馈信息，视情况调整公司推出的代理或便民服务内容。 ☆每月至少进行____次业主回访工作。 **考核指标** 此项工作的考核指标为业主回访率，应不低于____%，其公式如下。 $$业主回访率 = \frac{实际回访的业主数量}{计划回访的业主总数量} \times 100\%$$

执行规范
"服务协议""业主回访管理制度""业主投诉处理标准作业程序"。

物业管理 流程设计与工作标准

物业招投标管理

11.1 物业招投标管理流程设计

11.1.1 流程设计的目的

招投标是一种市场交易行为。物业公司可根据自身的发展需要，灵活选择招标或投标的形式，用以扩大公司的业务范围。本章内容对物业招投标管理工作进行流程设计，其目的如下。

1. 明确业务流程，规范招投标的程序。
2. 建立健全招投标监督制约机制，切实维护相关方的利益。

11.1.2 流程结构设计

招标和投标是交易过程的两个方面。招投标的工作严谨，程序复杂，通过流程的形式展现，可以使招投标工作进一步细化，可操作性也更强。物业招投标管理流程结构设计如图 11-1 所示。

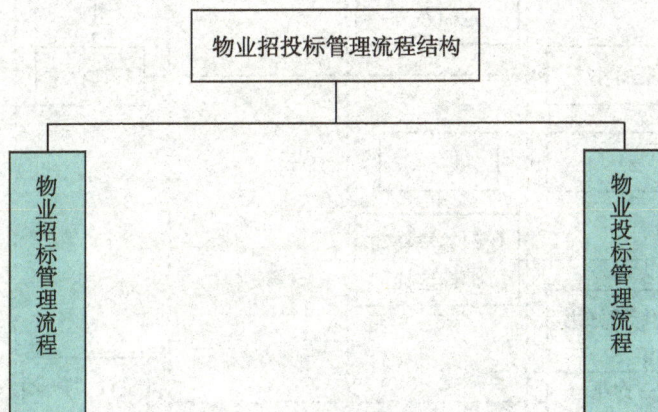

图 11-1 物业招投标管理流程结构设计

11.2 物业招标管理流程设计与工作执行

11.2.1 物业招标管理流程设计

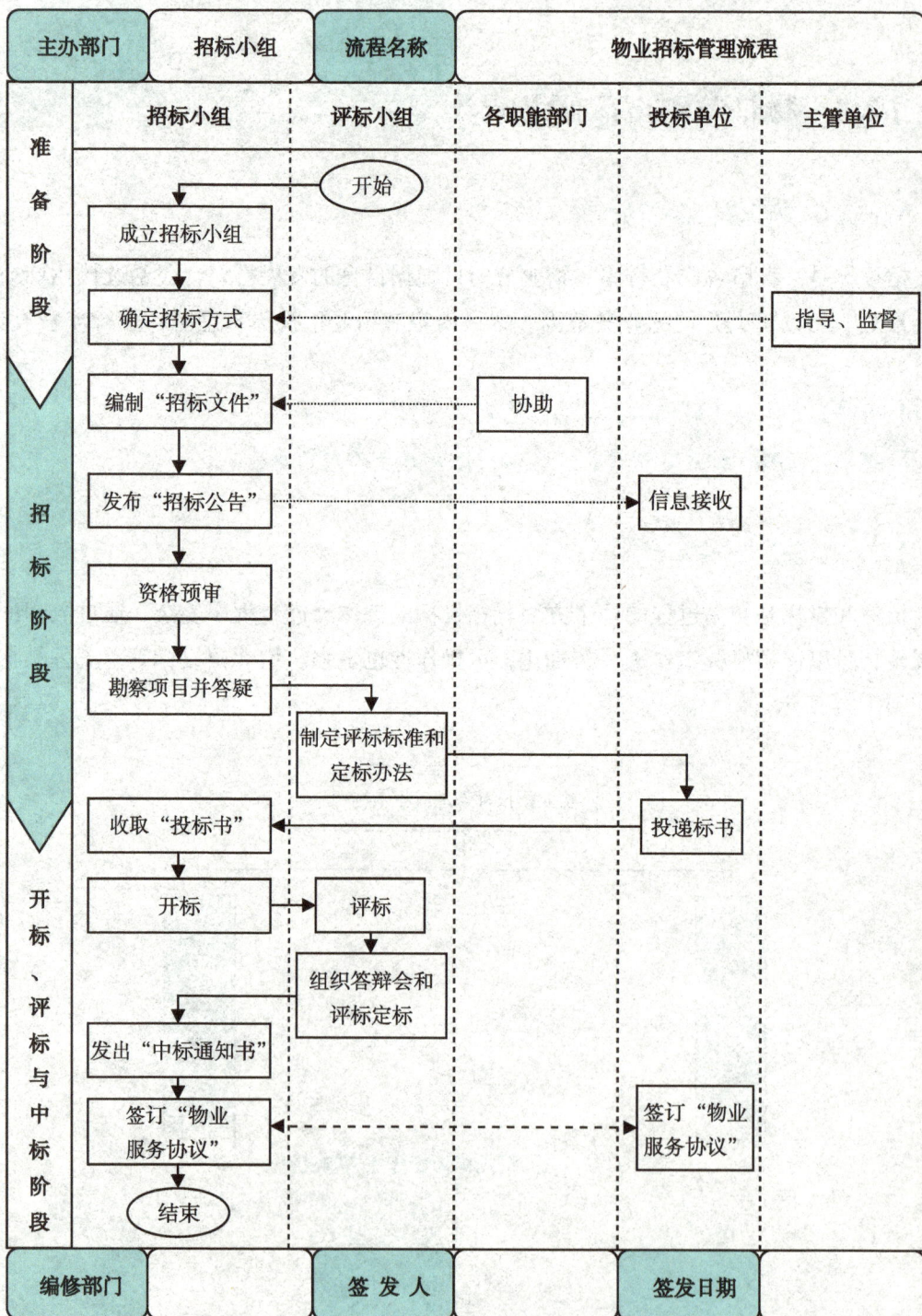

主办部门	招标小组	流程名称	物业招标管理流程		
	招标小组	评标小组	各职能部门	投标单位	主管单位

准备阶段

- 开始
- 成立招标小组
- 确定招标方式 ·········→ 指导、监督
- 编制"招标文件" ←········ 协助
- 发布"招标公告" ·········→ 信息接收（投标单位）

招标阶段

- 资格预审
- 勘察项目并答疑
- 制定评标标准和定标办法（评标小组）
- 收取"投标书" ←—— 投递标书（投标单位）

开标、评标与中标阶段

- 开标 —→ 评标
- 组织答辩会和评标定标（评标小组）
- 发出"中标通知书"
- 签订"物业服务协议" ←----→ 签订"物业服务协议"（投标单位）
- 结束

编修部门		签发人		签发日期	

物业管理流程设计与工作标准

11.2.2 物业招标管理执行程序、工作标准、考核指标、执行规范

任务名称	执行程序、工作标准与考核指标
准备阶段	**执行程序** **1. 成立招标小组** 物业公司在主管部门的指导、监督下，成立招标小组以全面负责招标工作。 **2. 确定招标方式** 招标小组根据规定及物业公司的实际情况，确定合适的招标方式。 **3. 编制"招标文件"** 招标小组负责编制"招标文件"，物业公司各部门予以协助。 **4. 发布"招标公告"** 物业公司发出"招标公告"，并向投标单位提供"招标文件"，接受投标单位的咨询。 **5. 资格预审** 招标小组从报名单位中选出符合条件的投标单位参加投标会议，并将结果以书面形式通知各投标单位。 **工作重点** ☆招标书的编制和标底的确定。 ☆物业公司应确定投标人编制投标书所需的合理时间。 **工作标准** ☆物业招标的形式包括公开招标、邀请招标等。 ☆ "招标文件"的内容应包括物业管理内容、服务标准等，以及评标标准和评标办法等。
招标阶段	**执行程序** **1. 勘察项目并答疑** 物业公司依照"招标文件"的要求，组织投标人进行现场勘察，解答投标方提出的问题，并形成书面材料。 **2. 制定评标标准和定标办法** 聘请有关人员组成评标小组，并制定评分标准、定标原则与办法。 **3. 收取"投标书"** 投标人按照"招标文件"的要求编制"投标书"，并按规定进行密封，然后在规定时间内将"投标书"送至指定地点。 **工作重点** 在规定的时间、地点收取"投标书"。 **工作标准** 评标小组成员一般为____人以上的单数。
开标、评标与中标阶段	**执行程序** **1. 开标** 开标工作由招标小组组长主持，邀请所有投标单位参加，并当众启封"投标书"。 **2. 评标** ☆开标结束后，进入评标程序。 ☆开标后应将"投标书"发给评标小组，由评标小组成员独立阅读并审查"投标书"。 ☆评标小组负责根据"招标文件"规定的要求及评分方式和标准进行评标。

第 11 章 物业招投标管理

任务名称	执行程序、工作标准与考核指标
开标、评标与中标阶段	**3.组织答辩会和评标定标** ☆评标后召开答辩会，依照抽签顺序，各投标单位参加答辩，就评标小组成员提出的问题予以解答；评标小组依据定标办法确定中标单位。 ☆评标结束后，评标小组需及时撰写评标报告。 **4.发出"中标通知书"** ☆招标小组根据评标小组提出的书面评标报告和推荐的中标候选人，确定最终的中标单位，或者授权评标小组直接确定中标单位。 ☆中标单位确定后，由招标小组向其发出"中标通知书"。同时，将中标结果通知所有未中标的投标人，并向其表示感谢。 **5.签订"物业服务协议"** 物业公司与确定的中标单位签订"物业服务协议"。 **工作重点** ☆开标前，应以公开的方式检查"投标书"的密封情况。 ☆开标的过程中，相关人员要做好开标记录。 ☆开标的过程中，对于"投标书"中含义不明确的内容，允许投标人做出简要的解释，但是不能超过"投标书"记载的范围，或者改变原有的"投标书"内容。 **工作标准** ☆在规定的时间、地点开标。 ☆开标记录主要记录项目的名称、招标号、招标通告的日期、发布"招标文件"的日期、投标人的名称及报价、截止后收到标书的处理情况等。 ☆物业公司应在投标有效截止时间＿＿＿日前确定中标单位。 ☆评标工作要严格依照评标程序进行。 ☆评标报告中需列明招标项目的概况、招标方式、招标人、招标范围、招标过程、开标会议记录、评标依据及投标人的投标概况等，以便确定中标候选人。 **考核指标** 程序的规范性：即是否依照规定的程序实施。
执行规范	
"物业招投标管理办法""招标文件""招标公告""中标通知书""投标书""物业服务协议"。	

11.3 物业投标管理流程设计与工作执行

11.3.1 物业投标管理流程设计

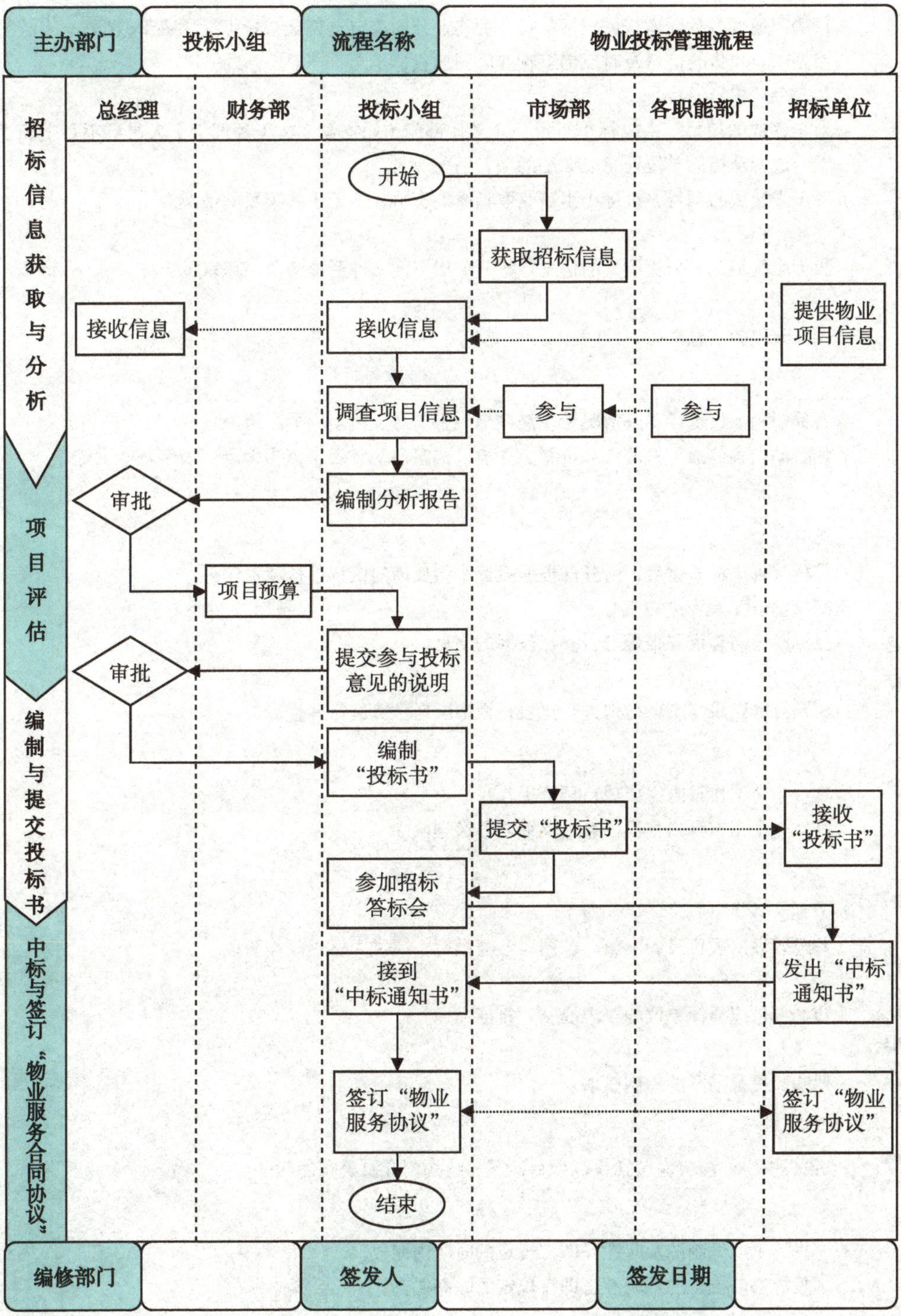

主办部门
投标小组
流程名称
物业投标管理流程
招标信息获取与分析
项目评估
编制与提交投标书
中标与签订"物业服务合同协议"
总经理
财务部
投标小组
市场部
各职能部门
招标单位
开始
获取招标信息
接收信息
接收信息
提供物业项目信息
调查项目信息
参与
参与
审批
编制分析报告
项目预算
审批
提交参与投标意见的说明
编制"投标书"
提交"投标书"
接收"投标书"
参加招标答标会
接到"中标通知书"
发出"中标通知书"
签订"物业服务协议"
签订"物业服务协议"
结束
编修部门
签发人
签发日期

11.3.2　物业投标管理执行程序、工作标准、考核指标、执行规范

任务名称	执行程序、工作标准与考核指标
招标信息获取与分析	**执行程序** **1. 获取招标信息** ☆市场部通过各种渠道获取招标信息，为物业公司决定是否参与投标提供决策依据。 ☆市场部将收集的信息及时反馈至物业公司的投标小组。 **2. 调查项目信息** ☆对于建成的项目，由投标小组及公司其他部门（如物业部、工程部等）人员到项目现场了解情况，或者从招标单位处获取详细的项目情况。 ☆对于未建成的项目，投标小组需获取具体的资料，便于了解项目的情况。 **3. 编制分析报告** 　投标小组汇总、分析调查的信息，将其形成书面文件后提交总经理审批。 **工作重点** 　确保收集的信息全面、及时。 **工作标准** ☆各部门到项目现场了解情况后，需在当天将信息反馈至投标小组。 ☆调查的内容包括项目的地理位置、环境、建筑面积、楼宇结构特点、楼宇基本设施等。
项目评估	**执行程序** **1. 项目预算** 　分析报告审批通过后，财务部根据投标小组反馈的信息进行项目预算。 **2. 提交参与投标意见的说明** 　投标小组向总经理报送是否参与投标的意见。 **工作重点** 　将预算的结果与市场行情进行比较，视情况对预算进行调整。 **工作标准** ☆在____个工作日内完成项目预算工作。 ☆在____个工作日内将投标意见反馈至总经理。
编制与提交投标书	**执行程序** **1. 编制"投标书"** 　总经理做出项目投标决策，若同意参与投标，应进入标书制作阶段。 **2. 提交"投标书"** 　市场部依照招标单位的要求提交"投标书"。 **工作重点** 　明确"投标书"的编制要求。 **工作标准** 　"投标书"的内容应包括投标项目概况、公司简介及公司的优势。 **考核指标** ☆ "投标书"编制的及时性：即在规定的时间内完成。 ☆ "投标书"提交的及时性：即在规定的时间提交。

物业管理 流程设计与工作标准

任务名称	执行程序、工作标准与考核指标
中标与签订"物业服务协议"	**执行程序** **1. 参加招标答标会** 　　投标小组代表人员简单介绍本物业公司的情况等信息，并参加现场答辩。 **2. 签订"物业服务协议"** 　　物业公司中标后，招标单位向其发出"中标通知书"，并与之签订"物业服务协议"。 **工作重点** 　　在答辩的过程中，可适当引用数据，以便更清晰地说明问题。 **工作标准** 掌握现场答辩的技巧和要求。
执行规范	
"物业公司招投标管理办法""投标须知""标书制作规范""投标书""中标通知书""物业服务协议"。	

第 11 章 物业招投标管理

第12章 物业采购管理

12.1 物业采购管理流程设计

12.1.1 流程设计的目的

采购管理是指对采购业务过程进行组织、实施与控制的过程。通过流程管控，可以对采购过程中的各个环节进行监督，实现对采购活动执行过程的科学管理。具体而言，企业对物业采购管理进行流程设计的目的如下。

1. 合理配置资源，充分利用资源。
2. 规范采购管理中各个环节的工作程序，严格控制成本。
3. 明确采购责任，对采购过程进行管控，确保采购的物资、服务符合公司的规定和要求。

12.1.2 流程结构设计

物业采购管理流程结构设计如图 12-1 所示。

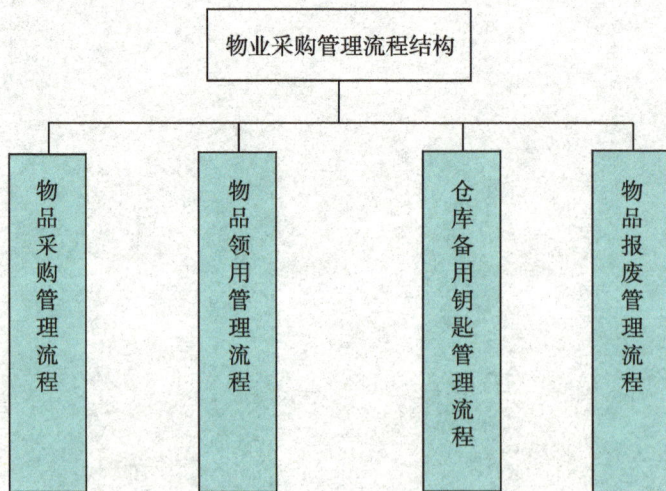

图 12-1 物业采购管理流程结构设计

12.2.1 物品采购管理流程设计

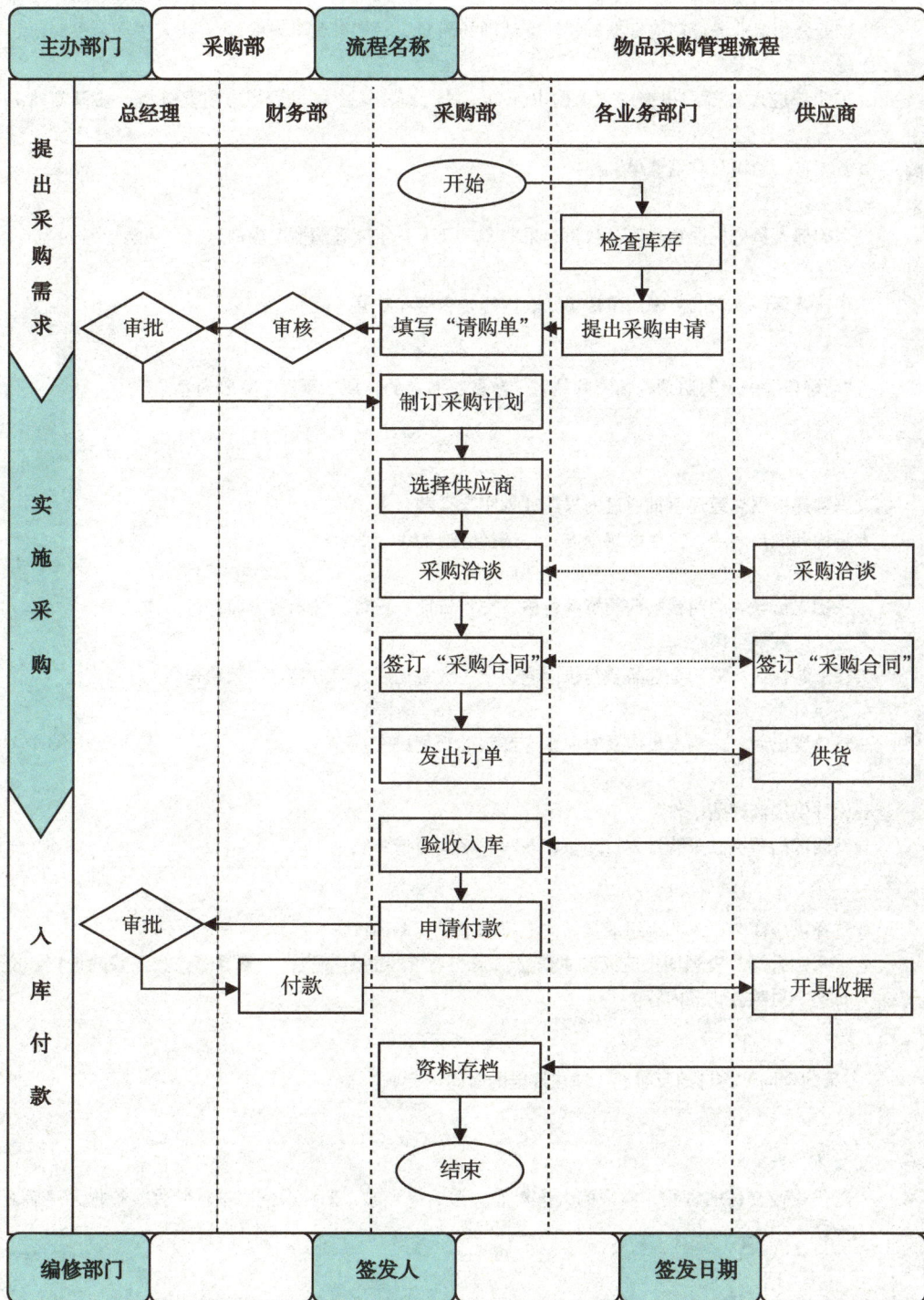

主办部门	采购部	流程名称	物品采购管理流程		
	总经理	财务部	采购部	各业务部门	供应商

提出采购需求 / 实施采购 / 入库付款

- 开始
- 检查库存
- 审批 ← 审核 ← 填写"请购单" ← 提出采购申请
- 制订采购计划
- 选择供应商
- 采购洽谈 ⟷ 采购洽谈
- 签订"采购合同" ⟷ 签订"采购合同"
- 发出订单 → 供货
- 验收入库
- 审批 ← 申请付款
- 付款 → 开具收据
- 资料存档
- 结束

编修部门		签发人		签发日期	

12.2.2　物品采购管理执行程序、工作标准、考核指标、执行规范

任务名称	执行程序、工作标准与考核指标
提出采购需求	**执行程序** **1. 提出采购申请** 　物业公司各业务部门应根据日常经营活动的需要填写"采购申请单"，并将其提交至采购部。 **2. 填写"请购单"** ☆采购部应对各部门提交的"采购申请单"进行审核，审核过程中应主要分析与实际需求是否相符。 ☆若相符，应填写"请购单"。 **3. 制订采购计划** 　采购部人员应根据物品库存数量、采购需求及上一年度采购情况等信息制订采购计划。 **工作重点** 　审核各部门提交的"采购申请单"的内容是否存在缺漏。 **工作标准** 　"请购单"中要写明请购物资的品名、数量、需求的日期、预算金额等内容。
实施采购	**执行程序** **1. 选择供应商** ☆采购部根据总经理审批通过的采购计划实施采购。 ☆采购部通过沟通、实地考察等方式，选择合适的供应商。 **2. 采购洽谈** 　采购人员与供应商就采购物资的价格、交货日期、质量、技术等方面进行洽谈。 **3. 签订"采购合同"** 　在采购作业所需的全部条款与供应商达成一致意见后，双方签订"采购合同"。 **4. 发出订单** 　订单发出后，采购人员应及时向供应商跟催交货进度。 **工作重点** ☆做好供应商评估工作。 ☆请购部门若更改采购计划，应重新填写"采购申请单"。 **工作标准** ☆选择供应商时，采购小组成员需向三家以上供应商询价。 ☆"采购合同"需列明供应商基本信息，采购物资的品名、规格、型号等信息及采购价格、交货日期、付款方式等内容。 **考核指标** 　"采购合同"签订的及时性：即在规定的时间内完成。
入库付款	**执行程序** **1. 验收入库** 　对供应商交付的货物，由采购人员对照"请购单"或"采购合同"进行验收，验收无误后方可入库。

任务 名称	执行程序、工作标准与考核指标
入库 付款	**2. 付款** 　　采购款项须按"采购合同"约定的时间由物业公司财务部统一支付。 **工作重点** 　　物资使用部门评定所采购物资的质量，以利于下一步的采购工作。
	工作标准
	☆验收时，需核对货物的名称、规格型号、数量等信息。 ☆付款及时、准确。
	执行规范
	"采购管理制度""请购单""供应商评估表""采购合同""采购订单""采购成本分析表"。

12.3　物品领用管理流程设计与工作执行

12.3.1　物品领用管理流程设计

主办部门	采购部		流程名称		物品领用管理流程	

	总经理	采购部	员工所属部门负责人	领用物品人员
领料申请				开始
				填写"物品领用单"
			签字确认	
物品领用发放	审批			
		检查单据		
		核查库存		
		发放物品		领取物品
记录整理		登记物品领用信息		
		库存更新		
		结束		

编修部门		签　发　人		签发日期	

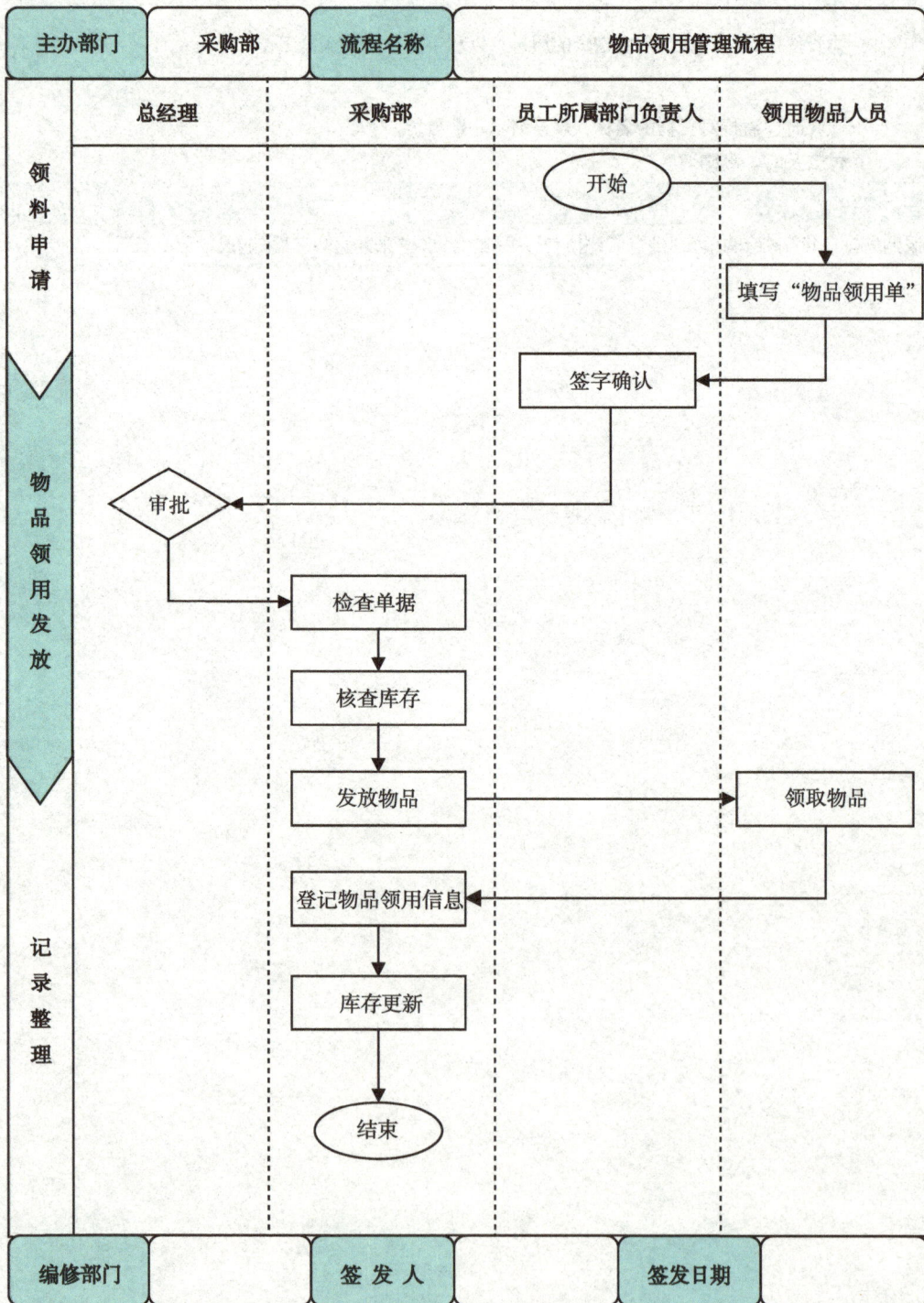

物业管理流程设计与工作标准

/202/

12.3.2 物品领用管理执行程序、工作标准、考核指标、执行规范

任务名称	执行程序、工作标准与考核指标
领料申请	**执行程序** **1. 填写"物品领用单"** 物业公司员工因工作需要某种物品，可向仓库管理人员提出领料申请，并填写"物品领用单"。 **2. 签字确认** 员工所在部门的负责人对员工提交的领用单进行审核，若无问题则签字确认。 **工作重点** 部门主管对员工领用申请的真实性、合理性等方面进行审核。 **工作标准** "物品领用单"内容填写准确。
物品领用发放	**执行程序** **1. 审批** 金额在____元以内的一般物品由领料人填写"物品领用单"，领料人及其所在部门负责人签字后领取物品；若领用物品价值较大或数量较多，需经过总经理审批通过后方可办理物品领用手续。 **2. 检查单据** 采购部汇总各部门员工提交的"物品领用单"，并依照领用单上的内容发放物品。 **3. 发放物品** 采购部依据"物品领用单"向员工发放其所需要的物品。 **工作重点** "物品领料单"内容填写完整。 **工作标准** ☆依据公司制定的"物品领用管理制度"进行物品的发放。 ☆物品发放依照实际审批通过的"物品领用单"进行发放，避免错发或漏发的情况。
记录整理	**执行程序** **1. 登记物品领用信息** 物品发放后，采购部应登记物品领用信息。 **2. 库存更新** 采购部对物品的库存进行更新。 **工作重点** 员工确认领取的办公用品，填写"物品领用登记表"并签字确认。 **工作标准** ☆物品领用登记内容完整无误。 ☆库存更新及时。 **考核指标** 此项工作的考核指标为信息登记准确率，应高于____%，其公式如下。 $$信息登记准确率 = \frac{正确登记的发放领用数}{发放领用总数} \times 100\%$$
执行规范	
"物品领用管理制度""物品领用规定""物品领用单""物品领用登记表"。	

12.4 仓库备用钥匙管理流程设计与工作执行

12.4.1 仓库备用钥匙管理流程设计

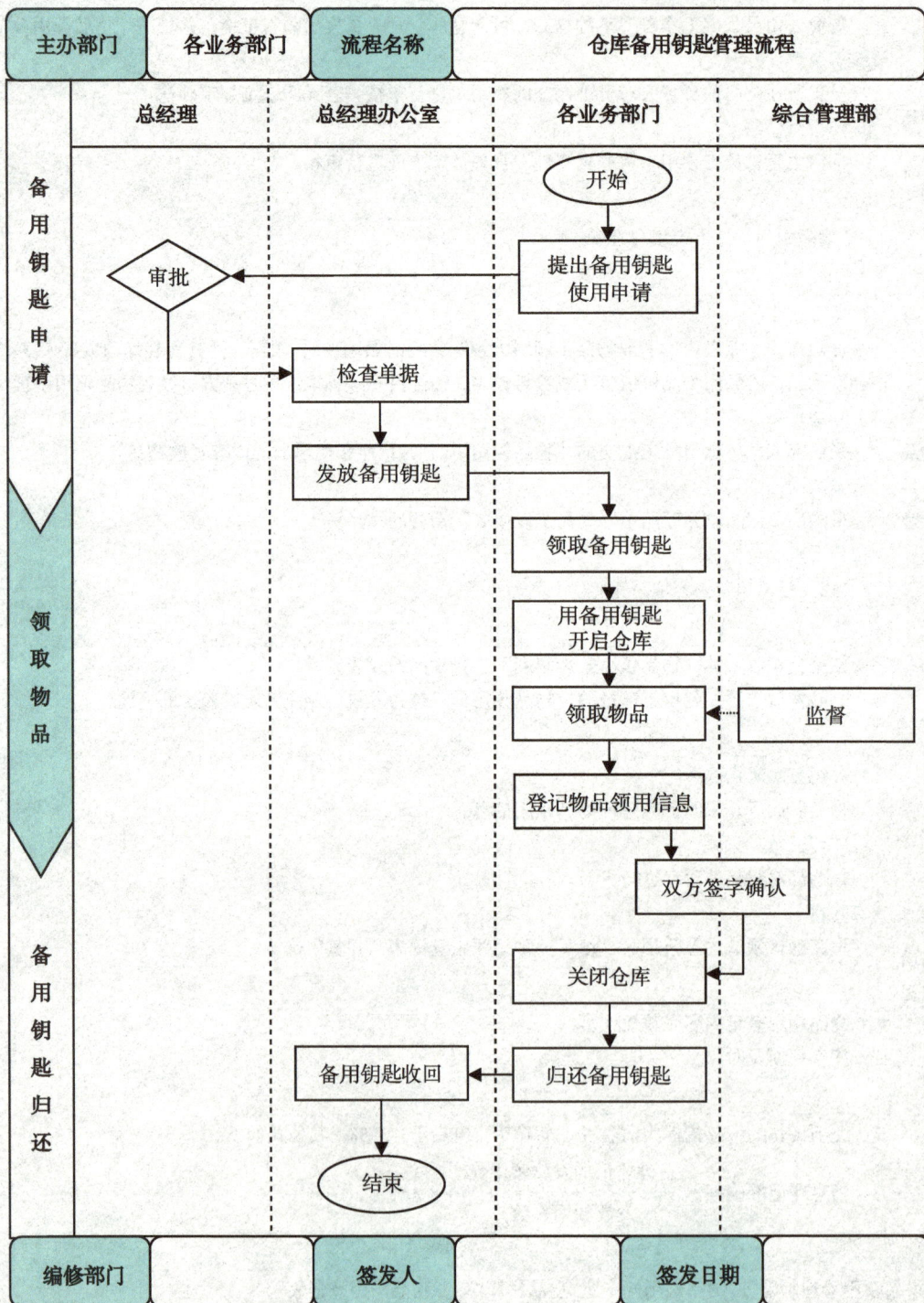

主办部门	各业务部门	流程名称	仓库备用钥匙管理流程

	总经理	总经理办公室	各业务部门	综合管理部
备用钥匙申请	审批	检查单据 发放备用钥匙	开始 提出备用钥匙使用申请	
领取物品			领取备用钥匙 用备用钥匙开启仓库 领取物品 登记物品领用信息 双方签字确认	监督
备用钥匙归还	备用钥匙收回 结束		关闭仓库 归还备用钥匙	

编修部门		签发人		签发日期

12.4.2　仓库备用钥匙管理执行程序、工作标准、考核指标、执行规范

任务名称	执行程序、工作标准与考核指标
备用钥匙申请	**执行程序** **1. 提出备用钥匙使用申请** ☆物业公司各业务部门因工作需要使用仓库的备用钥匙时，需提前提出申请。 ☆各业务部门依照规定填写"备用钥匙使用申请单"后方可借用。 ☆各业务部门将"备用钥匙使用申请单"提交总经理审批。 **2. 检查单据** 　总经理办公室需对各业务部门提交的"备用钥匙使用申请单"进行审批，主要审批是否有主管负责人的签字。 **3. 发放备用钥匙** 　"备用钥匙使用申请单"审批通过后，总经理办公室将仓库的备用钥匙发放至申请人。 **工作重点** 　及时登记并对其进行处理。 **工作标准** ☆本物业公司的仓库备用钥匙由总经理办公室统一保管。 ☆备用钥匙需进行编号并贴上标签，放入钥匙专柜保管。
领取物品	**执行程序** **1. 用备用钥匙开启仓库** ☆领用人拿到仓库的备用钥匙后，按钥匙标签开启仓库。 ☆综合管理部人员与备用钥匙持有者一同前往仓库领取物品。 **2. 领取物品** 　领用人依照实际工作需要领取规定品种、数量的物品。 **3. 登记物品领用信息** 　物品领取完后，物品领用人要在"物品领用登记表"上进行登记。 **工作重点** 　备用钥匙只用于仓管人员休假等不在岗的情况。 **工作标准** 　因违规操作造成仓库库存物资损失的，相关人员需承担相应责任。 **考核指标** 　信息登记的准确性：即登记的信息与实际领取的物品信息一致。
备用钥匙归还	**执行程序** **1. 归还备用钥匙** 　物品领取完后，备用钥匙持有者将备用钥匙归还至总经理办公室，并做好备用钥匙的归还登记工作。 **2. 备用钥匙收回** 　总经理办公室依照公司规定，对备用钥匙进行妥善保管。 **工作重点** 　在规定的时间内交还备用钥匙。

任务名称	执行程序、工作标准与考核指标
备用钥匙归还	**工作标准** ☆总经理办公室负责对备用钥匙借用、归还及管理等各个环节进行监督与控制，并每日检查相关备用钥匙记录。 ☆如备用钥匙借用者由于使用不当导致钥匙损坏，或者因玩忽职守致使备用钥匙丢失，相关人员需按照公司的规定承担相应的责任。
执行规范	
"物品领用管理规定""备用钥匙管理制度""备用钥匙台账""备用钥匙使用申请单""备用钥匙借用登记表""物品领用登记表"。	

12.5.1 物品报废管理流程设计

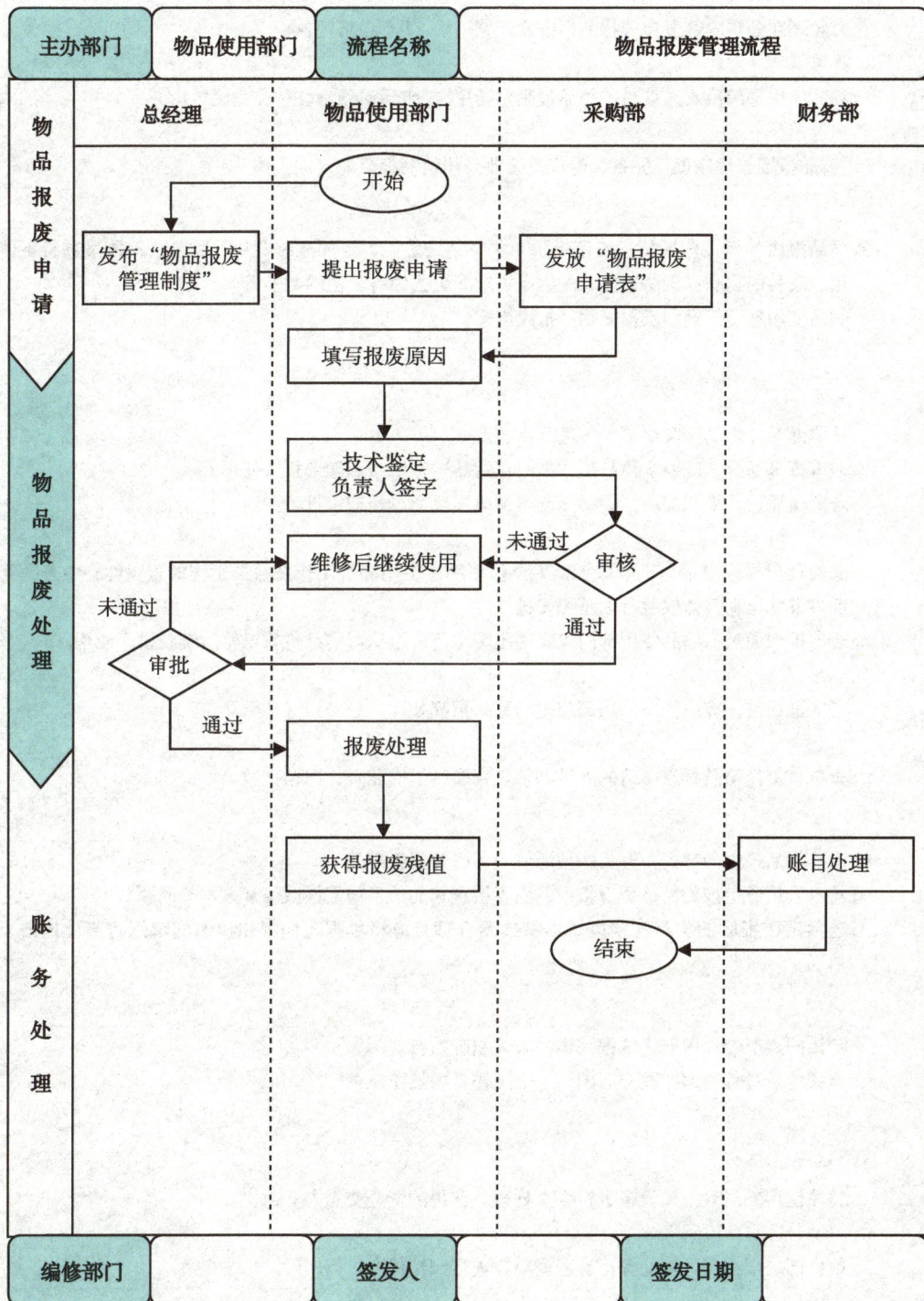

主办部门	物品使用部门	流程名称	物品报废管理流程

	总经理	物品使用部门	采购部	财务部

物品报废申请

开始

发布"物品报废管理制度" → 提出报废申请 → 发放"物品报废申请表"

填写报废原因

技术鉴定 负责人签字

物品报废处理

维修后继续使用 ← 未通过 ← 审核

未通过 审批 ← 通过

通过 → 报废处理

账务处理

获得报废残值 → 账目处理

结束

编修部门		签发人		签发日期	

第12章 物业采购管理

12.5.2 物品报废管理执行程序、工作标准、考核指标、执行规范

任务名称	执行程序、工作标准与考核指标
物品报废申请	**执行程序** **1. 发布"物品报废管理制度"** 总经理在公司内部发布"物品报废管理制度",便于各部门执行。 **2. 提出报废申请** 物品使用部门负责人填写"物品报废申请单",申请单须标注物品报废缘由。 **工作重点** "物品报废管理制度"完备,能规范物业公司物品报废的管理工作。 **工作标准** ☆物品报废的标准包括超过使用年限、主要结构陈旧、不便改装利用的物品;耗能过高且不能转用、改装的物品;无法适应新的生产需求、失去原有价值的物品等。 ☆物品使用部门依据制度提交物品报废申请。
物品报废处理	**执行程序** **1. 审核** ☆采购部对"物品报废申请单"进行审核。 ☆若审核未通过,应要求物品使用部门对物品进行维修后继续投入使用。 ☆若审核通过,采购部将"物品报废申请单"提交总经理审批。 **2. 审批** ☆总经理对报废申请单进行审批,主要根据物品使用部门工作效益及工作的重要性,结合公司当前财务状况和整体效益考虑是否安排报废。 ☆若审批未通过,物品使用部门应撤销报废申请,组织对物品进行维修后继续投入使用。 **3. 报废处理** 若审批通过,应由物品使用部门进行物品报废处理。 **工作重点** 审核与审批物品报废申请的人员必须认真履行工作职责,严格把关。 **工作标准** ☆申请物品报废的部门一般为物品的使用部门及保管部门。 ☆技术人员鉴定该物品是否应报废,主要检查物品的可修复性及修复成本等问题。 ☆若判定需报废的物品与报废单不符或不合理,应将单据退回提出申请的部门重新处理或重填单据。 **考核指标** ☆审核的规范性:即严格依据公司的有关制度执行。 ☆审核的及时性:即在提交后的＿＿个工作日内给予反馈。
账务处理	**执行程序** **1. 获得报废残值** 物品使用部门对报废设备进行变卖处理,获得的资金交至财务部。 **2. 帐务处理** 财务部应根据实际情况登记台账资料并进行归档保存。

物业管理 流程设计与工作标准

任务 名称	执行程序、工作标准与考核指标
账务 处理	**工作重点** 　应将出售废品所得款及时交至财务部。
	工作标准
	☆公司员工不得擅自处理待报废物品。 ☆对已办理正式报废手续的物品，应有完整的书面记录。
执行规范	
"物品报废管理制度""物品报废管理办法""物品报废申请单"。	

第 13 章　物业服务质量管理

13.1　物业服务质量管理流程设计

13.1.1　流程设计的目的

满足业主日益增长的对高品质服务的需求是物业公司需要解决的问题。为了更好地为业主服务，物业公司应加强对物业服务质量的管理。企业对物业服务质量管理进行流程设计的目的如下。

1. 将物业服务工作做精、做细，不断提升服务品质。

2. 让每一个环节都有章可循，避免因人为因素造成操作程序的随意性。

3. 从品质提升入手，推行物业服务的标准化管理，树立物业公司的良好口碑。

13.1.2　流程结构设计

物业服务质量管理流程结构设计主要针对物业服务质量的重点工作环节进行设计，具体内容如图 13-1 所示。

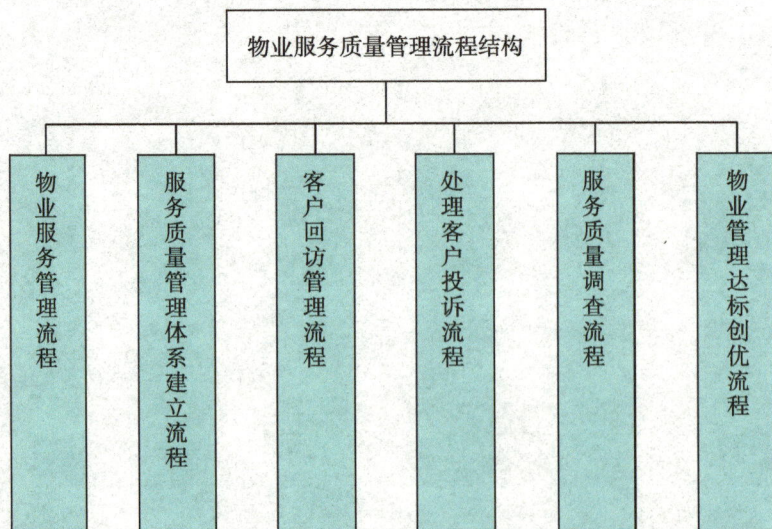

图 13-1　物业服务质量管理流程结构设计

13.2 物业服务管理流程设计与工作执行

13.2.1 物业服务管理流程设计

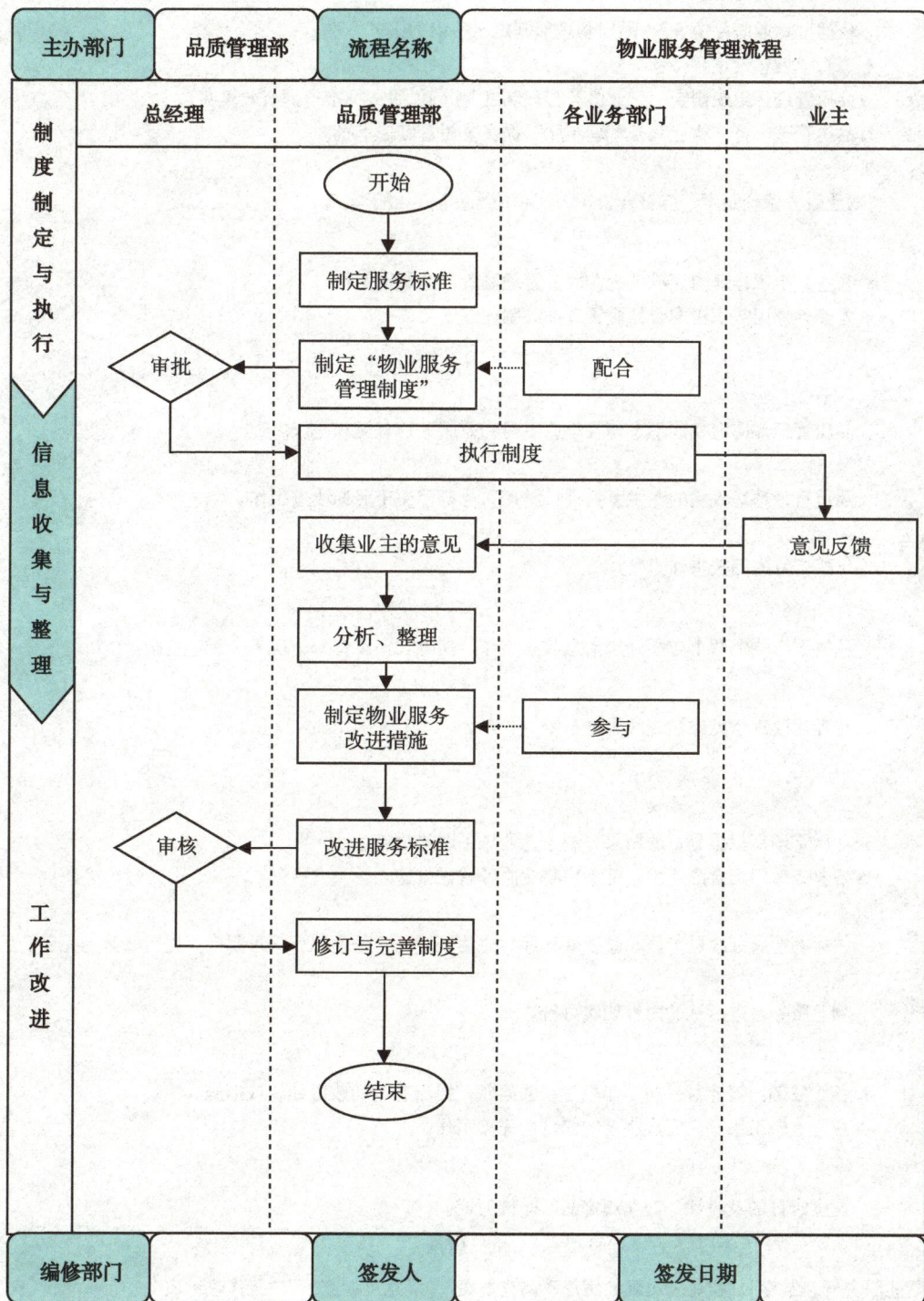

主办部门	品质管理部	流程名称	物业服务管理流程

	总经理	品质管理部	各业务部门	业主

制度制定与执行 → 信息收集与整理 → 工作改进

```
                        开始
                         ↓
                     制定服务标准
                         ↓
       审批  ←  制定"物业服务管理制度"  ←···  配合
         ↓
         └──→      执行制度      ──────────────┐
                                                ↓
                   收集业主的意见  ←──────  意见反馈
                         ↓
                     分析、整理
                         ↓
                 制定物业服务改进措施  ←···  参与
                         ↓
       审核  ←      改进服务标准
         ↓
         └──→    修订与完善制度
                         ↓
                       结束
```

编修部门		签发人		签发日期	

第 13 章 物业服务质量管理

/ 211 /

13.2.2　物业服务管理执行程序、工作标准、考核指标、执行规范

任务名称	执行程序、工作标准与考核指标
制度制定与执行	**执行程序** **1.制定服务标准** 　依据"物业服务协议",品质管理部制定出明确的服务标准。 **2.制定"物业管理服务制度"** ☆品质管理部组织制定"物业服务管理制度",确保服务标准得到有效落实。 ☆品质管理部将"物业服务管理制度"提交公司总经理审批。 **工作重点** "物业服务管理制度"应符合公司的实际情况,而且便于实施。 **工作标准** ☆在____个工作日内完成"物业服务管理制度"的制定工作。 ☆各业务部门需积极配合品质管理部的制度制定工作。
信息收集与整理	**执行程序** **1.收集业主的意见** 　品质管理部应定期或不定期收集业主对物业服务的意见和建议。 **2.分析、整理** 　品质管理部对收集的业主意见进行整理和分析,便于后期改进工作。 **工作重点** 　做好信息的筛选工作。 **工作标准** 　从线下与线上两个方面开展信息收集工作,信息收集工作每季度不少于____次。 **考核指标** 　合理化改进意见或建议的数量不少____条。
工作改进	**执行程序** **1.制定物业服务改进措施** ☆品质管理部根据分析的结果,制定物业服务改进措施。 ☆各业务部门配合品质管理部制定物业服务改进措施。 **2.完善制度** 　根据物业服务改进措施,品质管理部对之前制定的"物业服务管理制度"进行修订与完善。 **工作重点** 　物业服务改进措施的内容切实可行。 **工作标准** ☆各业务部门需针对目前工作中存在的问题,提出有效的改进建议或措施。 ☆在____个工作日内完成制度的修订与完善工作。 **考核指标** 　制度修订的及时性:即在规定的时间内完成。
执行规范	
"物业服务管理制度""物业公司服务满意率调查方案""满意度调查表""工作改进表"。	

13.3 服务质量管理体系建立流程设计与工作执行

13.3.1 服务质量管理体系建立流程设计

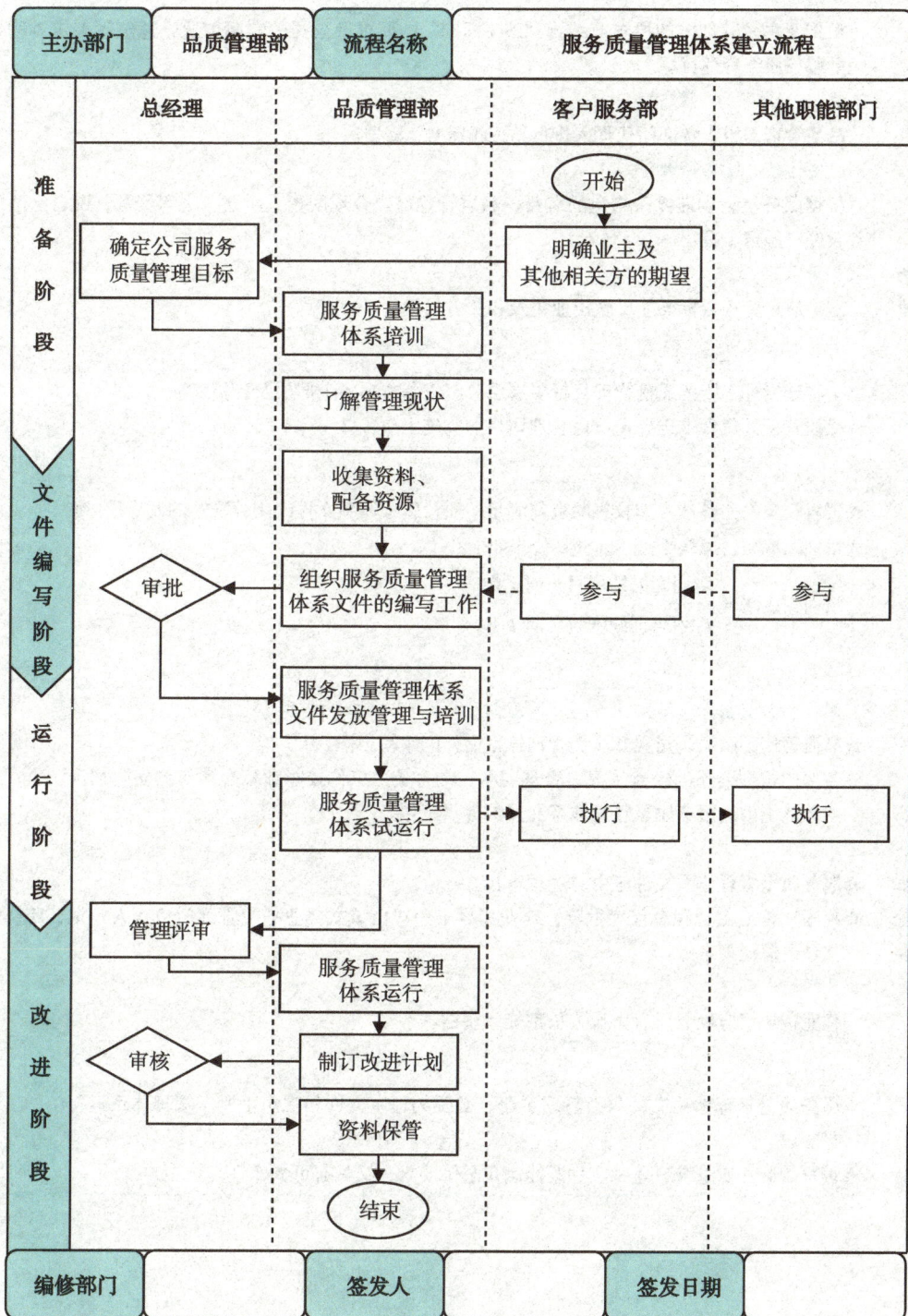

主办部门	品质管理部	流程名称	服务质量管理体系建立流程	

	总经理	品质管理部	客户服务部	其他职能部门

准备阶段

开始

明确业主及其他相关方的期望

确定公司服务质量管理目标

服务质量管理体系培训

了解管理现状

收集资料、配备资源

文件编写阶段

组织服务质量管理体系文件的编写工作 ← 参与 ← 参与

审批

服务质量管理体系文件发放管理与培训

运行阶段

服务质量管理体系试运行 → 执行 → 执行

改进阶段

管理评审

服务质量管理体系运行

制订改进计划

审核

资料保管

结束

编修部门		签发人		签发日期	

13.3.2 服务质量管理体系建立执行程序、工作标准、考核指标、执行规范

任务名称	执行程序、工作标准与考核指标
准备阶段	**执行程序** **1. 确定公司服务质量管理目标** 　　根据业主及其他方的要求，结合"ISO标准"的要求及公司的实际情况，总经理确定本物业公司的服务质量管理目标。 **2. 服务质量管理体系培训** 　　品质管理部组织各部门负责人进行"ISO标准"培训。 **3. 收集资料、配备资源** 　　根据服务质量管理体系构建的需要，品质管理部要合理配置人、财、物等资源，配备必要的服务设施和服务工具。 **工作重点** 服务质量管理目标要能反映出业主及相关方的期望。 **工作标准** ☆为实现目标，服务质量管理目标要层层分解，落实到各个部门及各员工。 ☆品质管理部负责推进公司质量管理体系的实施工作。 **考核指标** ☆资料收集的完备性：即收集的资料满足"质量管理体系文件编制标准"的制定需求。 ☆培训完成率，应高于____%，其公式如下。 $$培训完成率 = \frac{培训完成的项目（时）数}{计划培训的项目（时）数} \times 100\%$$
文件编写阶段	**执行程序** **1. 组织服务质量管理体系文件的编写工作** ☆品质管理部组织公司服务质量管理体系文件的编写工作。 ☆各部门根据公司的经营规模、管理现状，结合员工工作技能和综合素质的实际情况，负责对所主管范围内的服务质量管理体系文件的编写工作。 **2. 审批** ☆服务质量管理体系文件应由总经理审批。 ☆程序文件应由管理者代表批准，作业指导书一般由该文件业务主管部门负责人审批，跨部门的文件由总经理审批。 **工作重点** 作业指导书应确保所有操作人员都能看明白。 **工作标准** ☆服务质量管理体系文件包括管理手册、必要的程序文件和工作手册、管理体系运行中的工作记录等。 ☆编写的服务质量管理体系文件既能满足总体要求，又具有可操作性。

物业管理 流程设计与工作标准

任务名称	执行程序、工作标准与考核指标
运行阶段	**执行程序** **1.服务质量管理体系文件发放管理与培训** ☆将审批通过的服务质量管理体系文件下发至各部门。 ☆各主管人员通过宣传、培训等方法，使员工对公司的服务质量管理体系文件有充分的认识。 **2.服务质量管理体系试运行** 　服务质量管理体系要在企业内部试运行，以检验服务质量管理体系文件的适用性和有效性。 **工作重点** ☆严禁随意作业和不按规程操作。 ☆严格依照工作的实际情况进行记录。 **工作标准** ☆服务质量管理体系文件确定后，在＿＿＿个工作日内下发至各部门。 ☆各部门对服务质量管理体系文件实施过程中出现的问题及时反馈至部门负责人。 **考核指标** 　问题反馈的及时性：即在发现问题后＿＿＿分钟内将问题反馈至部门负责人。
改进阶段	**执行程序** **1.管理评审** ☆管理评审是公司最高层管理者定期系统地对服务质量管理体系的适宜性、充分性、有效性进行评价，确保其符合服务质量方针和服务质量目标。 ☆根据评审结果，编制"质量管理体系评审报告"。 **2.制订改进计划** 　根据评审报告的意见，品质管理部制订改进计划。 **3.资料保管** 　对服务质量管理体系文件、评审报告等资料进行妥善保管。 **工作重点** 　根据服务质量管理体系的运行情况，不断完善体系内容，做到持续改进。 **工作标准** ☆管理评审可以以会议的形式开展。 ☆文件可采用书面、光盘等形式保存。

执行规范

"ISO 标准""质量管理体系文件编制标准""质量管理体系文件编制指南""质量管理体系评审报告""质量管理体系改进计划"。

13.4 客户回访管理流程设计与工作执行

13.4.1 客户回访管理流程设计

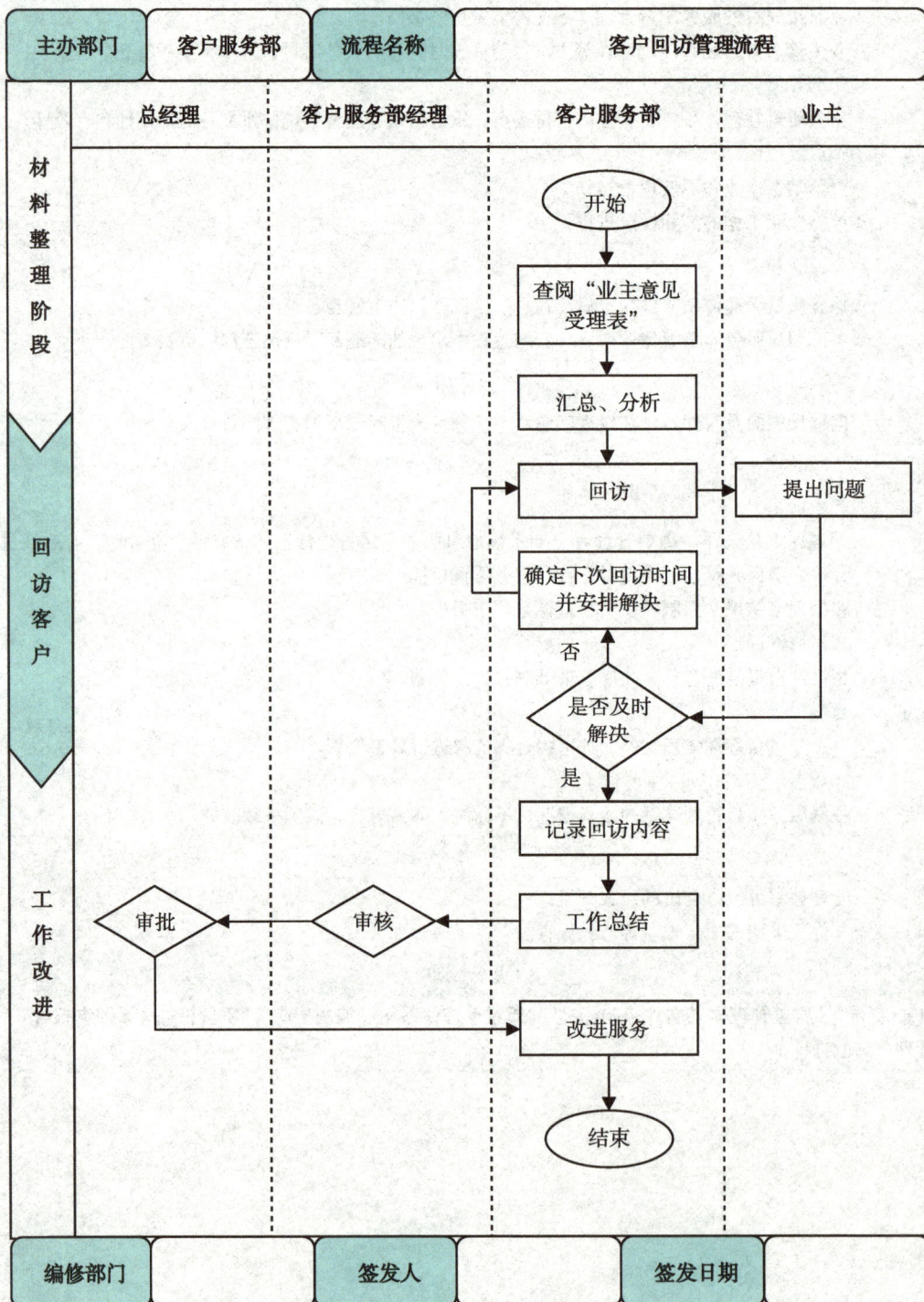

主办部门	客户服务部	流程名称	客户回访管理流程

	总经理	客户服务部经理	客户服务部	业主

材料整理阶段 → 回访客户 → 工作改进

开始
↓
查阅"业主意见受理表"
↓
汇总、分析
↓
回访 → 提出问题
↓
确定下次回访时间并安排解决
↓ 否
是否及时解决
↓ 是
记录回访内容
↓
工作总结 → 审核 → 审批
↓
改进服务
↓
结束

编修部门		签发人		签发日期	

13.4.2 客户回访管理执行程序、工作标准、考核指标、执行规范

任务 名称	执行程序、工作标准与考核指标
材料 整理 阶段	**执行程序** **1.查阅"业主意见受理表"** 客户服务部定期查看"业主意见受理表"的内容。 **2.汇总、分析** 客户服务部对收集到的信息进行汇总，并对某些问题进行分析。 **工作重点** 客户服务部根据业主的要求及时解决投诉问题。 **工作标准** 客户服务部对业主的投诉进行分类，统计出业主对物业服务不满意的地方，安排回访。
回访 客户	**执行程序** **1.回访** 客户服务部对业主进行回访，了解业主对物业工作的满意度情况。 **2.提出问题** 业主向客户服务人员反映问题，指出物业服务中的不足之处。 **工作重点** 了解业主的需求并满足其合理的需求。 **工作标准** 在____个工作日内完成对业主的回访工作并准确记录回访信息。 **考核指标** 此项工作的考核指标为回访完成率，应不低于____%，其公式如下。 $$回访完成率 = \frac{在规定时间内完成回访数}{在规定时间内计划完成的回访数} \times 100\%$$
工作 改进	**执行程序** **1.工作总结** 客户服务部根据业主反馈的信息，及时对上一阶段的工作进行总结，并形成书面文件，然后将其提交客户服务部经理审核、总经理审批。 **2.改进服务** 客户服务部针对物业服务工作中的不足之处，提出改进措施或办法，提升服务质量。 **工作重点** 改进措施或办法切实可行，符合本物业公司的实际情况。 **工作标准** ☆在____个工作日内完成总结报告的撰写工作。 ☆改进措施得到全面落实。
执行规范	
"物业服务管理制度""业主意见受理表""业主回访制度""业主回访表""回访记录表""工作改进计划表"。	

13.5 处理客户投诉流程设计与工作执行

13.5.1 处理客户投诉流程设计

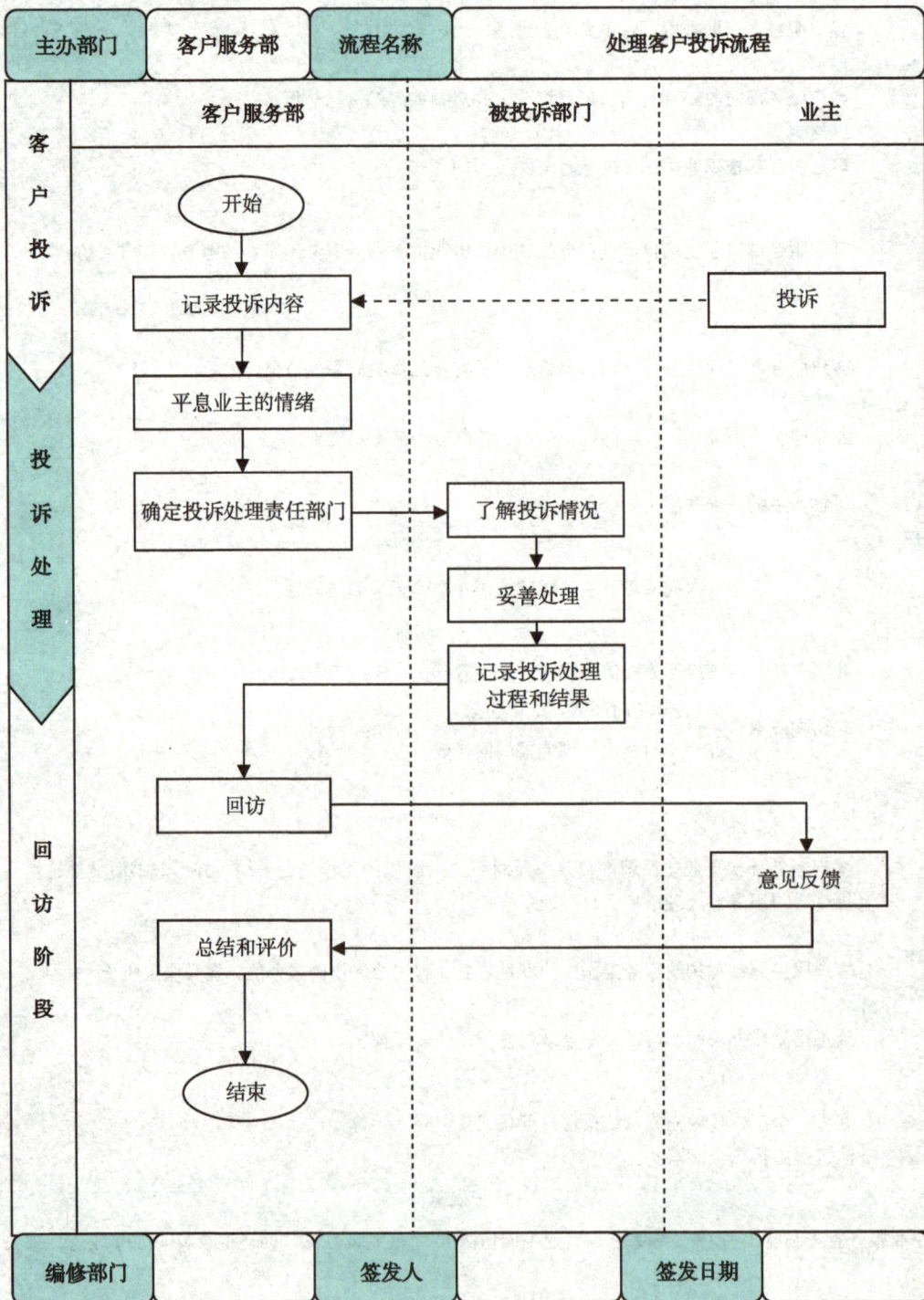

| 主办部门 | 客户服务部 | 流程名称 | 处理客户投诉流程 |

| | 客户服务部 | 被投诉部门 | 业主 |

客户投诉

```
          开始
           │
           ▼
      记录投诉内容  ◄┄┄┄┄┄┄┄┄┄┄┄┄┄┄  投诉
           │
           ▼
      平息业主的情绪
           │
           ▼
    确定投诉处理责任部门  ─────►  了解投诉情况
                                      │
                                      ▼
                                   妥善处理
                                      │
                                      ▼
                               记录投诉处理
                               过程和结果
           ┌──────────────────────────┘
           ▼
          回访  ────────────────────────────────┐
                                                 │
                                                 ▼
                                            意见反馈
           ┌─────────────────────────────────────┘
           ▼
      总结和评价  ◄──────────────────────────────
           │
           ▼
          结束
```

投诉处理

回访阶段

| 编修部门 | | 签发人 | | 签发日期 | |

13.5.2 处理客户投诉执行程序、工作标准、考核指标、执行规范

任务名称	执行程序、工作标准与考核指标
客户投诉	**执行程序** **1.投诉** 　业主因对物业公司的服务不满意向客户服务部投诉。 **2.记录投诉内容** ☆当业主来电或到客户服务部投诉物业公司某部门或某员工的工作时，应耐心倾听业主的投诉。 ☆接待人员需对业主投诉的内容、投诉对象、要求等内容进行记录。 **工作重点** 　明确业主投诉的内容和诉求。 **工作标准** ☆若业主投诉的要求不合理，应以委婉的方式答复业主，获得业主的理解。 ☆记录的内容清晰、准确。
投诉处理	**执行程序** **1.确定投诉处理责任部门** ☆根据业主投诉的内容，确定具体的受理部门和受理负责人。 ☆若是本部门管辖范围内出现的问题，应第一时间妥善解决。 **2.了解投诉情况** 　客户服务部将业主的投诉情况反馈至被投诉部门。 **3.妥善处理** ☆被投诉部门或人员根据了解的情况，妥善处理业主的投诉。 ☆如果对投诉无法做出妥善处理，及时与客户服务部协商解决，或者与业主协商好下次解决问题的时间，或者给出处理意见。 **工作重点** 　提出妥善的解决办法。 **工作标准** ☆根据实际情况，结合业主的投诉要求，提出令双方都满意的解决办法。 ☆对暂时无法妥善处理的投诉，应在____个工作日内提出应对措施。 **考核指标** ☆信息反馈的及时性：即在接到业主投诉后____分钟内将信息反馈至责任部门。 ☆投诉问题解决率，应不低于____%，其公式如下。 $$投诉问题解决率 = \frac{解决的投诉问题}{投诉问题总数} \times 100\%$$
回访阶段	**执行程序** **1.回访** 　接到投诉处理部门的问题解决回执后，客户服务部根据投诉内容对业主进行回访。 **2.总结和评价** ☆客户服务部将回访内容记录在"业主投诉处理记录表"上。 ☆客户服务部定期对业主投诉工作进行总结，作为改进工作的依据。

任务名称	执行程序、工作标准与考核指标
回访阶段	**工作重点** 回访内容记录清晰。 **工作标准** ☆在投诉处理完毕后的____个工作日内完成回访工作。 ☆每月____日前完成总结报告的撰写工作。
执行规范	
"物业公司服务管理标准""业主投诉管理制度""业主投诉记录表""业主投诉处理记录表""投诉工作总结"。	

13.6 服务质量调查流程设计与工作执行

13.6.1 服务质量调查流程设计

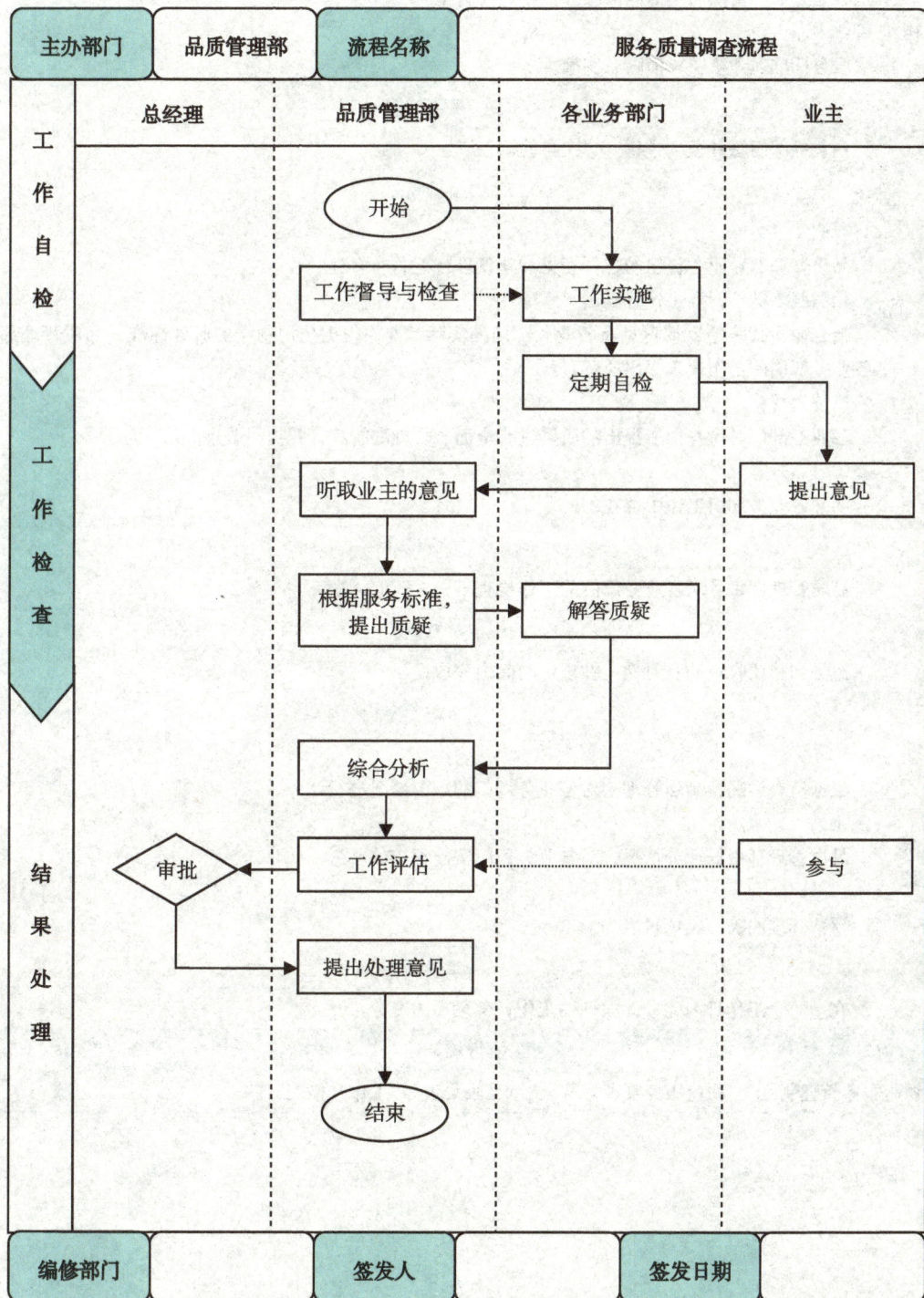

主办部门	品质管理部	流程名称	服务质量调查流程		

	总经理	品质管理部	各业务部门	业主
工作自检			开始	
		工作督导与检查	工作实施	
			定期自检	
工作检查		听取业主的意见		提出意见
		根据服务标准，提出质疑	解答质疑	
		综合分析		
结果处理	审批	工作评估		参与
		提出处理意见		
		结束		

编修部门		签发人		签发日期	

13.6.2 服务质量调查执行程序、工作标准、考核指标、执行规范

任务名称	执行程序、工作标准与考核指标
工作自检	**执行程序** 各业务部门定期对本部门的服务工作进行自检。 **工作重点** 服务标准、考核要求清晰、明确。 **工作标准** 各业务部门每月至少进行＿＿次自检。
工作检查	**执行程序** **1.听取业主的意见** 品质管理部对业主提出的各种意见和建议进行汇总、整理。 **2.根据服务标准，提出质疑** 结合业主代表的反馈意见及各业务部门的实际情况，根据公司制定的服务标准，品质管理部对各业务部门的工作表现提出质疑。 **3.解答质疑** 各业务部门对检查中所提出的质疑进行全面、合理的解答，并提出改进办法。 **工作重点** 明确各业务部门工作中存在的问题。 **工作标准** 品质管理部每月对各业务部门的工作检查不得少于＿＿次。 **考核指标** 意见和建议收集的及时性：在规定时间内完成。
结果处理	**执行程序** **1.工作评估** 根据检查情况，品质管理部对各业务部门的服务情况进行评分。 **2.提出处理意见** 品质管理部根据评分情况，对各业务部门实施相应的奖惩。 **工作重点** 评估标准明确，奖惩得当。 **工作标准** 在＿＿个工作日内完成此次评估工作；奖惩事由充分。
执行规范	
"物业服务管理制度""物业服务管理标准""意见收集表""工作自检表"。	

13.7 物业管理达标创优流程设计与工作执行

13.7.1 物业管理达标创优流程设计

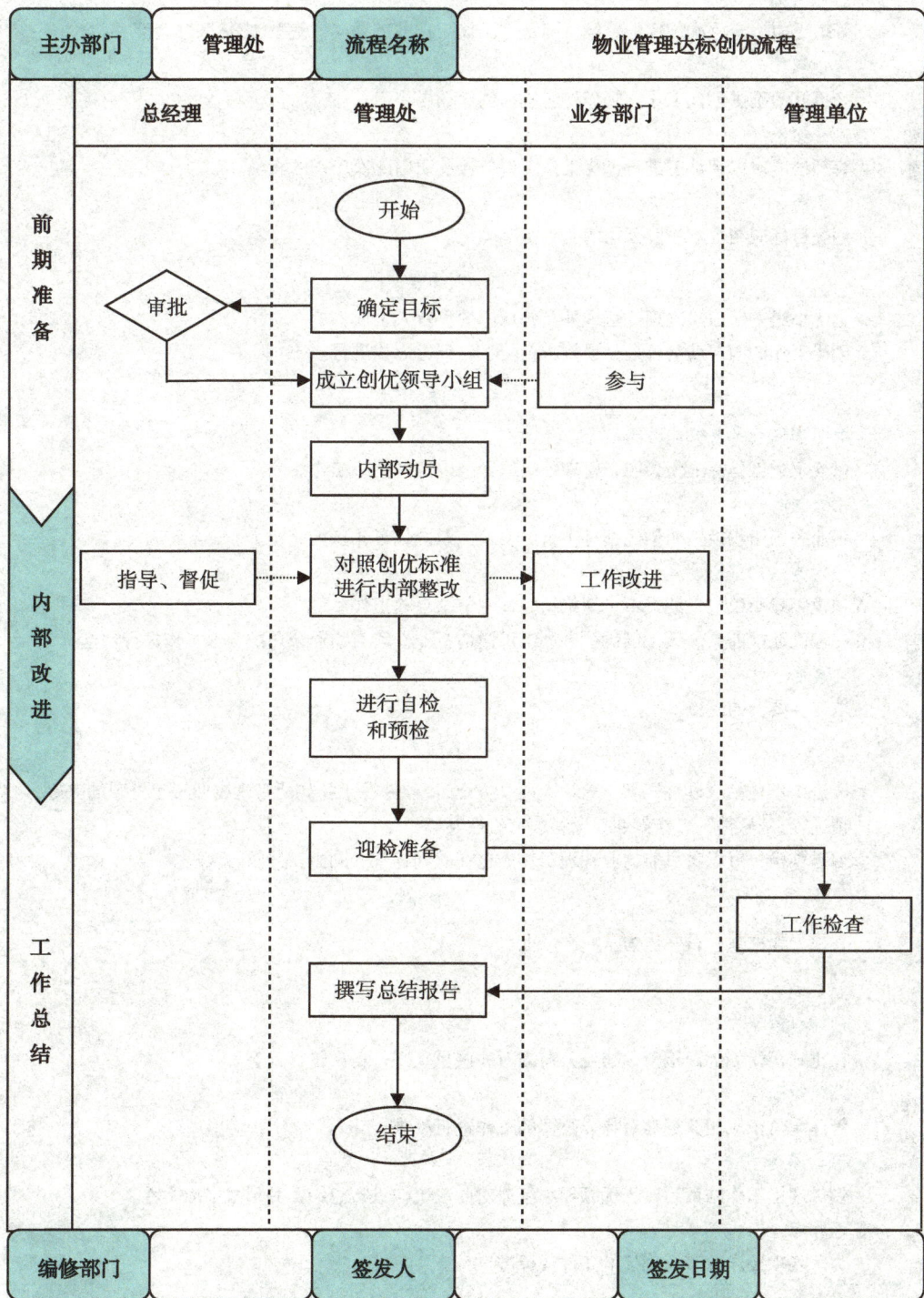

主办部门	管理处	流程名称	物业管理达标创优流程		

	总经理	管理处	业务部门	管理单位
前期准备		开始		
	审批	确定目标		
		成立创优领导小组	参与	
		内部动员		
内部改进	指导、督促	对照创优标准进行内部整改	工作改进	
		进行自检和预检		
工作总结		迎检准备		
				工作检查
		撰写总结报告		
		结束		

编修部门		签发人		签发日期	

第 13 章 物业服务质量管理

13.7.2 物业管理达标创优执行程序、工作标准、考核指标、执行规范

任务名称	执行程序、工作标准与考核指标
前期准备	**执行程序** **1. 确定目标** 管理处应确定此次创优的目标，即是"国优"标准还是"省优""市优""区优"标准等。 **2. 成立创优领导小组** 为更好地推进创优工作，管理处应成立创优领导小组。 **3. 内部动员** 管理处应对内部员工进行创优工作宣讲，让其明白此次工作的意义。 **工作重点** 创优目标应结合本物业公司的实际情况确定。 **工作标准** ☆创优小组一般由总经理、管理处及各部门的负责人组成。 ☆创优工作的内部动员可通过会议、宣传、培训等方式进行。
内部改进	**执行程序** **1. 对照创优标准进行内部整改** 以规定的创优标准为参照，管理处组织做好内部的整改工作。 **2. 工作改进** 各业务部门积极按照创优领导小组的要求，对内部工作进行完善。 **3. 进行自检和预检** ☆创优领导小组应定期或不定期组织做好内部的自检工作。 ☆在创优迎检前＿＿＿天，创优领导小组可邀请行业专家对物业公司的内部工作进行预检。 **工作重点** 取得业委会的支持。 **工作标准** ☆改进工作包括"硬件"和"软件"两个方面，"硬件"工作如所管理物业楼宇外观的完好、整洁情况等；"软件"工作如迎检资料的完善性等。 ☆通过预检，可以将目前物业管理工作中存在的问题逐一列出，并及时改进。 **考核指标** 自检工作次数：目标值为＿＿＿次以上。
工作总结	**执行程序** **1. 迎检准备** 在正式接受创优迎检前，物业公司需对一些重点工作再次进行检查。 **2. 工作检查** 管理单位依照相关标准对物业公司的工作进行检查。 **3. 撰写总结报告** 创优迎检工作结束后，创优领导小组需对此次工作进行总结，并形成书面文件。 **工作重点** 力争各项要求都符合创优的条件或标准。

任务名称	执行程序、工作标准与考核指标
工作总结	**工作标准**
	☆做好迎检环境的布置工作。 ☆员工需注意自身的仪容仪表、言行举止，以最饱满的风貌迎接工作检查。
	执行规范

"物业管理达标创优标准作业规程""物业管理创优标准作业规范""工作检查表""创优工作总结报告"。

第 13 章 物业服务质量管理

14.1　物业财务管理流程设计

14.1.1　流程设计的目的

财务管理是物业公司管理活动中重要的一环，有效的财务管理不仅对物业公司管理具有较大的促进作用，还能通过直接或间接的方式为公司创造利润。

建立规范的物业财务管理流程的目的如下。

1. 做好成本管控，实现降本增效。

2. 合理配置资源，为物业公司创造更多的效益。

3. 规范财务工作，提升物业公司的财务管理水平。

14.1.2　流程结构设计

物业公司的规模不同，其财务部的设置及人员配备也不相同，但财务部的职能大同小异，如监控公司的资产、合理控制开支等。

结合物业公司财务部的职能，物业财务管理流程结构设计如图 14-1 所示。

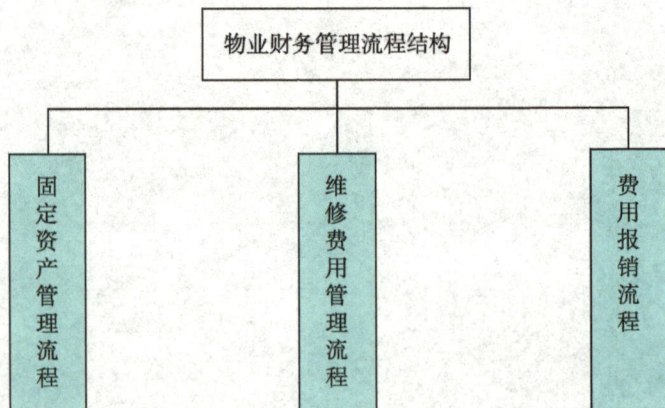

图 14-1　物业财务管理流程结构设计

14.2　固定资产管理流程设计与工作执行

14.2.1　固定资产管理流程设计

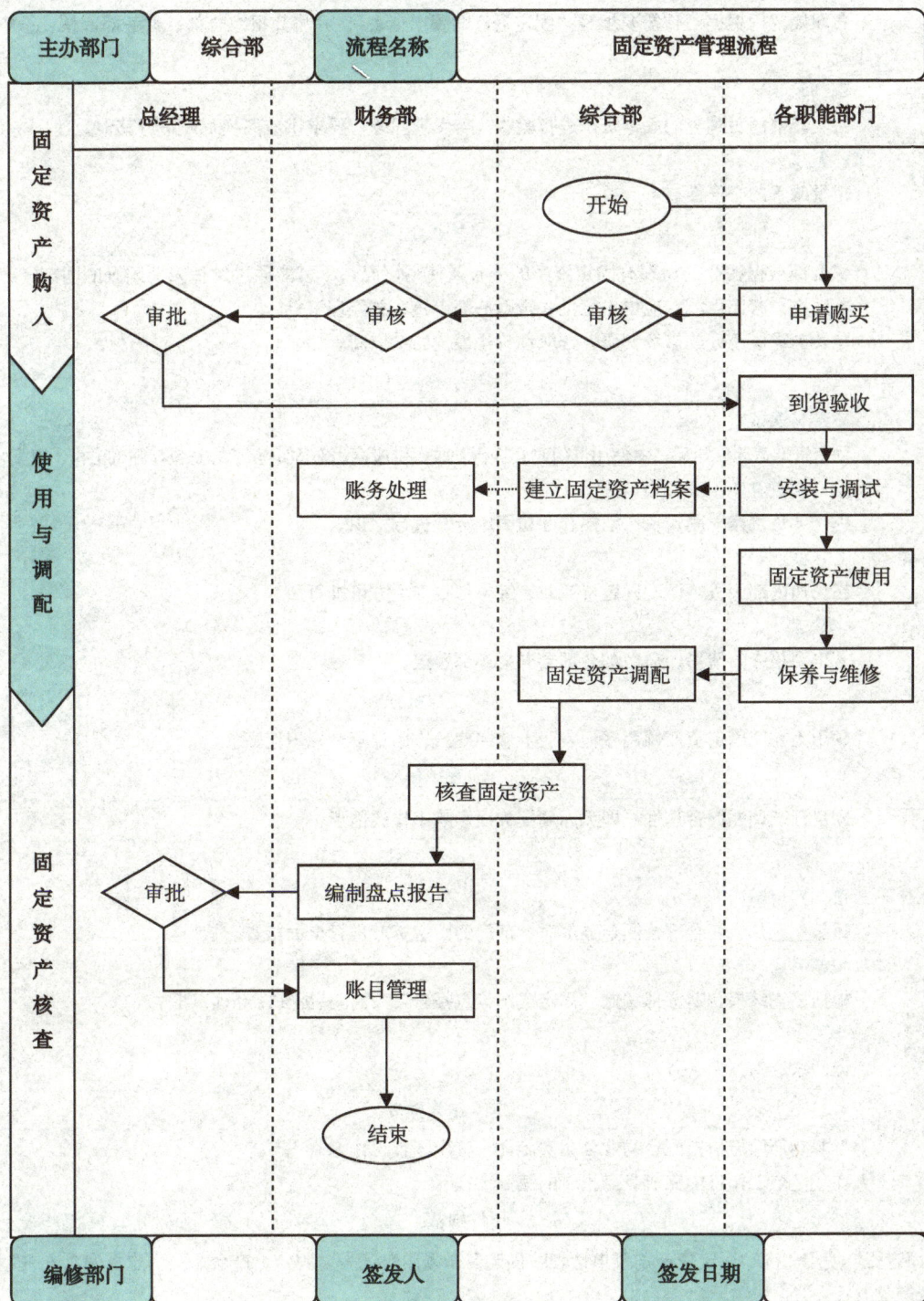

主办部门	综合部	流程名称	固定资产管理流程

	总经理	财务部	综合部	各职能部门

固定资产购入

开始

申请购买

审核 ← 审核 ← 审批

到货验收

账务处理 ← 建立固定资产档案 ← 安装与调试

使用与调配

固定资产使用

固定资产调配 ← 保养与维修

核查固定资产

固定资产核查

审批 ← 编制盘点报告

账目管理

结束

编修部门		签发人		签发日期	

第14章　物业财务管理

/ 227 /

14.2.2　固定资产管理执行程序、工作标准、考核指标、执行规范

任务名称	执行程序、工作标准与考核指标
固定资产购入	**执行程序** **1. 申请购买** 　各职能部门根据工作需要填写"固定资产购置申请表",并将其报综合部、财务部审核、总经理审批。 **2. 到货验收** 　各职能部门对购置的固定资产进行验收,若发现问题,要求供应商换货或进行其他处理。 **工作重点** 　审批购置的必要性。 **工作标准** ☆综合部根据物业公司现有固定资产的分布及使用情况,尽可能通过调配内部闲置的固定资产给予解决,若无可能,应提出意见并报财务部审核、总经理审批。 ☆购置前需做充分的市场调研,选取性价比最优的供应商。
使用与调配	**执行程序** **1. 安装与调试** 　固定资产运到公司后,由使用部门对其进行验收,供应商需对固定资产的安装与调试工作予以配合。 **2. 建立固定资产档案** 　综合部负责建立固定资产档案,并对固定资产进行标识。 **3. 固定资产调配** 　在公司内部调拨、调配固定资产时,综合部批准后方可进行。 **工作重点** 　若出现报废的情形,需由综合部会同财务部鉴定。 **工作标准** 领用人在"固定资产领用登记表"上签字确认,固定资产标识清晰。 **考核指标** 固定资产调配的合理性:即无因调配失误影响工作的情形。
固定资产核查	**执行程序** **1. 核查固定资产** 　每年____月,综合部会同财务部对各部门的固定资产进行全面核查。 **2. 编制盘点报告** 　根据核查结果,财务部编制"固定资产盘点报告",并将其提交总经理审批。 **工作重点** 　做到账、物、卡一致。 **工作标准** ☆各职能部门需积极配合物业公司实施固定资产核查工作。 ☆在____个工作日内完成盘点报告的编制工作。
执行规范	
"固定资产使用制度""固定资产购置申请表""固定资产领用登记表""固定资产台账""固定资产盘点表""固定资产盘点报告"。	

14.3 维修费用管理流程设计与工作执行

14.3.1 维修费用管理流程设计

主办部门	财务部	流程名称	维修费用管理流程

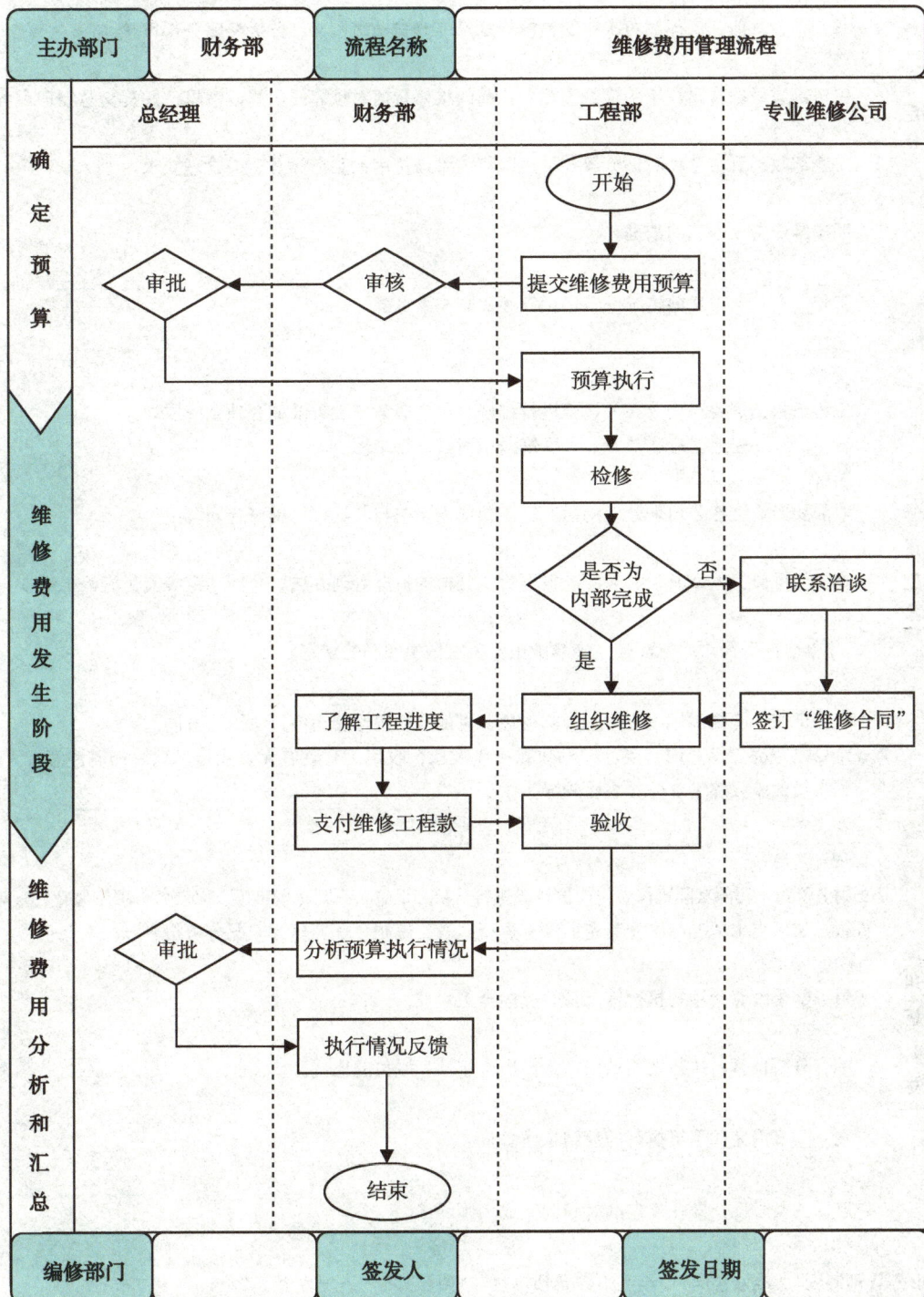

编修部门		签发人		签发日期	

14.3.2 维修费用管理执行程序、工作标准、考核指标、执行规范

任务名称	执行程序、工作标准与考核指标
确定预算	**执行程序** **1.提交维修费用预算** 　　每年____月前，工程部对次年的检修计划及维修费做出预算，并提交财务部审核。 **2.审核** 　　财务部应根据公司往年的维修预算、目前的维修行情对预算提出修改意见，并提交总经理审批。 **3.预算执行** 　　工程部收到反馈意见后，分解并下达次年的维修费用控制指标及有关管理要求。 **工作重点** 　　明确维修费用预算的依据。 **工作标准** 　　每年____月____日前将维修费用预算表提交至财务部。
维修费用发生阶段	**执行程序** **1.检修** ☆工程部根据需要对物业相关设施进行维修，首先应考虑工程部能否独立完成。 ☆若不能独立完成，应联系专业的维修公司对其进行维修。 **2.签订"维修合同"** 　　对需要专业维修公司来处理的情况，工程部需事先与其签订"维修合同"。 **3.支付维修工程款** 　　在支付维修工程款时，财务部需根据物业公司的资金管理办法、合同约定等支付维修工程款。 **工作重点** 　　"维修合同"需对服务标准、维修费用等事宜做出明确的规定。 **工作标准** ☆工程部需与能提供优质服务、价格合理、讲信誉的维修公司签订"维修合同"。 ☆维修工程完工结算时，要注意预付款有无发票，收尾工程款有无扣除预付款，还需注意有无工程人员的验收签字、公司主管领导签字。
维修费用分析和汇总	**执行程序** **1.分析预算执行情况** ☆财务部对工程部实际维修费发生的情况进行分析和汇总，列明花费事项，以及各事项维修花费金额。 ☆根据实际支出情况与事先制定的预算进行比较，编制"预算执行情况分析报告"。 **2.执行情况反馈** 　　财务部将维修费用的执行情况及时反馈至工程部。 **工作重点** 　　综合分析预算与执行之间的偏差，提出次年预算调整的比例。 **工作标准** 　　在____日内完成预算执行的反馈工作。 **考核指标** 　　反馈的及时性：即在规定的时间内完成。
执行规范	
"财务管理制度""维修合同""年度维修费预算表""预算执行情况分析报告"。	

物业管理 流程设计与工作标准

14.4 费用报销流程设计与工作执行

14.4.1 费用报销流程设计

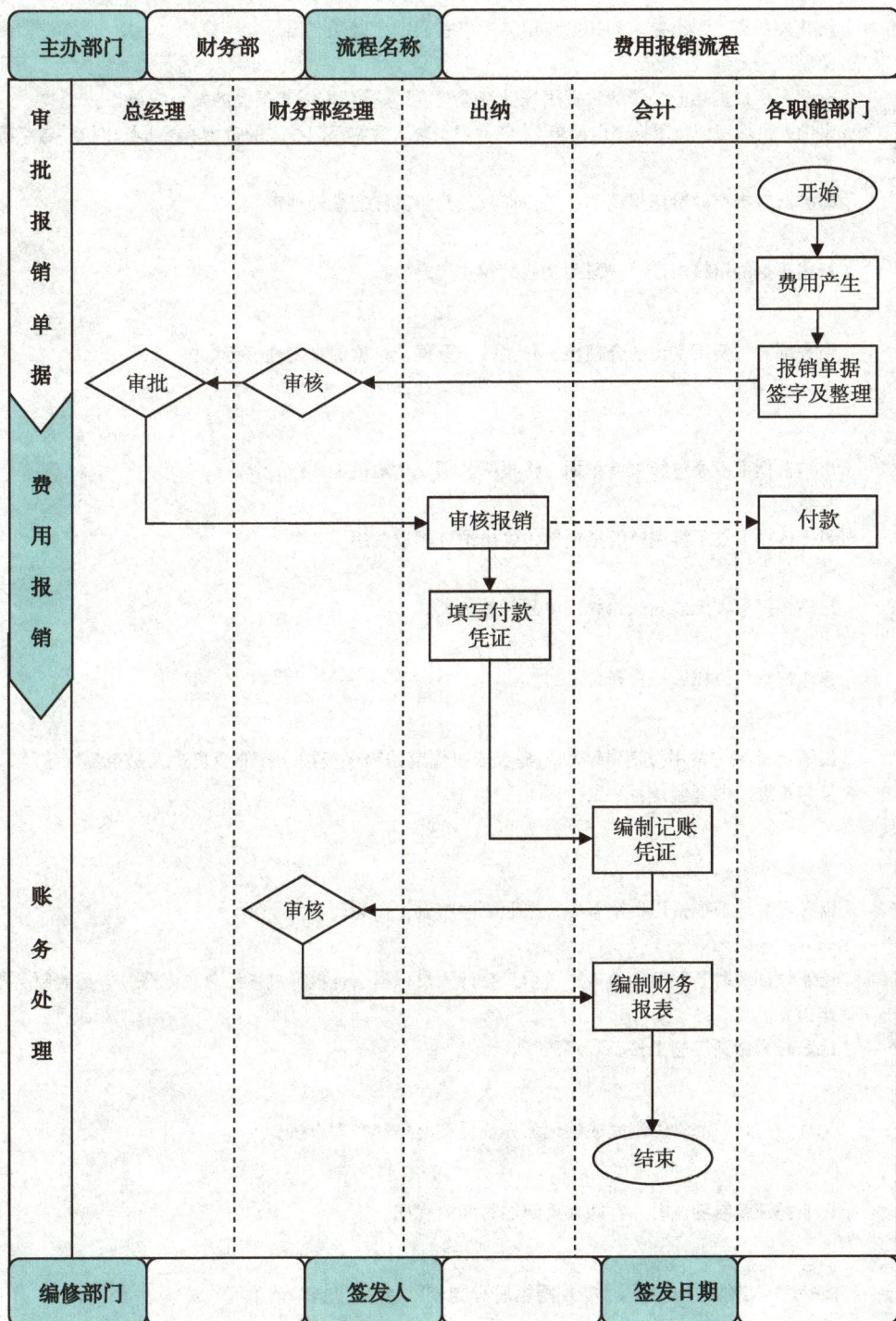

主办部门	财务部	流程名称	费用报销流程		

审批报销单据 / 费用报销 / 账务处理

	总经理	财务部经理	出纳	会计	各职能部门

开始

费用产生

报销单据签字及整理

审批 ← 审核 ←

审核报销 ---→ 付款

填写付款凭证

编制记账凭证

审核 ←

编制财务报表

结束

编修部门		签发人		签发日期	

14.4.2 费用报销执行程序、工作标准、考核指标、执行规范

任务名称	执行程序、工作标准与考核指标
审批报销单据	**执行程序** **1. 费用产生** 物业公司员工因出差、购买办公用品等事宜而产生费用支出。 **2. 报销单据签字及整理** ☆报销人员根据物业公司的"费用报销管理制度",整理好需要报销的发票或单据。 ☆报销人员填写"费用报销申请单",各部门负责人对本部门员工的费用单据进行审核并签字确认。 **3. 审核与审批** 财务部对提交的费用报销单据进行审核,并将其提交总经理审批。 **工作重点** 费用单据的审核与审批应按照企业的相关规定执行。 **工作标准** 财务部需对费用支出的合理性、必要性、票据及单据的真实性进行审核。
费用报销	**执行程序** **1. 审核报销** 出纳根据审批通过的报销单据,将报销款项支付给员工。 **2. 付款** 员工依据审批手续完整的报销单,到出纳处领取费用。 **3. 填写付款凭证** 出纳根据审核无误的原始凭证填制付款凭证。 **工作重点** 再次检查报销凭证是否齐全。 **工作标准** 出纳需审核"费用报销申请单"是否依照规定的程序报批、各部门负责人是否签字确认、报销金额与单据上的金额是否一致。
账务处理	**执行程序** **1. 编制记账凭证** 财务部会计根据费用报销单据,按照顺序编制记账凭证。 **2. 编制财务报表** 记账凭证经财务部经理审核通过后,会计人员依据会计核算制度汇总、记账,并编制财务报表。 **工作重点** 记账时需做到字迹工整、数字清晰。 **工作标准** 每月____日前需将编制完成的记账凭证提交财务部经理审核。 **考核指标** 记账凭证编制的及时性:即在规定的时间内完成。
	执行规范
	"会计管理制度""出纳管理制度""费用报销管理制度""费用报销申请单"。

物业服务人员管理

15.1 物业服务人员管理流程设计

15.1.1 流程设计的目的

员工管理是物业公司管理工作中重要的组成部分，员工管理的好坏直接关系到员工自身的成长及公司的发展，其重要性不言而喻。

企业对物业服务人员管理工作进行流程设计的目的如下。

1. 加强员工服务管理，提升员工满意度。

2. 通过内外部激励手段，实现公司目标和员工个人发展之间的良性循环。

15.1.2 流程结构设计

物业服务人员管理流程可依据各细分工作的内容来设计，如培训管理流程、物业值班管理流程等，具体如图 15-1 所示。

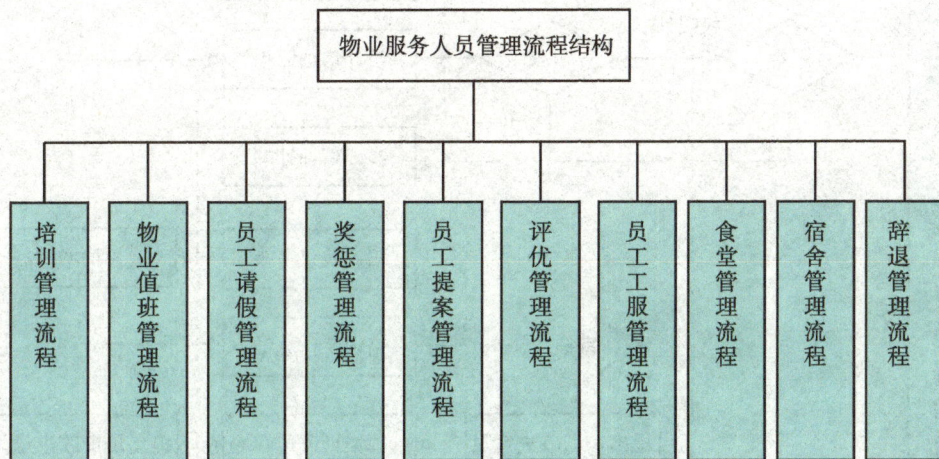

物业服务人员管理流程结构

- 培训管理流程
- 物业值班管理流程
- 员工请假管理流程
- 奖惩管理流程
- 员工提案管理流程
- 评优管理流程
- 员工工服管理流程
- 食堂管理流程
- 宿舍管理流程
- 辞退管理流程

图 15-1 物业服务人员管理流程结构设计

15.2 培训管理流程设计与工作执行

15.2.1 培训管理流程设计

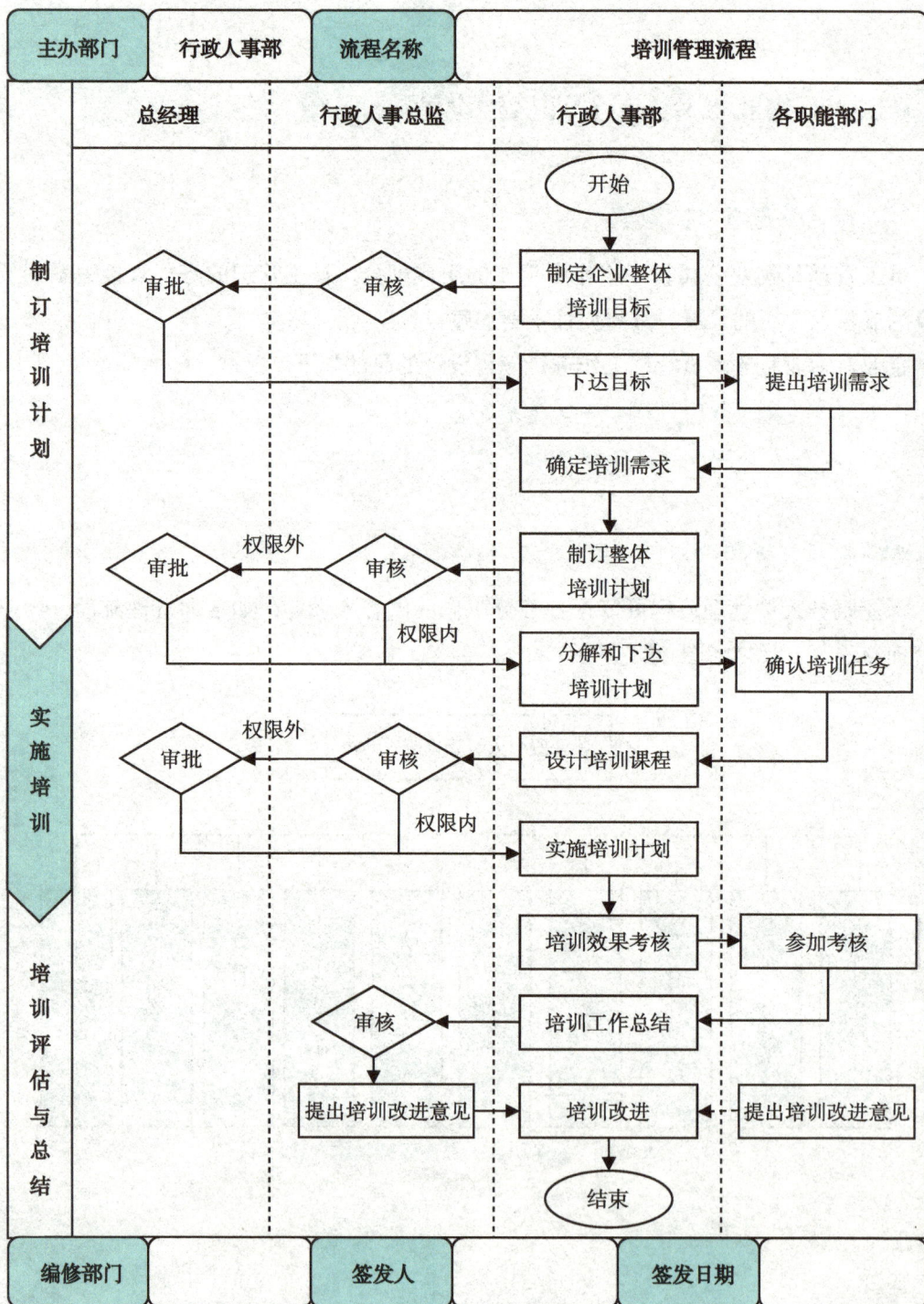

主办部门	行政人事部	流程名称	培训管理流程

总经理	行政人事总监	行政人事部	各职能部门

制订培训计划

开始

制定企业整体培训目标 → 审核 → 审批

下达目标 → 提出培训需求

确定培训需求 ← 提出培训需求

制订整体培训计划 → 审核 —权限外→ 审批

分解和下达培训计划（权限内） → 确认培训任务

实施培训

设计培训课程 → 审核 —权限外→ 审批

实施培训计划（权限内）

培训效果考核 → 参加考核

培训评估与总结

培训工作总结 → 审核

提出培训改进意见 ← 培训改进 ← 提出培训改进意见

结束

编修部门		签发人		签发日期	

234

15.2.2　培训管理执行程序、工作标准、考核指标、执行规范

任务 名称	执行程序、工作标准与考核指标
制订 培训 计划	**执行程序** **1.制定企业整体培训目标** ☆行政人事部根据物业公司的发展目标，制定相应的培训目标。 ☆行政人事部将培训目标提交行政人事总监审核、总经理审批。 **2.提出培训需求** 　各职能部门根据实际情况，向行政人事部提出培训需求。 **3.确定培训需求** ☆行政人事部对各部门的培训需求进行调查。 ☆根据调查结果，行政人事部确定职能部门或员工的培训需求。 **工作重点** ☆确定哪些岗位及人员需要培训。 ☆所确定的培训目标与实际需求是否匹配。 **工作标准** ☆培训需求调查在规定时间内完成。 ☆制订的培训计划符合员工的培训需求和公司的发展目标。 ☆培训计划的内容应包括接受培训的部门、人员、培训内容、培训时间、培训目标等。 **考核指标** ☆培训计划制订的及时性：即在规定的时间内完成。 ☆培训计划制订的完整性：即制订的培训计划需包含各个方面，如培训时间、地点、培训人员、 　　参加人员等。
实施 培训	**执行程序** **1.分解和下达培训计划** ☆行政人事部将制订出的培训计划进行分解。 ☆行政人事部将分解后的培训计划下发至各职能部门。 **2.设计培训课程** ☆行政人事部根据培训计划，收集培训课程设计所需要的资料。 ☆行政人事部根据收集的资料，确定培训课程的内容，并设计培训课程。 ☆行政人事部将设计完成的培训课程提交行政人事总监审核、总经理审批。 **3.实施培训计划** 　行政人事部负责组织各职能部门实施培训计划。 **工作重点** ☆明确培训实施部门。 ☆注意培训课程内容之间的衔接性。 **工作标准** ☆培训准备工作充分，无遗漏。 ☆培训课程设计符合培训目标、内容实用、呈现方式有吸引力。

任务名称	执行程序、工作标准与考核指标
实施培训	☆全员性质的培训由公司人力资源部负责，专业性质的培训由各职能部门负责，行政人事部予以协助。 ☆培训工作依照计划完成。 **考核指标** 培训准备工作的充分性。
培训评估与总结	**执行程序** 1.培训效果考核 　　培训工作完成后，行政人事部对培训效果进行考核。 2.培训改进 ☆统计行政人事总监及各部门提出的培训改进意见。 ☆行政人事部分析各项改进意见，并结合改进意见对培训工作加以改进。 **工作重点** ☆测算出培训投资的增值效果。 ☆明确下一阶段培训工作的改进方向。 **工作标准** ☆是否达到预期的培训效果。 ☆知晓培训计划实施过程中的不足之处。 ☆制定出下一阶段的改进措施。 **考核指标** 此项工作的考核指标是培训考核达标率，应不低于＿＿＿%，其公式如下。 $$培训考核达标率 = \frac{培训考核达标人数}{培训的总人数} \times 100\%$$

执行规范

"培训管理制度""培训效果评估实施办法""员工培训实施方案""培训工作总结报告""培训效果评估报告""培训计划表"。

物业管理 流程设计与工作标准

15.3.1 物业值班管理流程设计

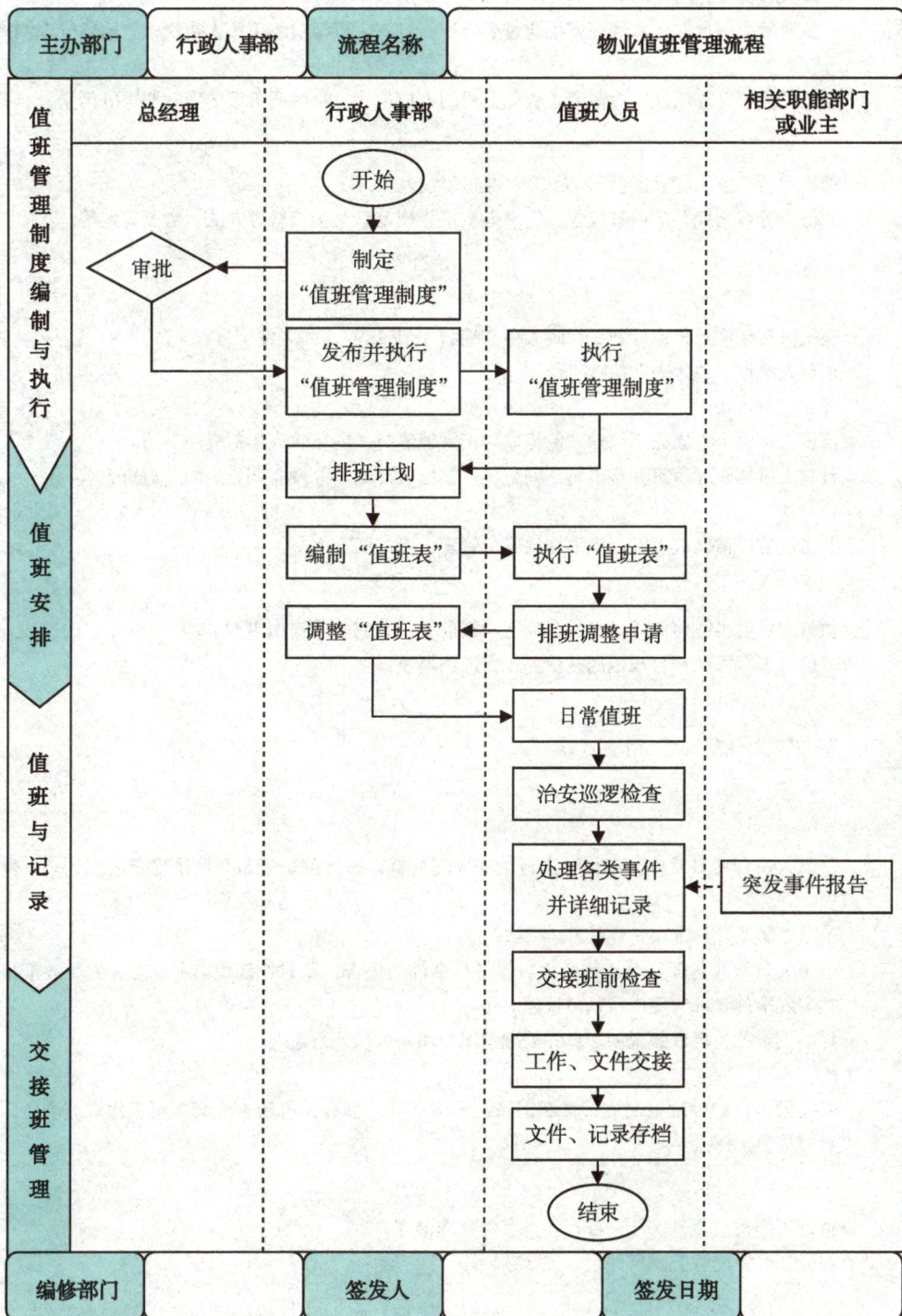

主办部门	行政人事部	流程名称	物业值班管理流程		

值班管理制度编制与执行 / 值班安排 / 值班与记录 / 交接班管理	总经理	行政人事部	值班人员	相关职能部门或业主

开始

审批 ← 制定"值班管理制度"

发布并执行"值班管理制度" → 执行"值班管理制度"

排班计划 ←

编制"值班表" → 执行"值班表"

调整"值班表" ← 排班调整申请

→ 日常值班

治安巡逻检查

处理各类事件并详细记录 ← 突发事件报告

交接班前检查

工作、文件交接

文件、记录存档

结束

编修部门		签发人		签发日期	

第15章 物业服务人员管理

15.3.2 物业值班管理执行程序、工作标准、考核指标、执行规范

任务 名称	执行程序、工作标准与考核指标
值班 管理 制度 编制与 执行	**执行程序** ☆行政人事部根据工作需要，制定"值班管理制度"。 ☆"值班管理制度"经总经理审批通过后公布，行政人事部组织值班人员执行"值班管理制度"。 **工作重点** 制定"值班管理制度"时需考虑物业公司的人员现状、小区或大厦的管理要求等因素。 **工作标准** ☆严格执行"值班管理制度"，无违规现象发生。 ☆"值班管理制度"的内容应包括值班人员工作规范、交接班管理办法、考勤规定等。
值班 安排	**执行程序** **1.编制"值班表"** ☆根据排班制度及排班计划，行政人事部编制"值班表"，并下发至值班人员。 ☆值班人员按"值班表"执行工作。 **2.调整"值班表"** ☆值班人员因个人原因不能按"值班表"正常值班时，向行政人事部提交申请。 ☆行政人事部整理值班调整申请，调整、审核值班计划，并发布调整后的"值班表"。 **工作重点** 若出现特殊情况或事件可申请加强安全管理，增加值班人员。 **工作标准** ☆值班人员遇事需请假或调班的，应至少提前____日向领导提出申请。 ☆"值班表"需在符合规范的基础上进行灵活调整。 **考核指标** "值班表"调整次数少于____次。

值班
与
记录
	执行程序
	1.日常值班
	  值班人员开展日常值班工作，进行治安巡逻检查，做好值班记录和巡逻检查情况记录，保障辖区安全。
	2.处理各类事件并详细记录
	☆值班人员接收各部门员工和业主对于各类事件的报告，及时控制现场和事态并向领导汇报，依据突发事件管理制度进行紧急处理。
	☆详细记录各类事件的现场信息和处理情况，填写"值班日志"。
	工作重点
	  对突发事件的处理情况进行详细记录，确保事故处理有据可依，为交接班工作做好准备，顺利完成交接班工作。
	
	工作标准
	☆值班工作按"值班表"进行，各类事件处理得当。
	☆在____分钟内将突发事件报告主管领导。

物业管理 流程设计与工作标准

任务名称	执行程序、工作标准与考核指标
交接班管理	**执行程序** ☆当值人员检查值班工作，完成"值班日志"的填写等，做好交接班前的准备和检查。 ☆交接班人员进行巡逻检查，确保交接区域安全正常后进行值班工作和文件的交接。 ☆定期将值班工作中的各项记录和文件进行存档。 **工作重点** 　工作交接需要交接人员共同对交接区域进行巡查，发现异常情况应及时上报。 **工作标准** ☆在交班前完成"值班日志"，避免责任纠纷。 ☆按规定时间交接班，不得迟到或早退。

执行规范
"值班管理制度""员工行为规范""考勤管理制度""值班表""值班调整申请表""突发事件报告""突发事件处理预案""值班日志"。

第 15 章 物业服务人员管理

15.4 员工请假管理流程设计与工作执行

15.4.1 员工请假管理流程设计

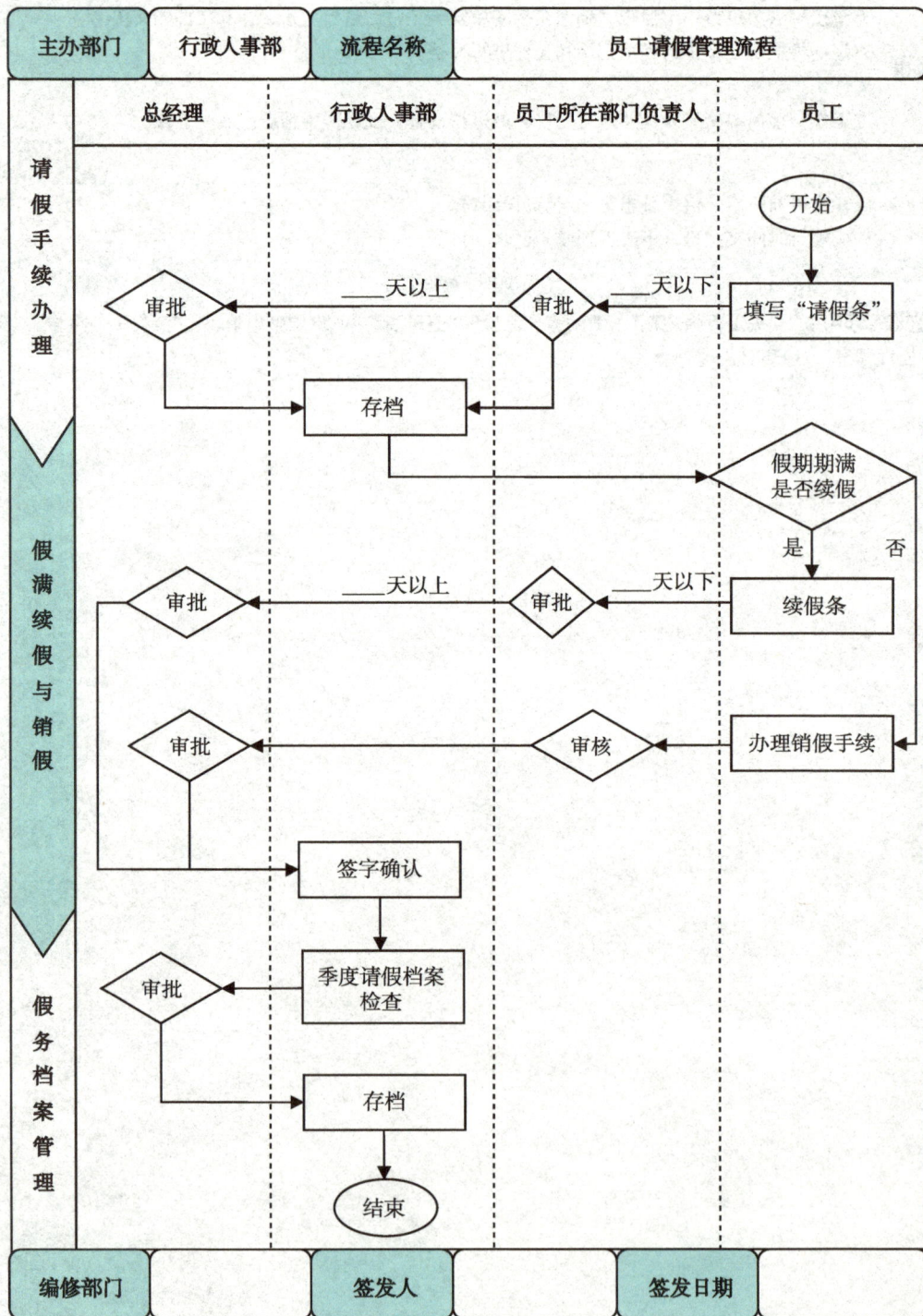

主办部门	行政人事部	流程名称	员工请假管理流程

	总经理	行政人事部	员工所在部门负责人	员工

请假手续办理

```
                                                              开始
                                                                │
                                                                ▼
   审批 ◄──── ___天以上 ──── 审批 ◄──── ___天以下 ──── 填写"请假条"
    │                         │
    └──────► 存档 ◄───────────┘
              │
              │                                    假期期满
              └──────────────────────────────────►是否续假
```

假满续假与销假

```
                                                        是 │    │ 否
                                                           ▼
   审批 ◄──── ___天以上 ──── 审批 ◄──── ___天以下 ──── 续假条

   审批 ◄──────────────────── 审核 ◄──────────── 办理销假手续
    │
    ▼
  签字确认
    │
    ▼
```

假务档案管理

```
   审批 ◄──── 季度请假档案
    │          检查
    ▼
  存档
    │
    ▼
  结束
```

编修部门		签发人		签发日期	

物业管理 流程设计与工作标准

/ 240 /

15.4.2 员工请假管理执行程序、工作标准、考核指标、执行规范

任务名称	执行程序、工作标准与考核指标
请假手续办理	**执行程序** **1.填写"请假条"** ☆员工在请假前按规定填写"请假条"。 ☆员工请假在____天以下的，由所在部门负责人审批；员工请假在____天以上的，由所在部门负责人审批后报总经理审批。 ☆如员工来不及填写"请假条"（如病假），须由员工亲属电话通知员工所在部门和行政人事部。 **2.存档** 行政人事部对员工的"请假条"进行统一汇总、保管。 **工作重点** 员工"请假条"的审批需符合公司规定。 **工作标准** ☆员工若请病假，需出示医院的诊断证明及休假建议；员工若请事假，应详细说明请假原因。 ☆员工请假需及时告知部门负责人。 ☆请假审批及时，对合情合理的请假，相关人员应在规定时间内审批，无延迟情况发生。
假满续假与销假	**执行程序** **1.续假条** ☆员工假满后，如需续假，应重新填写"请假条"，注明续假的时限和原因。 ☆员工续假在____天以下的，由所在部门负责人审批。 ☆员工续假在____天以上的，由所在部门负责人审批后报总经理审批。 **2.办理销假手续** 员工假满后，到行政人事部报到，填写"员工销假单"。 **工作重点** ☆员工续假的审批需符合公司的规定。 ☆员工销假的审批需符合公司的规定。 **工作标准** 行政人事部对员工续假手续与原有的"请假条"统一进行汇总、保管，无遗失。 **考核指标** ☆续假所需的各项资料齐全，而且符合公司规定。 ☆续假审批应及时，对合情合理的续假，相关人员应在规定的时间内审批，无延迟情况发生。
假务档案管理	**执行程序** **1.季度请假档案检查** ☆行政人事部每季度末对员工请假情况进行汇总、分析。 ☆行政人事部每季度编制"员工请假情况汇总表"。 ☆"员工请假情况汇总表"须报总经理审批。

任务名称	执行程序、工作标准与考核指标
假务档案管理	**2. 存档** 　　行政人事部对"员工销假单"进行统一汇总、保管。 **工作重点** 　　员工请假记录完整、准确。
	工作标准
	☆"员工请假情况汇总表"编制及时：即在规定的时间内完成。 ☆假务档案应完整、齐全。
	执行规范

"员工请假管理制度""请假条""员工销假单""员工请假情况汇总表""档案管理制度"。

15.5 奖惩管理流程设计与工作执行

15.5.1 奖惩管理流程设计

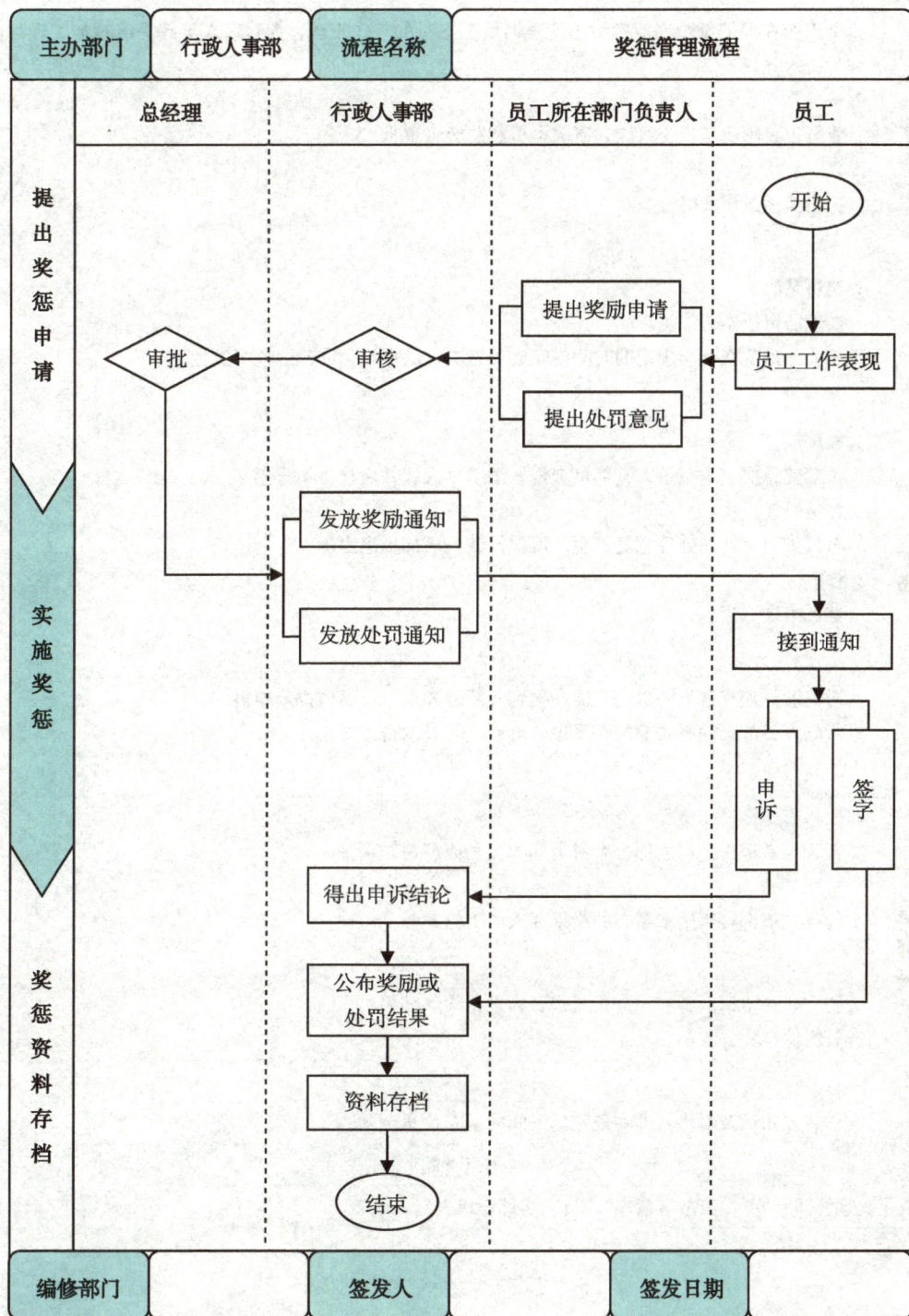

主办部门	行政人事部	流程名称	奖惩管理流程

	总经理	行政人事部	员工所在部门负责人	员工

提出奖惩申请

开始 → 员工工作表现

提出奖励申请 / 提出处罚意见 → 审核 → 审批

实施奖惩

发放奖励通知 / 发放处罚通知

接到通知 → 申诉 / 签字

奖惩资料存档

得出申诉结论 → 公布奖励或处罚结果 → 资料存档 → 结束

编修部门		签发人		签发日期	

15.5.2 奖惩管理执行程序、工作标准、考核指标、执行规范

任务名称	执行程序、工作标准与考核指标
提出奖惩申请	**执行程序** **1. 员工工作表现** 　员工所在部门负责人或部门主管根据员工平时的工作表现，向行政人事部提出对员工进行奖励和惩罚的建议。 **2. 审核与审批** 　将员工奖惩决定提交行政人事部审核和总经理审批。 **工作重点** 　提出奖惩建议及时。 **工作标准** ☆奖惩及时。 ☆奖惩需以事实为依据。 ☆相关人员应在公司规定的时间内完成奖惩决定的审批，无延迟情况发生。
实施奖惩	**执行程序** **1. 接到通知** 　员工奖惩决定由行政人事部负责告知员工本人，并由员工本人签字。 **2. 申诉** 　若员工对惩处的处理意见不服，可向行政人事部提出申诉。 **工作重点** 　奖惩力度适当。 **工作标准** ☆对奖惩处理有意见的员工，需在收到奖惩通知后＿＿日内提出申诉。 ☆行政人事部会同有关部门在受理申诉后＿＿日内得出结论。
奖惩资料存档	**执行程序** **1. 公布奖励或处罚结果** 　行政人事部在公司内部公布对员工的奖励或惩罚结果。 **2. 资料存档** 　行政人事部将奖励或惩罚的结果存入员工档案。 **工作标准** ☆提交奖惩申请后，在＿＿个工作日内发布奖惩结果。 ☆资料保存完好。 **考核指标** 信息发布的及时性：即在规定的时间内发布信息。
执行规范	
"企业奖惩管理制度""奖惩申请表""员工奖惩记录表"。	

物业管理 流程设计与工作标准

15.6 员工提案管理流程设计与工作执行

15.6.1 员工提案管理流程设计

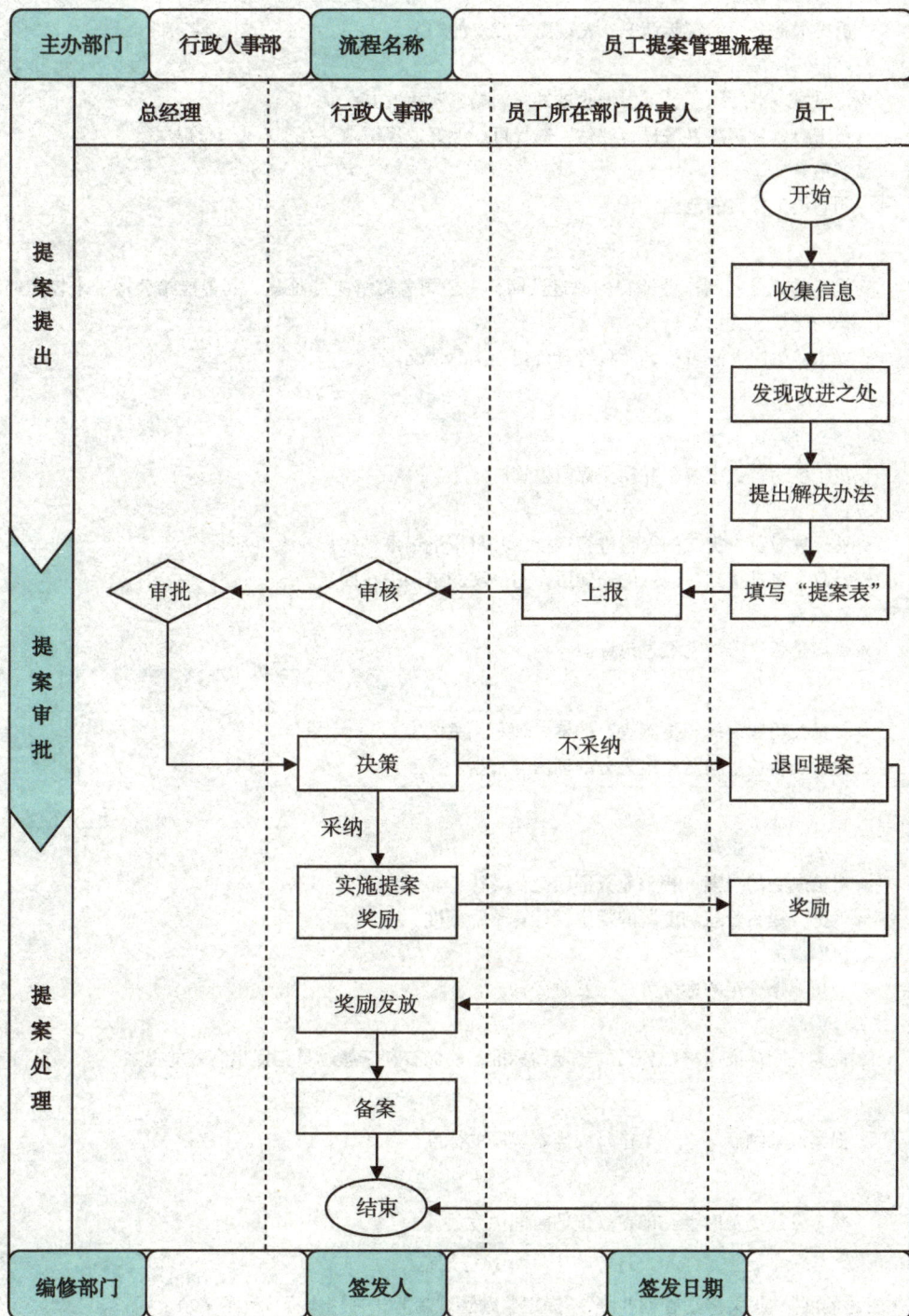

主办部门	行政人事部	流程名称	员工提案管理流程

	总经理	行政人事部	员工所在部门负责人	员工

提案提出

开始 → 收集信息 → 发现改进之处 → 提出解决办法 → 填写"提案表"

提案审批

审批 ← 审核 ← 上报

提案处理

决策 —不采纳→ 退回提案

决策 —采纳→ 实施提案奖励 → 奖励

奖励发放 ← 备案 → 结束

编修部门		签发人		签发日期	

15.6.2　员工提案管理执行程序、工作标准、考核指标、执行规范

任务 名称	执行程序、工作标准与考核指标
提案 提出	**执行程序** **1. 发现改进之处** 　员工根据公司的实际情况，发现需要改进的地方。 **2. 提出解决办法** ☆针对发现的问题，员工根据收集的资料提出解决的办法。 ☆员工对各种解决办法进行评估，选择可行性好、经济效益高、耗资少的方案。 **工作重点** 　明确员工提案的范围。 **工作标准** ☆提案的范围包括作业流程的改进及简化、公司急需解决的难题、其他能给公司带来较大经济效益的建议和提案等。 ☆提出的解决办法可行，而且符合公司的实际情况。
提案 审批	**执行程序** **1. 填写"提案表"** 　员工填写"提案表"并提交部门主管。 **2. 决策** ☆总经理对员工提交的提案进行审批，并将审批结果告知行政人事部。 ☆行政人事部接到总经理的通知后，对提案的结果进行回复。 **工作重点** ☆提案是否被采纳需经过论证。 **工作标准** ☆依据公司制定的"提案表"的格式填写相关内容。 ☆提案是否被采纳需给出充分的理由与依据。
提案 处理	**执行程序** **1. 实施提案奖励** ☆对被采纳的提案，相关业务部门应认真执行。 ☆依据"提案管理制度"的规定，计算奖励额度。 **2. 奖励发放** 　公司依据确定的标准为员工发放奖励。 **工作重点** 　提案奖励标准应符合公司的规定和标准，确保有利于激励员工提出有效的提案。 **工作标准** 提案被采纳后____个工作日内确定奖励的标准。 **考核指标** 奖金发放的及时性：即在规定的时间内发放。
执行规范	
"提案管理制度""提案奖励管理办法""提案奖励管理制度""提案表""提案奖励金额一览表"。	

15.7 评优管理流程设计与工作执行

15.7.1 评优管理流程设计

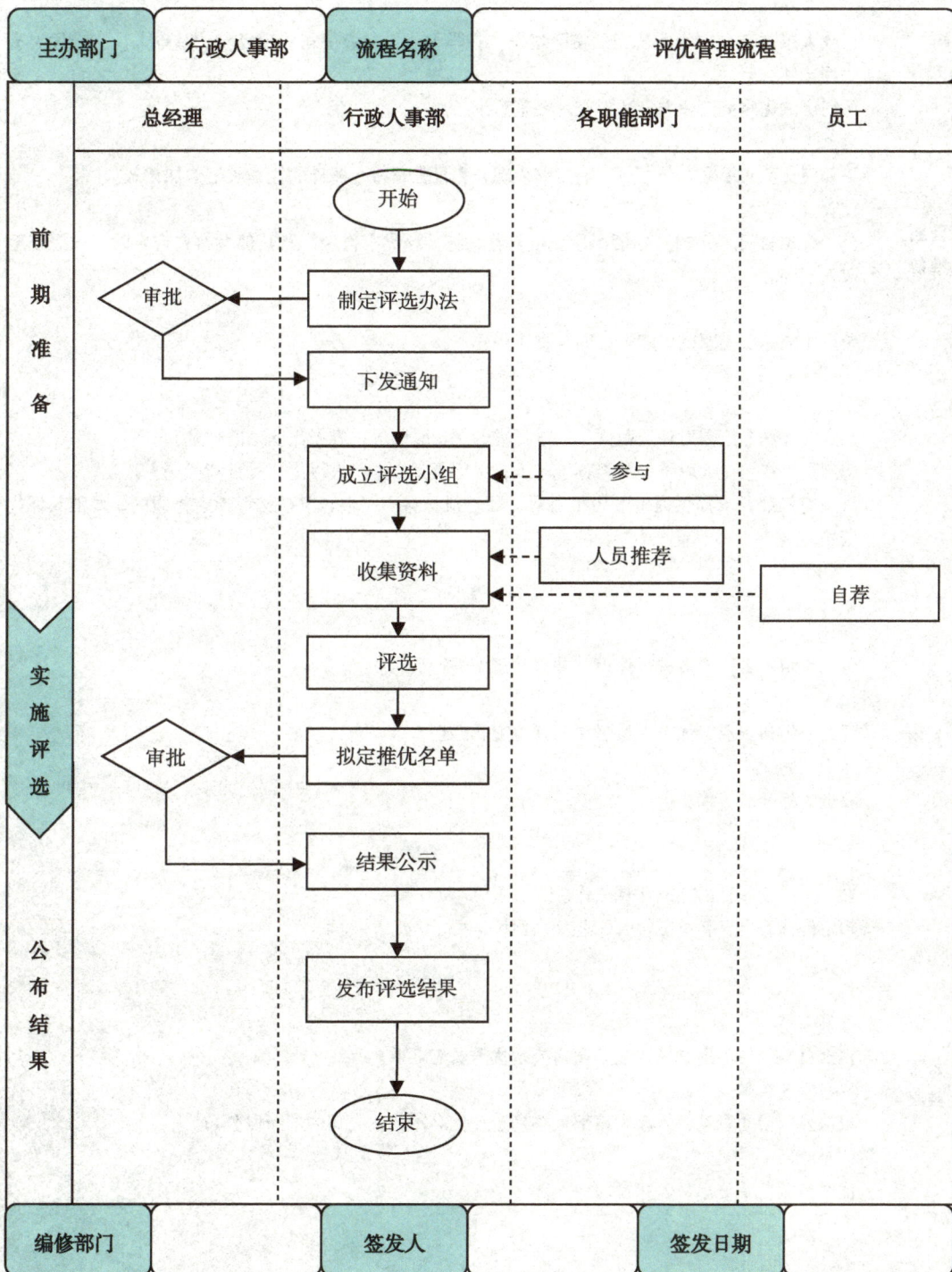

主办部门	行政人事部	流程名称	评优管理流程

	总经理	行政人事部	各职能部门	员工

前期准备

开始 → 制定评选办法 → 审批（总经理）

下发通知

实施评选

成立评选小组 ← 参与（各职能部门）

收集资料 ← 人员推荐（各职能部门）、自荐（员工）

评选

拟定推优名单 → 审批（总经理）

公布结果

结果公示

发布评选结果

结束

编修部门		签发人		签发日期	

第 15 章 物业服务人员管理

15.7.2 评优管理执行程序、工作标准、考核指标、执行规范

任务 名称	执行程序、工作标准与考核指标
前期 准备	**执行程序** **1.制定评选办法** ☆行政人事部结合本物业公司的实际情况，在学习优秀物业公司管理经验的基础上，制定优秀员 　工评选办法。 ☆将制定的优秀员工评选办法提交总经理审批。 **2.人员推荐** 　各部门负责人根据本部门员工的工作表现，积极推荐符合条件的优秀员工参加评选。 **3.自荐** 　员工根据自身工作的实际情况，也可自荐，将"评优申报表"及其他材料在规定时间内提交至 　行政人事部。 **工作重点** 　制定出的标准应明确、清晰，而且便于操作。 **工作标准** ☆制定的评选办法需对评选范围、评选标准、评选时间等内容做出明确的规定。 ☆部门员工在____人以下，可推荐____人；部门员工在____人以上，可推荐____人。 ☆员工应依照要求提供完整的申报材料，因申报材料不完整、申报材料弄虚作假的，取消其评优 　资格。
实施 评选	**执行程序** **1.评选** 　评选小组对参评人员进行评审，并对其意见进行汇总。 **2.拟定推优名单** 　评选小组初步拟定优秀人员名单，并提交总经理审批。 **工作重点** 　评选的标准需一致。 **工作标准** ☆在____个工作日内完成评选工作。 ☆拟定的优秀员工名单需符合物业公司的评选要求。
公布 结果	**执行程序** **1.结果公示** 　根据总经理的审批意见，在公司内公示优秀员工名单。 **2.发布评选结果** 　根据公示后的意见，行政人事部最终确定评优名单并在公司内部予以公布。 **工作重点** 　优秀员工名单公示、公布及时。

任务 名称	执行程序、工作标准与考核指标
公布 结果	**工作标准**
	☆优秀员工名单公示的时间为＿＿天。 ☆发布的信息需确保物业公司员工均能获悉。 ☆若发现弄虚作假者、不符合条件者或争议较大者，将撤销其评选资格。
	考核指标
	☆信息发布的及时性：即在＿＿个工作日内发布。 ☆奖励及时性：即在＿＿个工作日内完成。
执行规范	
"员工评优管理制度""评优申报表""优秀员工自荐表""优秀员工评选实施方案"。	

15.8　员工工服管理流程设计与工作执行

15.8.1　员工工服管理流程设计

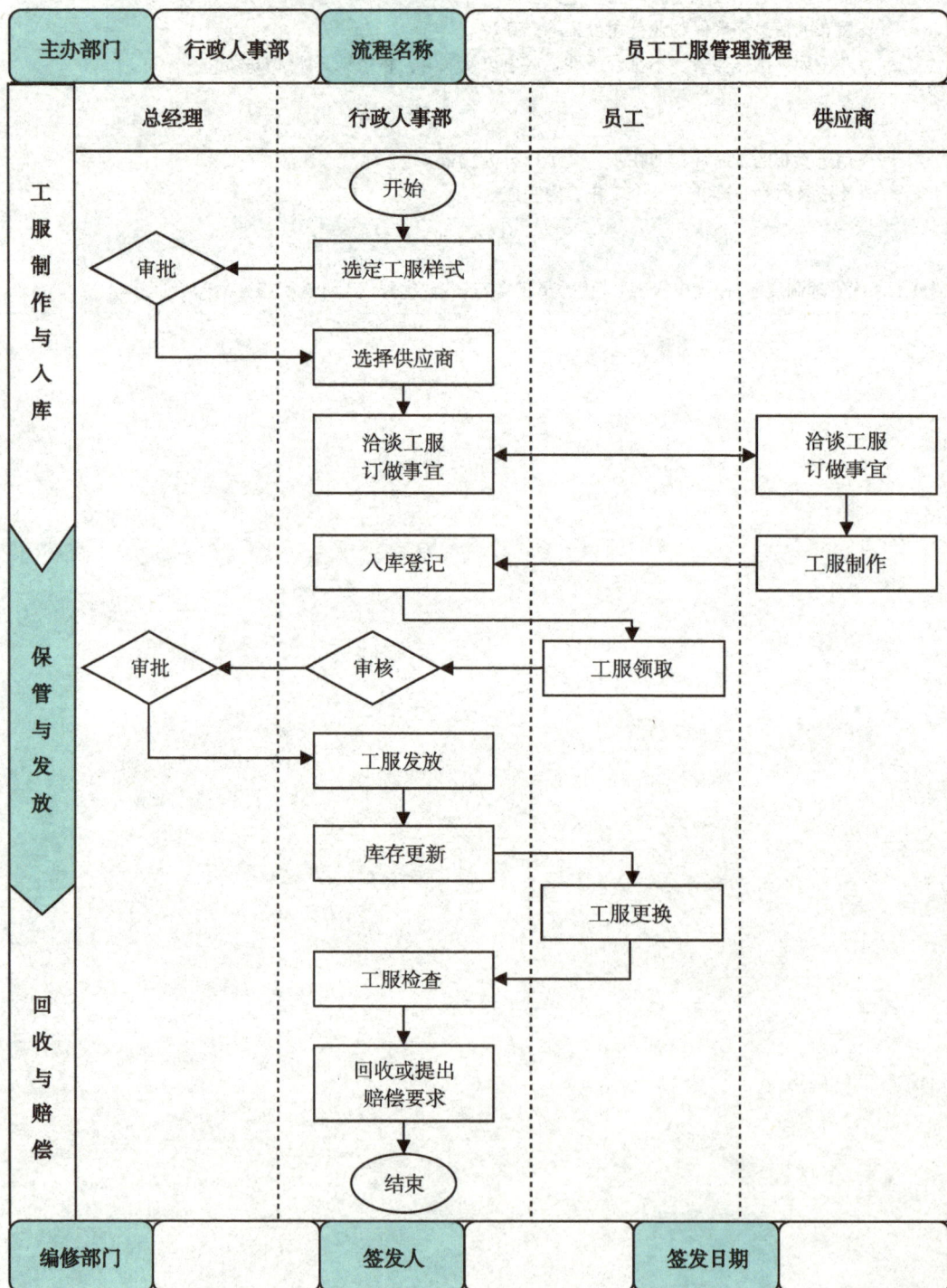

主办部门	行政人事部	流程名称	员工工服管理流程

	总经理	行政人事部	员工	供应商
工服制作与入库		开始		
	审批	选定工服样式		
		选择供应商		
		洽谈工服订做事宜		洽谈工服订做事宜
		入库登记		工服制作
保管与发放	审批	审核	工服领取	
		工服发放		
		库存更新	工服更换	
		工服检查		
回收与赔偿		回收或提出赔偿要求		
		结束		

编修部门		签发人		签发日期	

物业管理 流程设计与工作标准

250

15.8.2 员工工服管理执行程序、工作标准、考核指标、执行规范

任务名称	执行程序、工作标准与考核指标
工服制作与入库	**执行程序** **1.选定工服样式** ☆行政人事部根据本物业公司的定位及物业工作的需要，选定工服的样式。 ☆行政人事部将选定的工服样式提交总经理审批。 **2.选择供应商** 　行政人事部根据确定的工服样式，联系制作工服的供应商，并确定合适的供应商。 **3.洽谈工服订做事宜** 　行政人事部与供应商就工服定做的事宜进行沟通，并达成协议。 **工作重点** 　工服的制作应考虑各类员工的工作实际需求、季节等因素。 **工作标准** ☆行政人事部需对制作工服的供应商的资质、供货能力、口碑等信息进行调查和了解。 ☆行政人事部需对工服的样式、套数、布料、交货时间、订单金额等细节进行确定。 **考核指标** ☆选择的合适供应商的数量应不少于____家。 ☆协议签订的及时性：即在规定时间内完成协议的签订工作。
保管与发放	**执行程序** **1.入库登记** 　制作完成的工服由行政人事部统一入库，并做好账目登记工作。 **2.工服领取** ☆首次领取工服，由各部门填写"物品领用单"并签字领取。 ☆后期更换工服，由员工本人填写"物品领用单"并签字领取。 **3.库存更新** 　行政人事部根据工服发放及领取的情况，及时更新库存。 **工作重点** ☆工服领取（首次除外）的情况需清晰说明。 ☆员工在领用的过程中，需确认工服的完好性。 **工作标准** 　库存账目更新及时、准确，工服发放及时、准确。
回收与赔偿	**执行程序** **1.工服更换** 　当工服出现破损时，员工向行政人事部提出工服更换的申请。 **2.工服检查** 　行政人事部对工服的破损情况进行评估，对合理的情形，允许员工更换工服。 **工作重点** 　制定的赔偿标准清晰、合理。

（续）

任务名称	执行程序、工作标准与考核指标
回收与赔偿	**工作标准**
	若属员工自身原因导致工服破损者，视员工工作年限长短，酌情让其赔偿。
执行规范	
"工服定制协议""员工工作服管理制度""物品领用单"。	

物业管理 流程设计与工作标准

15.9.1 食堂管理流程设计

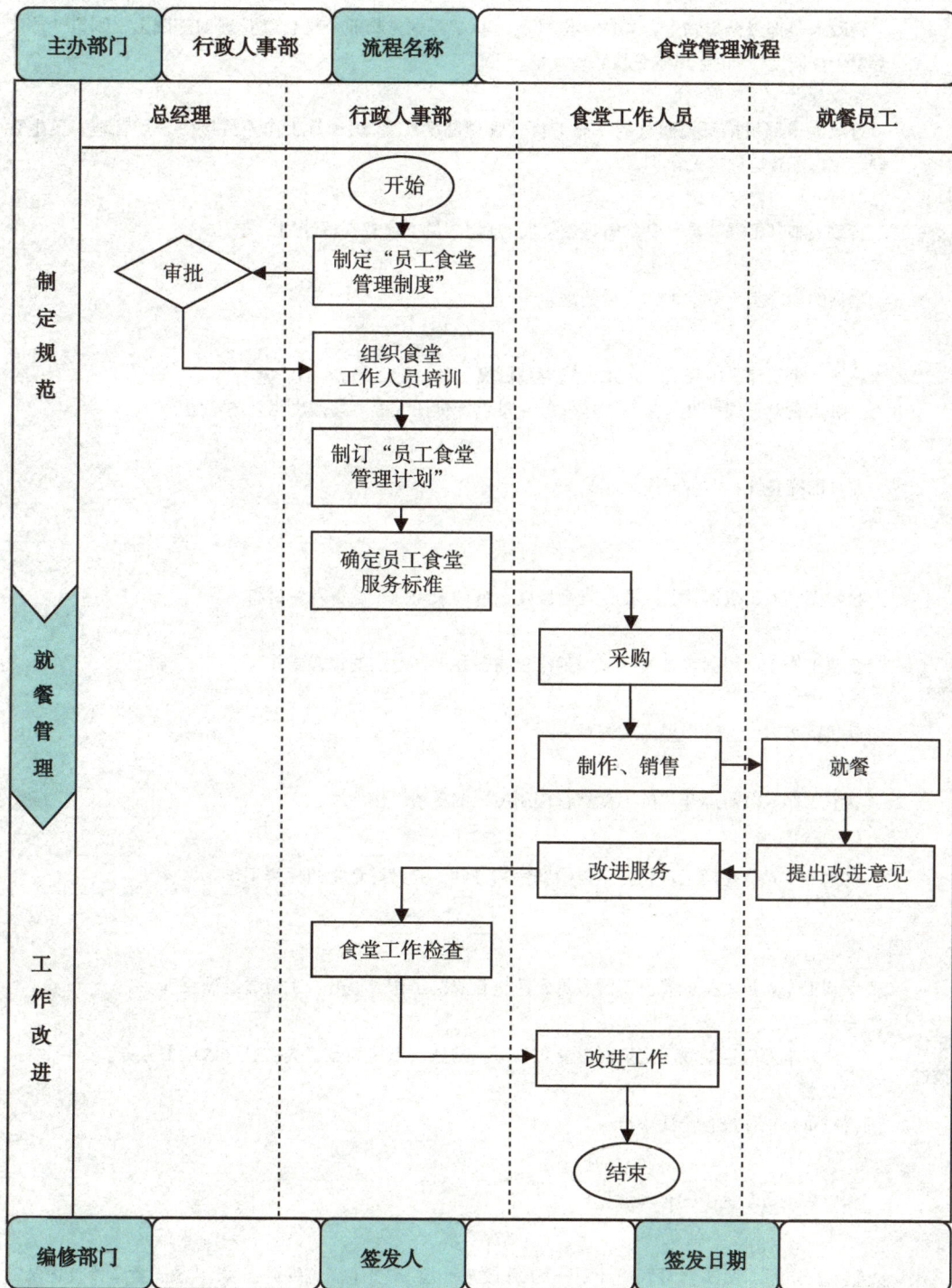

主办部门	行政人事部	流程名称	食堂管理流程

	总经理	行政人事部	食堂工作人员	就餐员工

制定规范

就餐管理

工作改进

- 开始
- 制定"员工食堂管理制度"
- 审批
- 组织食堂工作人员培训
- 制订"员工食堂管理计划"
- 确定员工食堂服务标准
- 采购
- 制作、销售
- 就餐
- 改进服务
- 提出改进意见
- 食堂工作检查
- 改进工作
- 结束

编修部门		签发人		签发日期	

15.9.2　食堂管理执行程序、工作标准、考核指标、执行规范

任务名称	执行程序、工作标准与考核指标
制定规范	**执行程序** **1.制定"员工食堂管理制度"** 　　行政人事部根据本物业公司的实际情况，在学习优秀物业公司食堂管理的基础上，制定"员工食堂管理制度"，并将其提交总经理审批。 **2.组织食堂工作人员培训** 　　行政人事部根据审批通过的"员工食堂管理制度"，组织食堂工作人员接受采购管理、卫生管理、菜谱配置等内容的培训。 **3.制订"员工食堂管理计划"** 　　行政人事部根据"员工食堂管理制度"，制订"员工食堂管理计划"。 **工作重点** 　　培训的内容契合食堂工作人员的需求。
	工作标准 ☆在＿＿个工作日内完成"员工食堂管理制度"的制定工作。 ☆"员工食堂管理计划"需对工作任务与重点、责任人等事宜做出明确的规定。
	考核指标 　　制度的完备性：即重要内容无缺失。
就餐管理	**执行程序** **1.采购** 　　食堂工作人员根据就餐人数、资金额度，合理采购操作设备及原材料。 **2.制作、销售** 　　食堂工作人员根据就餐人数合理制作食物，并做好对内的销售工作。 **3.提出改进意见** 　　就餐员工对食堂管理提出改进意见。 **工作重点** 　　食堂工作人员需遵守"员工食堂管理制度"的各项工作标准。
	工作标准 　　食堂工作人员在加工食品时，需做到生熟分开，并做好食物的保鲜工作。
工作改进	**执行程序** **1.改进服务** 　　食堂工作人员根据就餐员工的意见，改进自身的工作，提升员工就餐的满意度。 **2.食堂工作检查** 　　行政人事部应定期或不定期对食堂工作进行检查，以便为员工提供更好的就餐服务。 **工作重点** 　　要对重点工作进行全面检查。
	工作标准 　　积极采纳员工提出的合理意见。
执行规范	
"员工食堂管理制度""员工食堂管理计划""工作改进计划""员工满意度调查表""员工食堂检查记录"。	

15.10 宿舍管理流程设计与工作执行

15.10.1 宿舍管理流程设计

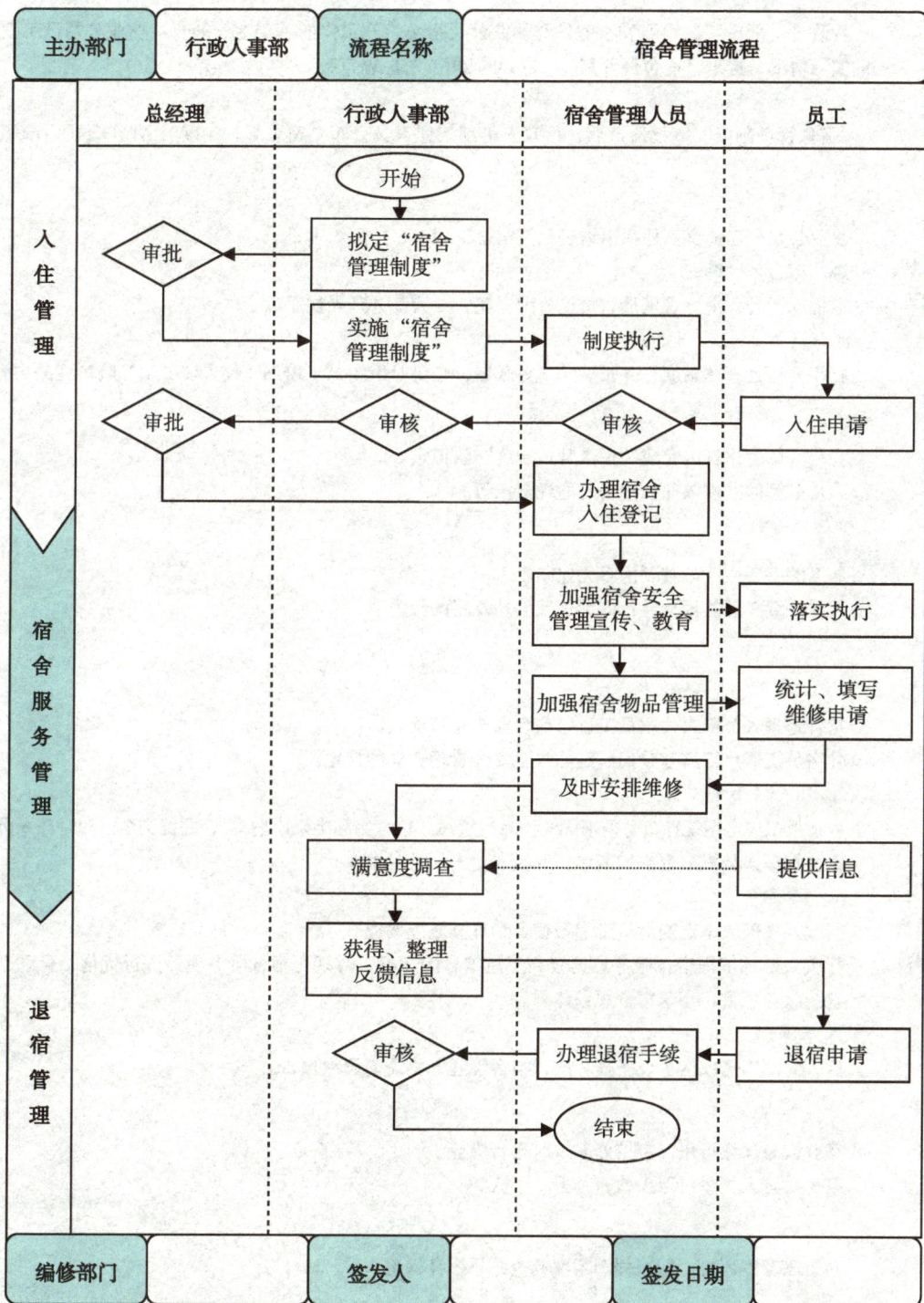

主办部门	行政人事部	流程名称	宿舍管理流程

	总经理	行政人事部	宿舍管理人员	员工

入住管理

开始 → 拟定"宿舍管理制度" → 审批

实施"宿舍管理制度" → 制度执行

审批 ← 审核 ← 审核 ← 入住申请

办理宿舍入住登记

宿舍服务管理

加强宿舍安全管理宣传、教育 → 落实执行

加强宿舍物品管理 → 统计、填写维修申请

及时安排维修

满意度调查 ← 提供信息

获得、整理反馈信息

退宿管理

审核 ← 办理退宿手续 ← 退宿申请

结束

编修部门		签发人		签发日期	

15.10.2 宿舍管理执行程序、工作标准、考核指标、执行规范

任务名称	执行程序、工作标准与考核指标
入住管理	**执行程序** **1. 拟定"宿舍管理制度"** 　行政人事部员工在学习和参考优秀物业公司宿舍管理工作的基础上，结合本物业公司员工宿舍的实际情况，拟定"宿舍管理制度"，并将其提交总经理审批。 **2. 实施"宿舍管理制度"** 　"宿舍管理制度"审批通过后，行政人事部工作人员公布"宿舍管理制度"，并在公司内部组织实施。 **3. 入住申请** 　物业公司员工提交"住宿申请表"至宿舍管理员，并逐级审批。 **4. 办理宿舍入住登记** 　审批通过后，宿舍管理员为员工分配房间，并为其办理入住手续。 **工作重点** 　打印"宿舍管理制度"并张贴于宿舍区域，必要时组织员工培训，使入住员工知晓制度的内容。
	工作标准 ☆在____个工作日内完成"宿舍管理制度"的拟定。 ☆入住手续的办理依照物业公司的规定执行。
	考核指标 ☆制度的完备性：即重要内容无遗漏。 ☆入住手续办理的规范性：即无违反公司规定的行为。
宿舍服务管理	**执行程序** **1. 加强宿舍安全管理宣传、教育** ☆宿舍管理人员需对住宿员工进行宿舍安全管理培训。 ☆住宿员工需严格遵守公司制定的宿舍安全管理方面的规定。 **2. 统计、填写维修申请** ☆住宿员工应定期统计宿舍内损坏的物品，填写"宿舍物品维修申请单"，并提交至宿舍管理人员。 ☆宿舍管理人员根据维修申请单，安排专业人员及时维修。 **3. 满意度调查** ☆行政人事部应不定期对员工进行宿舍管理满意度调查。 ☆行政人事部依据宿舍服务意见表和反馈信息的情况，对现有宿舍服务项目进行优化，合理开发新的服务项目，完善宿舍服务体系。 **工作重点** 　因人为原因造成宿舍设备损坏的，宿舍管理人员需向领导报告。
	工作标准 ☆宿舍设备保证可用，需维修时及时进行维修。 ☆宿舍管理人员每月至少检查宿舍____次。
	考核指标 　员工满意度评价：即根据满意度调查结果统计得出。

任务名称	执行程序、工作标准与考核指标
退宿管理	**执行程序** **1. 退宿申请** 　　因员工个人或物业公司原因需要退宿者，员工需向宿舍管理人员提交"退宿申请表"。 **2. 办理退宿手续** 　　宿舍管理人员依据物业公司关于宿舍管理的规定，为员工办理退宿手续。 **工作重点** 　　需做好宿舍内部公共物品的检查工作，查看其是否损坏。 **工作标准** ☆退宿者需将宿舍钥匙等物品还给宿舍管理人员。 ☆发现宿舍公共物品被损坏：若非人为造成的，由物业公司承担维修；若由退宿者损坏的，根据损坏程度要求其做出相应的赔偿。
执行规范	
"宿舍管理制度""住宿申请表""宿舍物品维修申请表""退宿申请表""宿舍管理工作报告"。	

第 15 章 物业服务人员管理

15.11 辞退管理流程设计与工作执行

15.11.1 辞退管理流程设计

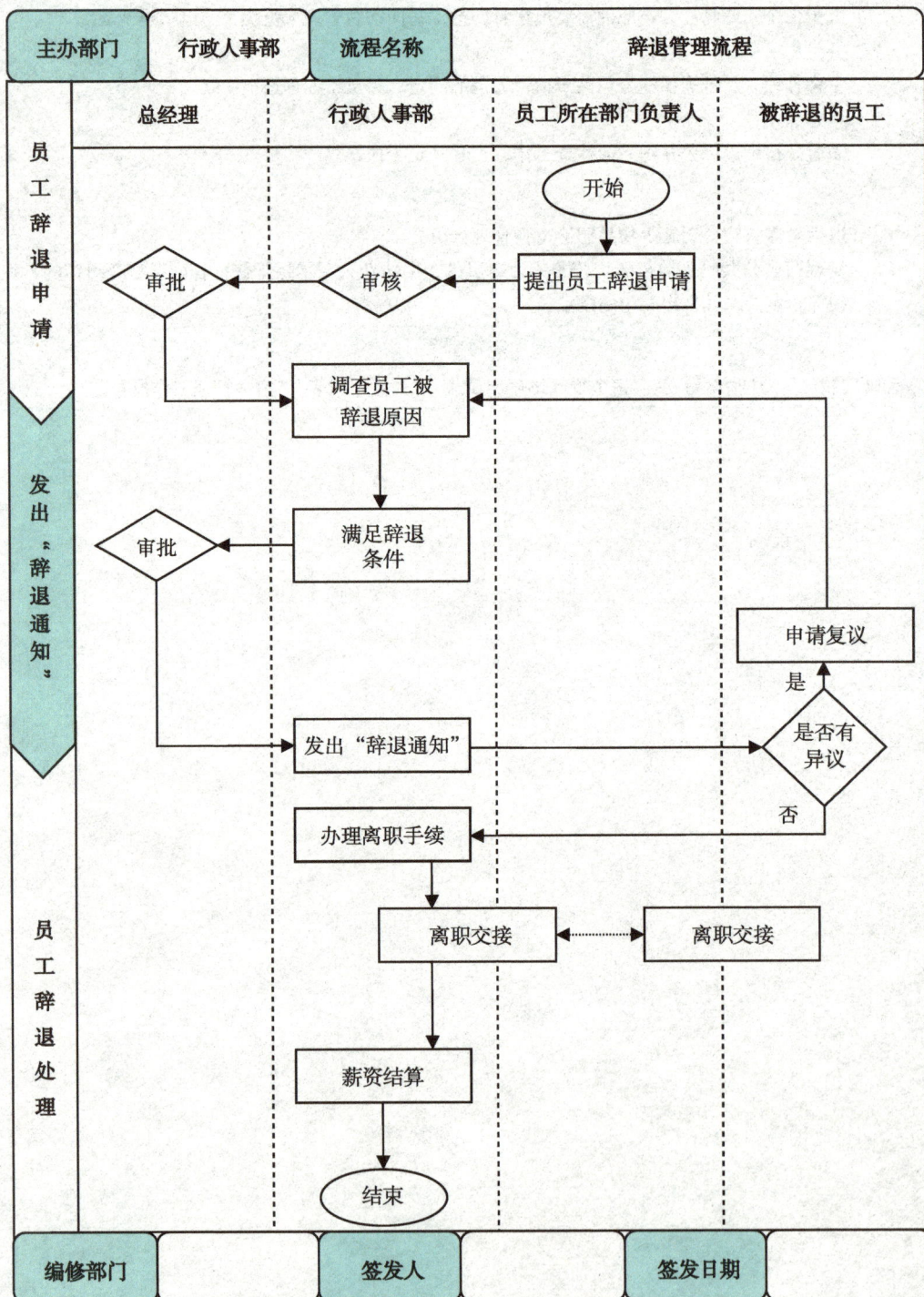

主办部门	行政人事部	流程名称	辞退管理流程

	总经理	行政人事部	员工所在部门负责人	被辞退的员工

员工辞退申请

开始

提出员工辞退申请 → 审核 → 审批

发出"辞退通知"

调查员工被辞退原因

满足辞退条件 → 审批

申请复议

是

发出"辞退通知" → 是否有异议

否

办理离职手续

员工辞退处理

离职交接 ⟷ 离职交接

薪资结算

结束

编修部门		签发人		签发日期

物业管理 流程设计与工作标准

15.11.2 辞退管理执行程序、工作标准、考核指标、执行规范

任务名称	执行程序、工作标准与考核指标
员工辞退申请	**执行程序** **1.提出员工辞退申请** 　　员工所在部门负责人根据物业公司规定的辞退条件，结合员工的工作表现，向物业公司行政人事部提出员工辞退申请。 **2.审核与审批** ☆行政人事部接到申请后，调查和了解情况。 ☆若符合公司的辞退条件，应签署意见并报总经理审批。 **工作重点** 　　申请表中需对辞退的原因、依据等做出明确的说明。 **工作标准** ☆人力资源部需与员工进行沟通，了解具体的情况。 ☆辞退申请的审批程序规范。
发出"辞退通知"	**执行程序** **1.发出"辞退通知"** 　　行政人事部根据审批通过的报告，发出"辞退通知"。 **2.申请复议** 　　拟辞退的员工依据物业公司规定的申诉渠道进行申诉。 **工作重点** 　　"辞退通知"发出时间需符合规定和要求。 **工作标准** ☆"辞退通知"的下发应符合《中华人民共和国劳动法》的规定。 ☆行政人事部需对拟辞退员工的申诉内容进行再次调查。
员工辞退处理	**执行程序** **1.办理离职手续** ☆行政人事部工作人员与辞退员工确认离职时间。 ☆在"辞退通知"发出后，行政人事部在离职到期日前安排辞退员工办理离职手续，发放"离职交接表"及离职手册，并由相关人员填写"离职交接表"。 **2.离职交接** ☆离职员工完成各项交接工作。 ☆行政人事部收回离职员工的工作证、办公用品等物品。 **3.薪资结算** ☆行政人事部统计离职员工本期的考勤情况。 ☆行政人事部核算离职员工本期的应得薪资。 **工作重点** 　　交接资料齐全、完好。

任务名称	执行程序、工作标准与考核指标
员工辞退处理	**工作标准**
	☆薪资结算及时、准确。 ☆离职手续办理程序依照物业公司的规定进行。
	考核指标
	☆离职手续办理的规范性：即按照相关规定办理。 ☆离职手续办理出错次数应少于____次。
执行规范	
"员工辞退申请表""辞退通知""离职面谈记录表""员工辞退管理制度""离职交接表""员工考勤表""员工薪资结算表"。	